携手共行
天下大道

人民日报国际评论"和音"

人民日报国际部◎编

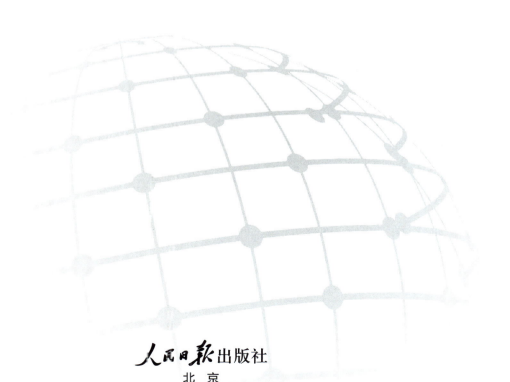

人民日报出版社
北京

图书在版编目（CIP）数据

携手共行天下大道：人民日报国际评论"和音"/
人民日报国际部编．—北京：人民日报出版社，2023.5
ISBN 978-7-5115-8247-8

Ⅰ.①携⋯　Ⅱ.①人⋯　Ⅲ.①时事评论—世界—文集
Ⅳ.①D5-53

中国国家版本馆CIP数据核字（2024）第060710号

书　　　名：	携手共行天下大道：人民日报国际评论"和音"
	XIESHOU GONGXING TIANXIA DADAO: RENMIN RIBAO GUOJI PINGLUN "HEYIN"
编　　　者：	人民日报国际部编

出 版 人：刘华新
责任编辑：蒋菊平　李　安

出版发行：**人民日报**出版社

社　　　址：北京金台西路2号
邮政编码：100733
发行热线：（010）65369509　65369527　65369846　65369512
邮购热线：（010）65369530　65363527
编辑热线：（010）65369528
网　　　址：www.peopledailypress.com
经　　　销：新华书店
印　　　刷：大厂回族自治县彩虹印刷有限公司
法律顾问：北京科宇律师事务所　（010）83622312

开　　　本：710mm×1000mm　1/16
字　　　数：304千字
印　　　张：21.75
版次印次：2024年6月第1版　　2024年6月第1次印刷

书　　　号：ISBN 978-7-5115-8247-8
定　　　价：56.00元

目录
CONTENTS

中国式现代化是人口规模巨大、全体人民共同富裕、物质文明和精神文明相协调、人与自然和谐共生、走和平发展道路的现代化，既基于自身国情、又借鉴各国经验，既传承历史文化、又融合现代文明，既造福中国人民、又促进世界共同发展，是我们强国建设、民族复兴的康庄大道，也是中国谋求人类进步、世界大同的必由之路。

中国追求的不是独善其身的现代化，愿同各国一道，实现和平发展、互利合作、共同繁荣的世界现代化，推动构建人类命运共同体！

中国式现代化的出发点和落脚点是让14亿多中国人民过上更加美好的生活。对世界来说，这意味着更加广阔的市场和前所未有的合作机遇，也将为世界现代化注入强大动力。

01

读懂中国，
关键要读懂中国式现代化

为全球提供了一种全新的现代化模式

——中国式现代化的世界意义①

中国式现代化是人类社会发展的一项创举，为全球提供了一种全新的现代化模式，为更多国家独立自主探索适合自己的现代化道路增添了信心

从党的二十大概括提出并深入阐述中国式现代化理论，到习近平总书记在一系列双多边场合深入阐释中国式现代化的丰富内涵和世界意义，再到日前习近平总书记在学习贯彻党的二十大精神研讨班开班式上强调正确理解和大力推进中国式现代化，"中国式现代化"成为国际社会读懂中国的关键词。国际人士认为，中国式现代化是人类社会发展的一项创举，为全球提供了一种全新的现代化模式，为更多国家独立自主探索适合自己的现代化道路增添了信心。

近代以来，现代化是世界发展的历史潮流，实现现代化是各国人民的共同向往。中国式现代化是中国共产党领导全国各族人民在长期探索和实践中历经千辛万苦、付出巨大代价取得的重大成果，是强国建设、民族复兴的康庄大道。在新中国成立特别是改革开放以来长期探索和实践基础上，经过党的十八大以来在理论和实践上的创新突破，中国共产党成功推进和拓展了中国式现代化。中国式现代化是中国共产党领导的社会主义现代化，党的领导决定中国式现代化的根本性质。中国共产党领导中国人民成功走出中国式现代化道路，展现了引领时代的大担当、不负人民的大情怀、兼济天下的大格局。

一个国家走向现代化，既要遵循现代化一般规律，更要符合本国实际，具有本国特色。中国式现代化既有各国现代化的共同特征，更有基于自己国情的鲜明特色。中国式现代化是人口规模巨大的现代化，是全体人民共同富裕的现代化，是物质文明和精神文明相协调的现代化，是人与自然和谐共生的现代化，是走和平发展道路的现代化。党的二十大报告概括了中国式现代化5个方面的中国特色，深刻揭示了中国式现代化的科学内涵。中国式现代化更加清晰、更加科学、更加可感可行，在全球展现出强大吸引力。法国总统马克龙表示，中国式现代化发展模式令人钦佩。越来越多国际舆论认为，中国式现代化是对世界现代化理论的最新发展，将创造新的现代化历史。

中国用几十年时间走完西方发达国家几百年走过的工业化历程，创造了经济快速发展和社会长期稳定的奇迹，为中华民族伟大复兴开辟了广阔前景，这是中国式现代化具有强大吸引力的重要原因。特别是党的十八大以来，中国共产党和中国人民团结奋斗，完成脱贫攻坚、全面建成小康社会的历史任务，实现第一个百年奋斗目标，赢得了彪炳中华民族发展史册的历史性胜利，对世界产生了深远影响。"在中国共产党领导下，中国实现数亿人脱贫，创造了人类减贫奇迹，这个成绩属于中国，也属于世界""一个社会稳定和经济强劲的中国将是全世界共同的福祉""世界上人口最多的国家对现代化道路的成功探索是对人类进步事业的巨大贡献"……越来越多国际舆论认为，中国式现代化取得的成就鼓舞人心，充分表明各国都可以有适合本国的现代化。

一个国家选择什么样的现代化道路，是由其历史传统、社会制度、发展条件、外部环境等诸多因素决定的。国情不同，现代化途径也会不同。中国式现代化，深深植根于中华优秀传统文化，体现科学社会主义的先进本质，借鉴吸收一切人类优秀文明成果，代表人类文明进步的发展方向，展现了不同于西方现代化模式的新图景，是一种全新的人类文明形态。中国式现代化，打破了"现代化＝西方化"的迷思，展现了现代化的另一幅图景，拓展了发展中国家走向现代化的路径选择，为人类对更好社会制度的探索提供了中国方案。英国学者马丁·雅克认为，中国式现代化不仅为中国未来发展开启众多全新可能，也为世界发展提供了新理念、新思维。美国库恩基金会主席罗伯特·库恩表示，中国式现代化蕴含着中国对实现现代化新路径的洞察力，向全人类特别是发展中国家提供了一种新的现代化模式。

"我们将以中国式现代化推动人类整体进步，以中国新发展为世界带来新机遇，为动荡的世界提供更多稳定性和确定性。"一个不断走向现代化的中国，必将为世界提供更多机遇，为国际合作注入更强动力，为全人类进步作出更大贡献。

（2023年02月27日）

将彻底改写现代化的世界版图
——中国式现代化的世界意义②

在全世界最大的发展中国家推进现代化建设，注定是一项创造历史的伟大事业。新征程上，中国式现代化的每一步跨越都将产生世界性影响，都将为全人类进步事业作出新的贡献

人口规模巨大的现代化，这是中国式现代化的显著特征。现在，全球进入现代化的国家也就20多个、总人口10亿左右。中国14亿多人口实现现代化，将使世界上迈入现代化的人口翻一番多，将彻底改写现代化的世界版图。这是人类发展史上前所未有的大事，必将产生深远影响。

中国式现代化是人类历史上规模最大的现代化。包括4亿多中等收入群体在内的14亿多人口所形成的超大规模市场，是中国实现现代化的优势。中国将坚持以人民为中心，继续提高人民生活水平，使中等收入群体在未来15年超过8亿，推动超大规模市场不断发展。全体中国人民创造活力不断释放、生活水平不断提高的历史进程，必将是中国为全球发展作出更大贡献的历史进程。正如国际人士所指出的，"中国式现代化将提供更多机遇，不仅意味着更大的市场，也意味着更多的人才、更好的技术"，"中国现在和将来都是充满希望和机遇的发展热土"。

中国式现代化也是难度最大的现代化。超大规模的人口既能提供充足的人力资源和超大规模市场，也带来一系列难题和挑战。以中国的体量，再大的成就除以14亿多人都会变得很小，再小的问题乘以14亿多人都会变得很大。中国14亿多人口整体迈进现代化社会，规模超过现有发达国家人口的总和，艰巨性和复杂性前所未有，发展途径和推进方式也必然具有自己的特点。习近平总书记强调："我们始终从国情出发想问题、作决策、办事情，既不好高骛远，也不因循守旧，保持历史耐心，坚持稳中求进、循序渐进、持续推进。"正是因为始终坚持立足国情、走自己的路，中国共产党领导中国人民战胜一个又一个艰难险阻，成功推进和拓展中国式现代化，取得了举世瞩目的发展成就。

世界上既不存在定于一尊的现代化模式，也不存在放之四海而皆准的现代化标准。实现现代化，关键是找到符合国情、符合人类社会发展规律的发展道路。中国成功推进和拓展中国式现代化，充分证明各国完全可以走出符合本国国情的现代化道路。一些发展中国家在探索本国的现代化道路时，曾经全盘照搬西方模式，陷入经济停滞、社会政治动荡的困境。今天，"从国情出发"的中国经验正为越来越多国家所重视，为广大发展中国家独立自主探索适合自己的现代化道路、推进现代化建设提供重要借鉴。"中国式现代化道路的成功探索是对人类进步事业的巨大贡献。"肯尼亚国际问题学者卡文斯·阿德希尔指出，中国为包括非洲国家在内的发展中国家作出榜样，就是要坚持走符合自身国情的现代化发展之路。

现代化的本质是人的现代化。要实现人口规模巨大的现代化，必须坚持以人民为中心的发展思想。人民是历史的创造者，也是时代的创造者。中国经济社会的更好发展，归根结底要激发14亿多人民的力量。中国共产党领导的社会主义现代化始终坚持把人民利益放在首位，为了人民，依靠人民，不断实现好、维护好、发展好最广大人民的根本利益，不断满足人民日益增长的美好生活需要。在拥有14亿多人口的中国，每个人出一份力就能汇聚成排山倒海的磅礴力量，每个人做成一件事、干好一件工作，党和国家事业就能向前推进一步。"在中国共产党带领下，中国人民积极投身经济社会建设的大潮，这就是中国发展奇迹的秘诀""中国式现代化赋予人民主人翁地位，让所有人都感到有责任参与到国家的发展建设中去""中国式现代化为14亿多人口中的每个人创造条件，让他们在自己的领域有所成就"……越来越多国家重视中国坚持以人民为中心的发展思想，认为这是值得借鉴的重要经验。

　　中国式现代化既是最难的，也是最伟大的。在全世界最大的发展中国家推进现代化建设，注定是一项创造历史的伟大事业。新征程上，中国式现代化的每一步跨越都将产生世界性影响，都将为全人类进步事业作出新的贡献。

（2023年02月28日）

为人类共同发展开辟更加广阔的前景

——中国式现代化的世界意义③

越来越多国际人士认为，在经济全球化遭遇逆流、西方现代化遭遇瓶颈之际，中国式现代化注重造福于民、致力于实现社会平等，走出了一条现代化的新路径

治国之道，富民为始。中国式现代化是全体人民共同富裕的现代化，实现全体人民共同富裕是中国式现代化的本质要求之一，也是中国式现代化区别于西方现代化的显著标志。中国式现代化坚持发展为了人民，发展依靠人民，发展成果由人民共享，为解决现代化进程中遇到的贫富悬殊、两极分化等难题提供了中国方案。

让人民过上好日子、实现共同富裕，是中国共产党矢志不渝的奋斗目标。党的十八大以来，以习近平同志为核心的党中央把逐步实现全体人民共同富裕摆在更加重要的位置上，推动区域协调发展，采取有力措施保障和改善民生，打赢脱贫攻坚战，全面建成小康社会，为促进共同富裕创造了良好条件。作为世界上最大的发展中国家，中国提前10年实现《联合国2030年可持续发展议程》减贫目标，创造了减贫治理的中国样本，为全球减贫事业作出了重大贡献。"过去10年，中国持续快速发展。最令我感慨的是中国脱贫攻坚所走过的道路。"多次访问中国的法国参议院副议长、法国共产党全国委员会主席皮埃尔·洛朗表示，"全面消除绝对贫困、如期全面建成小康社会，中国共产党把承诺变为现实。"

中国是一个有14亿多人口的大国，实现共同富裕具有长期性、艰巨性、复杂性的特点。中国将坚持以人民为中心的发展思想，在高质量发展中促进共同富裕。目前，中国已经形成促进全体人民共同富裕的一整套思想理念、制度安排、政策举措，有信心让现代化建设成果更多更公平惠及全体人民。巴基斯坦可持续发展政策研究所中国研究中心主任沙基勒·拉迈认为："促进共同富裕，给更多人创造致富机会，让每一份努力都有收获，将进一步激发中国社会的生产力和创造力。"

共同富裕是人类文明发展中的难题。在追求现代化的过程中，一些国家贫富分化严重，中产阶层塌陷，导致社会撕裂、政治极化、民粹主义泛滥；一些国家经济转型失败，发展陷入停滞，落入所谓"中等收入陷阱"。中国式现代化坚持把实现人民对美好生活的向往作为现代化建设的出发点和落脚点，着力维护和促进社会公平正义，着力促进全体人民共同富裕，坚决防止两极分化。"我们的共同富裕，是要更好满足人民美好生活需要，逐步实现整体富裕、普遍富裕，坚持市场和政府相结合、效率和公平相统一，在做大蛋糕的同时分好蛋糕，打造橄榄型分配结构。"习近平主席如是阐释破解收入分配不平等问题的中国方案。越来越多国际人士认为，在经济全球化遭遇逆流、西方现代化遭遇瓶颈之际，中国式现代化注重造福于民、致力于实现社会平等，走出了一条现代化的新路径。

"中国实现共同富裕，是朝着构建人类命运共同体这一更大目标迈进的重要一步。"南非大学姆贝基非洲领导力研究所高级研究员谭哲理表示。中国始终认为，各国一起发展才是真发展，大家共同富裕才是真富裕。中国在追求自身发展的同时，不断以务实行动推动世界共同发展繁荣。中国已与151个国家、32个国际组织签署共建"一带一路"合作文件，高质量共建"一带一路"为沿线国家民众带来实实在在的好处；着眼于解决发展不平衡问题，中国提出全球发展倡议，100多个国家和国际组织响应支持，共同推进倡议落地生根。中国在不断走向现代化的同时，将加大对全球发展合作的资源投入，同各方一道构建全球发展共同体，为人类共同发展开辟更加广阔的前景。

　　实现共同富裕是一个长期的历史过程，必须久久为功。新征程上，中国不断朝着全体人民共同富裕的目标前进，必将为世界提供更多发展机遇，让发展成果更多更公平惠及各国人民。

（2023年03月01日）

助力世界文明朝着平衡、积极、向善的方向发展
——中国式现代化的世界意义④

中国式现代化在与世界其他文明的交流中推进和拓展，并以平等交流互鉴的方式丰富人类文明，将促进人类文明的整体进步

一个民族的复兴需要强大的物质力量，也需要强大的精神力量。"当高楼大厦在中国大地上遍地林立时，中华民族精神的大厦也应该巍然耸立。"中国式现代化是物质文明和精神文明相协调的现代化，既要物质富足也要精神富有，是中国式现代化的崇高追求。中国式现代化为解决西方现代化进程中物质主义膨胀、精神贫乏等痼疾提供了全新思路。

仓廪实而知礼节，衣食足而知荣辱。中国传统文化中蕴含着物质富足与精神富有的辩证统一关系。只有不断发展，才能实现人民对生活安康、社会安宁的梦想。精神财富的丰富，思想文化的自信自强，能够为创造物质财富提供价值引领、注入精神动力。实现中国式现代化，必须不断厚植现代化的物质基础，不断满足人民日益增长的精神文化需求，促进物的全面丰富和人的全面发展。正如习近平主席所指出的："我们将不断提高人民物质生活和精神生活水平，做到家家仓廪实衣食足，又让人人知礼节明荣辱。"

中国式现代化深深植根于中华优秀传统文化，为中华文明所滋养，有着深厚的文明底蕴。中华优秀传统文化中蕴含的天下为公、民为邦本、为政以德、革故

鼎新、任人唯贤、天人合一、自强不息、厚德载物、讲信修睦、亲仁善邻等，是中国人民在长期生产生活中积累的宇宙观、天下观、社会观、道德观的重要体现，同科学社会主义价值观主张具有高度契合性。中国式现代化蕴含的独特世界观、价值观、历史观、文明观、民主观、生态观等及其伟大实践，实现了对世界现代化理论和实践的重大创新，为国际社会应对世界之变、时代之变、历史之变提供了有益借鉴。中国推动构建人类命运共同体，提出"一带一路"倡议、全球发展倡议、全球安全倡议等，为解决人类面临的共同问题提供了中国智慧、中国方案、中国力量。

中国式现代化体现科学社会主义的先进本质，展现了不同于西方现代化模式的新图景。西方国家在现代化进程中无法遏制资本贪婪的本性，无法解决物质主义膨胀、精神贫乏等痼疾。中国式现代化致力于物质文明和精神文明相互协调、相互促进，让全体人民始终拥有团结奋斗的思想基础、开拓进取的主动精神、健康向上的价值追求，为全面建设社会主义现代化国家提供了源源不断的动力。巴基斯坦驻华大使莫因·哈克说："相信中国一定能够实现国家发展目标，建设一个物质文明和精神文明相协调的强大国家。"俄罗斯联邦共产党中央委员会主席根纳季·久加诺夫表示，中国的快速发展已成为人类文明发展进程中一项重大成就，中国式现代化的成功经验将为更多国家和人民开辟通往美好未来的道路。

中国式现代化借鉴吸收一切人类优秀文明成果，倡导不同文明交融互鉴、多元共生，有利于形成共建美好世界的最大公约数。中国主张平等、互鉴、对话、包容的文明观，世界各国弘扬和平、发展、公平、正义、民主、自由的全人类共同价值，以文明交流超越文明隔阂，以文明互鉴超越文明冲突，以文明共存超越文明优越，为世界文明朝着平衡、积极、向善的方向发展提供助力。从首倡亚洲文明对话大会，搭建亚洲乃至世界文明交流互鉴的重要平台，到践行和平合作、开放包容、互学互鉴、互利共赢的丝路精神，努力把"一带一路"建设成文明之路，再到成功举办冬奥盛会，将一段段美美与共的文明交流互鉴佳话载入奥运史册……中国始终是文明交流互鉴的倡导者、实践者。乌兹别克斯坦学者乌卢格别克·哈桑诺夫认为，中国式现代化将为推动中外文明交流互鉴创造更多机遇和条件，为世界带来更多稳定性和确定性。

中国式现代化促进精神文明和物质文明相协调，代表人类文明进步的发展方向。中国式现代化在与世界其他文明的交流中推进和拓展，并以平等交流互鉴的方式丰富人类文明，将促进人类文明的整体进步。

（2023年03月02日）

对中国负责、对世界负责的现代化新路
——中国式现代化的世界意义⑤

中国式现代化不走西方发达国家先污染后治理的老路，追求人与自然和谐共生，这是对中国负责，也是对世界负责

全球最大的碳排放权交易市场上线，可再生能源开发利用规模、新能源汽车产销量稳居世界第一，绿色越来越成为中国高质量发展的底色；300多种珍稀濒危野生动植物野外种群得到很好恢复，自然保护地已占陆域国土面积的18%，一幅人与自然和谐共生的美丽画卷在中华大地铺展……中国坚持绿水青山就是金山银山的理念，在推动高质量发展中促进经济社会发展全面绿色转型。

尊重自然、顺应自然、保护自然，促进人与自然和谐共生，是中国式现代化的鲜明特点。中国式现代化坚持可持续发展，坚持节约优先、保护优先、自然恢复为主的方针，坚定不移走生产发展、生活富裕、生态良好的文明发展道路，为实现中华民族永续发展开辟了广阔前景。中国式现代化用实践证明了生态环境保护和经济发展是辩证统一、相辅相成的关系，建设生态文明、推动绿色低碳循环发展，不仅可以满足人民日益增长的优美生态环境需要，而且可以推动实现更高质量、更有效率、更加公平、更可持续、更为安全的发展。

如何实现人与自然和谐共生，是各国在追求现代化进程中的一道必答题。在200多年的现代化进程中，西方发达国家普遍走过一条先污染后治理的道路，在创造巨大物质财富的同时，也加速了对自然资源的攫取，带来严重的生态环境问题，人与自然的深层次矛盾日益显现。"一味追求经济增长而破坏环境、过度索取资源的方式，已经不适合当前的全球发展阶段。"阿根廷阿中研究中心主任帕特里西奥·朱斯托表示，国际社会更需要树立起为自然减负、对子孙负责的现代化思路。

中国式现代化不走西方发达国家先污染后治理的老路，追求人与自然和谐共生，这是对中国负责，也是对世界负责。在生态环境保护上，中国坚持算大账、算长远账、算整体账、算综合账。党的十八大以来，中国把生态文明建设作为关系中华民族永续发展的根本大计，开展了一系列根本性、开创性、长远性的工作，美丽中国建设迈出重要步伐，推动中国生态环境保护发生历史性、转折性、全局性变化。经过不懈努力，中国式现代化的生态根基更加牢固，绿色底色不断厚植，人民群众的生态环境获得感、幸福感、安全感更加充实。"中国践行的生态文明理念，展现出一种积极的、立志于为所有人创造更美好世界的思考。"联合国环境规划署前执行主任埃里克·索尔海姆认为，中国建设生态文明的诸多成功实践，为国际社会提供了具有借鉴意义的宝贵经验。

中国式现代化展现出立己达人的天下情怀。过去10年，中国是全球能耗强度降低最快的国家之一，超额完成到2020年碳排放强度下降40%至45%的目标，累计减少排放二氧化碳58亿吨，这是中国发展惠及世界的又一重要体现。如今，中国已建成全球规模最大的碳市场和清洁发电体系，正积极稳妥推进碳达峰碳中和。与此同时，中国大力推动建设绿色丝绸之路，援助实施绿色环保和应对气候变化项目；率先出资15亿元人民币，成立昆明生物多样性基金，支持发展中国家生物多样性保护事业……"中国将生态理念放在发展战略的核心位置，这种战略眼光使中国成为全球生态治理方面的引领者。"墨西哥工业发展和经济增长研究所所长何塞·路易斯·德拉克鲁斯表示。

人不负青山，青山定不负人。中国坚定不移走人与自然和谐共生的中国式现代化道路，建设人与自然和谐共生的美丽中国，必将为构建人与自然生命共同体贡献更多力量。

（2023年03月03日）

为人类和平与发展作出更大贡献

——中国式现代化的世界意义⑥

　　走和平发展道路，是中国式现代化的鲜明特征和必然选择。这条道路不是传统大国崛起的翻版，不是国强必霸的再版，而是造福中国、有利于世界的正道。中国坚定站在历史正确的一边，站在人类文明进步的一边，高举和平、发展、合作、共赢旗帜，在坚定维护世界和平与发展中谋求自身发展，又以自身发展更好维护世界和平与发展。

　　有着5000多年历史的中华文明，始终崇尚和平，和平、和睦、和谐的追求深深植根于中华民族的精神世界之中，深深溶化在中国人民的血脉之中。近代中国长期遭受西方列强侵略，战火频仍，中国人民深受其害。中国共产党和中国人民从苦难中走过来，深知和平的珍贵、发展的价值，把促进世界和平与发展视为自己的神圣职责。习近平主席强调，"中国坚持走和平发展道路"，"无论发展到什么程度，中国永远不称霸、永远不搞扩张"。中国将坚持和平发展道路写入宪法，展现了走和平发展道路的坚定决心。

　　中国不认同"国强必霸"的陈旧逻辑。一些国家在现代化过程中对外侵略、殖民、掠夺，给广大发展中国家人民带来深重苦难，至今仍有个别西方国家大搞霸权主义、强权政治，严重威胁世界和平稳定。中国式现代化不靠对外军事扩张和殖民掠夺，而是弘扬和平、发展、公平、正义、民主、自由的全人类共同价值，与各国合作共赢，推动构建人类命运共同体。新中国成立70多年来，从未主动挑起一次冲突，从未侵占别国一寸土地，从未发动过一场代理人战争，从未参加过任何一个军事集团。英国48家集团俱乐部副主席基思·贝内特指出，中国的现代化通过发展自身来实现，同时帮助他国发展，这与一些国家剥削他国的做法有着本质区别。

作为世界最大的发展中国家，发展始终是中国的第一要务。中国式现代化既独立自主、自力更生，又在对外开放中广泛借鉴和吸收西方现代化进程中的经验，通过激发内生动力与和平利用外部资源相结合的方式来实现国家发展。中国坚持和平发展、开放发展、合作发展、共同发展，继续为广大发展中国家提供力所能及的支持和帮助。与此同时，中国将坚定不移地维护国家主权、安全和发展利益。中国人民从来没有欺负、压迫、奴役过其他国家人民，也绝不允许任何外来势力欺负、压迫、奴役我们。

当前，世界百年未有之大变局加速演进，世界进入新的动荡变革期，和平与发展面临严峻挑战。中国坚定奉行独立自主的和平外交政策，始终坚持维护世界和平、促进共同发展。中国提出共建"一带一路"倡议，打造了广受欢迎的全球公共产品和开放合作的国际合作平台；发起全球发展倡议，得到100多个国家和包括联合国在内的多个国际组织支持；推进落实全球安全倡议，发布《全球安全倡议概念文件》……新加坡总理李显龙表示，一个强大、友好的中国，将为地区和世界带来积极影响，也有利于帮助中小国家实现共同发展。古巴国际政治研究中心中国问题专家爱德华多·雷加拉多指出，中国坚持走和平发展道路，不仅为自身的现代化建设营造了良好的国际环境，也对人类社会的发展进步产生了重大影响。

无论国际风云如何变幻，中国都将始终做世界和平的建设者、全球发展的贡献者、国际秩序的维护者，同世界各国人民一道推动构建人类命运共同体，努力为人类和平与发展作出更大贡献。

（2023年03月07日）

回答现代化之问　引领和推动现代化进程

习近平总书记在中国共产党与世界政党高层对话会上发表主旨讲话，深刻回答现代化之问，为政党探索现代化道路、推进现代化建设指明了方向

3月15日，来自150多个国家的500多个政党和政治组织的领导人出席中国共产党与世界政党高层对话会，共同探讨"现代化道路：政党的责任"这一重要命题。中共中央总书记、国家主席习近平出席会议并发表主旨讲话，就"我们究竟需要什么样的现代化""怎样才能实现现代化"等一系列发人深省的现代化之问给出中国答案，郑重宣示中国共产党将始终把自身命运同各国人民的命运紧紧联系在一起，努力以中国式现代化新成就为世界发展提供新机遇，为人类对现代化道路的探索提供新助力，为人类社会现代化理论和实践创新作出新贡献。

当今世界，多重挑战和危机交织叠加，世界经济复苏艰难，发展鸿沟不断拉大，生态环境持续恶化，冷战思维阴魂不散，人类社会现代化进程又一次来到历史的十字路口。面对复杂严峻的形势，中国共产党积极倡导世界政党聚焦现代化，为各方探讨现代化道路搭建平台，充分表明中国共产党坚定站在历史正确的一边、站在人类文明进步的一边，始终致力于在推进中国式现代化的同时，为推动世界现代化进程贡献力量。巴布亚新几内亚潘古党领袖、政府总理马拉佩表示，中国式现代化为人类提供了实现更美好生活的新选择，我们应共同努力探索符合国情的现代化道路。

人类社会发展进程曲折起伏，各国探索现代化道路的历程充满艰辛。我们究竟需要什么样的现代化，怎样才能实现现代化，是需要随着时代演进而不断加以审视的开放命题。着眼于在重要历史关口推动人类社会现代化进程，习近平总书记深刻回答现代化之问，倡导各国政党要坚守人民至上理念，突出现代化方向的人民性；要秉持独立自主原则，探索现代化道路的多样性；要树立守正创新意识，保持现代化进程的持续性；要弘扬立己达人精神，增强现代化成果的普惠性；要保持奋发有为姿态，确保现代化领导的坚定性。这些主张阐释了政党作为引领和推动现代化进程的重要力量所担负的责任，为肩负实现现代化使命的政党探索现代化道路、推进现代化建设指明了方向。

人民是历史的创造者，是推进现代化最坚实的根基、最深厚的力量。现代化的最终目标是实现人自由而全面的发展。现代化道路最终能否走得通、行得稳，关键要看是否坚持以人民为中心。现代化不是少数国家的"专利品"，也不是非此即彼的"单选题"，不能搞简单的千篇一律、"复制粘贴"。一个国家走向现代化，既要遵循现代化一般规律，更要立足本国国情，具有本国特色。追求现代化应该秉持团结合作、共同发展的理念，走共建共享共赢之路，不应通过打压遏制别国现代化来维护自身发展"特权"。政党要敢于担当、勇于作为，冲破思想观念束缚，破除体制机制弊端，探索优化方法路径，不断实现理论和实践上的创新突破，为现代化进程注入源源不断的强大活力；要把自身建设和国家现代化建设紧密结合起来，为不断推进现代化进程引领方向、凝聚力量。

实现现代化是近代以来中国人民矢志奋斗的梦想。中国共产党100多年团结带领中国人民追求民族复兴的历史，也是一部不断探索现代化道路的历史。经过数代人不懈努力，我们走出了中国式现代化道路。中国式现代化既基于自身国情、又借鉴各国经验，既传承历史文化、又融合现代文明，既造福中国人民、又促进世界共同发展，是我们强国建设、民族复兴的康庄大道，也是中国谋求人类进步、世界大同的必由之路。中国式现代化道路越走越宽广，必将更好发展自身、造福世界。

　　实现现代化是诸多国家人民的共同追求。中国共产党愿继续同各国政党和政治组织一道，开展治党治国经验交流，携手同行现代化之路，在推动构建人类命运共同体的大道上阔步前进。

（2023年03月17日）

中国式现代化版权属于中国，机遇属于世界

作为世界上最大的发展中国家，中国始终胸怀天下，在实现自身发展的同时，为世界和平注入更多正能量，为全球发展带来更多新机遇

"中方愿同各国一道，努力以中国式现代化新成就为世界发展提供新机遇，为人类探索现代化道路和更好社会制度提供新助力，推动构建人类命运共同体。"4月21日，习近平主席向在上海"世界会客厅"举办的"中国式现代化与世界"蓝厅论坛致贺信时指出。此次蓝厅论坛与之前在广州举行的"读懂中国·湾区对话"专题论坛，共同聚焦中国式现代化给世界带来的机遇。两场论坛与会人士普遍认同，中国式现代化版权属于中国，机遇属于世界。

实现现代化是近代以来中国人民的不懈追求，也是世界各国人民的共同追求。100多年来，中国通过自主实践找到了一条中国式现代化道路，创造了人类文明新形态。事实雄辩地证明，现代化并没有固定模式，不是单选题，只要符合自身的国情，有利于人民的发展，任何国家都能实现现代化梦想。出席蓝厅论坛的埃及前总理沙拉夫指出，中国式现代化是"赠予世界的礼物"。冈比亚外长坦加拉认为，中国式现代化是一种激励，它证明了各国都能有独特可行的选择来寻求自身发展。

中国迈向现代化，为全球经济复苏注入强劲动能，为共同发展开辟广阔路径。过去10年，中国对全球增长的带动超过七国集团总和。今天的中国，已成为140多个国家和地区的主要贸易伙伴，每天有3.2亿美元中国直接投资走向世界，每

月有3000多家外资企业落户中国。中国14亿多人口整体迈入现代化，实现共同富裕，必将给世界提供更多发展机遇。国际社会坚信中国是"提振全球经济的最大希望"，希望抢抓中国高质量发展和扩大高水平对外开放带来的新机遇。中国提出的共建"一带一路"倡议和全球发展倡议，为各国实现共同发展、共同富裕搭建重要平台。英国学者马丁·雅克认为，中国式现代化本质上是向世界开放机会，特别是向发展中国家开放机会。

中国迈向现代化，为人类社会进步开创更美好前景，为建设清洁美丽世界提供更可行方案。中国将实现人自由而全面的发展视为现代化的最终目标。人的全面发展，意味着不仅要在物质上富足，更要在精神上富有。中方郑重提出全球文明倡议，强调共同倡导尊重世界文明多样性、共同倡导弘扬全人类共同价值、共同倡导重视文明传承和创新、共同倡导加强国际人文交流合作。中国式现代化不仅使博大精深的中华文明焕发出新的生机与活力，也有利于让世界文明百花园姹紫嫣红、生机盎然。中国站在人与自然和谐共生的高度谋划发展，自觉把保护生态环境、应对气候变化的责任扛在肩上，创造了人工造林规模等多个全球第一，并向世界作出力争2030年前实现碳达峰、2060年前实现碳中和的郑重承诺。美国亚洲协会董事会联席主席桑顿称赞，中国式现代化具有极强的说服力、生命力和启发性，"指向更高层级的人类发展"。

中国迈向现代化，为世界和平稳定带来更多确定性，壮大国际社会和平正义力量。中国是全球唯一将"坚持和平发展道路"载入宪法的国家，是派遣维和人员最多的联合国安理会常任理事国，也是5个核武器国家中唯一承诺不首先使用核武器的国家。提出全球安全倡议，为世界指明实现共同安全、普遍安全的正确方向；秉持公正、劝和促谈，给乌克兰危机"减压"、让局势"降温"；推动沙特和伊朗实现复交……中国走和平发展道路，为推动构建新型国际关系、推动构建人类命运共同体作出重要贡献。

作为世界上最大的发展中国家，中国始终胸怀天下，在实现自身发展的同时，为世界和平注入更多正能量，为全球发展带来更多新机遇。展望未来，中国将继续同各方携手同行现代化之路，推动各具特色的现代化事业，共创世界更加美好的明天。

（2023年04月23日）

在国家发展振兴的道路上携手前行

　　千年古城西安，石榴花盛开，一抹抹火红在大街小巷绽放。5月18日至19日，中国—中亚峰会将在这里举行。中国和中亚五国元首将共叙传统友谊，共谋未来发展，共同推动构建更加紧密的中国—中亚命运共同体。这是一次擘画中国中亚关系新蓝图、开启双方合作新时代的盛会，将为双方交流治国理政经验、推动各自发展振兴提供重要平台和机遇。

　　经过长期探索和实践，中国成功走出中国式现代化道路。中亚国家独立30多年来，始终致力于探索走符合本国国情的现代化道路，取得了可喜成就。当前，中国和中亚国家都处在发展振兴的关键阶段。中国正在以中国式现代化全面推进中华民族伟大复兴，中亚国家也在为实现国家发展目标而不懈努力。哈萨克斯坦正在建设快速发展、欣欣向荣的"新哈萨克斯坦"；吉尔吉斯斯坦提出建设"一个新的吉尔吉斯斯坦"；塔吉克斯坦制定"2030年前国家发展战略"，努力实现向工农业国的转变；土库曼斯坦步入"强国的新时代复兴"新阶段，制定2022—2052年国家经济社会发展纲要新蓝图；乌兹别克斯坦人民开启了建设"新乌兹别克斯坦"新征程。中国和中亚国家坚定支持彼此选择的发展道路，在国家发展振兴的道路上携手前行，有助于发挥互补优势，深挖合作潜力，实现共同发展。

　　中亚国家高度认可中国发展理念，希望学习借鉴中国成功发展经验。吉尔吉斯斯坦总统扎帕罗夫表示，习近平主席拥有丰富的治国理政经验、深刻的政治智慧、崇高的个人品质，成功领导中国走向繁荣，提升了中国在国际舞台上的影响力。

《习近平谈治国理政》被译成中亚多国语言，引起中亚各界人士的高度重视。《习近平谈治国理政》乌兹别克文版出版，米尔济约耶夫总统撰写前言表示："我本人饶有兴致地阅读了这本内容丰富的书，书中体现了大国领导人深湛的政治思维，以及对当今世界复杂的全球化进程的深刻分析。"《习近平谈治国理政》第一卷塔吉克文版首发式暨中塔治国理政研讨会举行，拉赫蒙总统在致信祝贺该书塔文版出版时指出："在习近平主席战略引领下，中国在经济社会和科学技术等领域取得巨大成就，在国际舞台的建树和威望令人瞩目。"通过《习近平谈治国理政》，中亚国家加深了对中国之路、中国之治、中国之理的理解。

中国成功推进和拓展中国式现代化，为中亚国家实现现代化提供了启发、注入了信心。消除绝对贫困是中国民生改善的里程碑，也是人类进步事业的壮丽篇章。近年来，在两国元首的亲自关心和直接推动下，中国同乌兹别克斯坦减贫合作有声有色，取得许多积极成果，成为两国全方位合作的一大亮点。近日，乌兹别克斯坦政府宣布将在全国各州试点推广中国减贫经验。中国和哈萨克斯坦将农业作为双方合作的重点领域和优先方向之一，接受中方培训的哈萨克斯坦人士借鉴中国乡村振兴经验，结合本国国情，积极引进推广先进农业技术，促进了哈萨克斯坦农业发展。在绿色发展领域，通过联合培养项目，土库曼斯坦留学生在中国追寻"绿色能源梦"。这些都是中国同中亚国家在国家发展振兴的道路上携手前行的生动实践。

朵朵石榴花，预示着中国同中亚国家关系的美好未来。中国和中亚国家理念相通，目标相似，利益相连，双方交流治国理政经验，推动各自发展振兴，是携手构建更加紧密的中国—中亚命运共同体的应有之义。以中国—中亚峰会为契机，中国将同中亚国家谱写互利共赢、共同发展的崭新篇章。

（2023年05月18日）

读懂中国，关键要读懂中国式现代化

中国将以中国式现代化新成就为世界发展提供新机遇，为人类对现代化道路的探索提供新助力，为人类社会现代化理论和实践创新作出新贡献

"读懂中国，关键要读懂中国式现代化。今天，中国正在以中国式现代化全面推进强国建设、民族复兴伟业，推动构建人类命运共同体，中国的前途命运和人类的前途命运紧密联系在一起。"12月2日，习近平主席向2023年"读懂中国"国际会议（广州）致贺信，科学分析当今世界大势，深刻阐明读懂中国关键是要读懂中国式现代化，表达了中国与各国携手实现和平发展、互利合作、共同繁荣的世界现代化的真诚愿望。

今年是"读懂中国"国际会议创办10周年。10年来，习近平主席多次向"读懂中国"国际会议致贺信、发表视频致辞或会见外方代表，深入阐释中国道路、中国主张，推动国际社会更好地读懂中国。在当前百年变局加速演进、风险挑战交织叠加的背景下，中国以负责任大国姿态积极担当作为，为破解共同难题、增进人类福祉作出重大贡献，读懂中国、携手中国共创美好未来的重要意义更加凸显。

读懂中国式现代化，就要深刻理解中国式现代化的世界意义。经过百年探索和接续奋斗，中国找到了一条适合自己的发展道路，正在以中国式现代化全面推进中华民族伟大复兴。中国式现代化是人口规模巨大的现代化，是全体人民共同富裕的现代化，是物质文明和精神文明相协调的现代化，是人与自然和谐共生的现代化，是走和平发展道路的现代化。中国式现代化深深植根于中华优秀传统文化，体现科学社会主义的先进本质，借鉴吸收一切人类优秀文明成果，代表人类文明进步的发展方向，展现了不同于西方现代化模式的新图景，是一种全新的人类文明形态。它拓展了发展中国家走向现代化的路径选择，为人类对更好社会制度的探索提供了中国方案。

读懂中国式现代化，需要看到中国式现代化给世界带来的机遇。作为世界上最大的发展中国家，中国始终将自身发展置于人类发展的坐标系，以自身发展为世界发展创造新机遇。习近平主席指出："我们坚定不移致力于扩大同各国利益的汇合点，不断以中国新发展为世界带来新动力、新机遇。"在新一轮科技革命和产业变革背景下，中国坚定奉行互利共赢的开放战略，加快构建新发展格局，推动高质量发展，将为世界提供更多更好的中国制造和中国创造、更大规模的中国市场和中国需求。奥地利前总理沃尔夫冈·许塞尔认为，中国持续打造市场化、法治化、国际化营商环境，展现了中国坚持高水平开放的决心，中国和世界都将因此受益。

读懂中国式现代化，还应看到中国追求的不是独善其身的现代化。中国不仅期待同广大发展中国家在内的各国一道，共同实现现代化，也期待同各国携手努力，实现和平发展、互利合作、共同繁荣的世界现代化。习近平主席站在人类历史发展进程的高度，以胸怀天下的宏阔视野，先后提出构建人类命运共同体理念、"一带一路"倡议、全球发展倡议、全球安全倡议、全球文明倡议等，为推动人类文明进步、建设美好世界贡献中国智慧、提供中国方案，也为广大发展中国家探索符合本国国情的现代化道路提供助力。埃及前总理伊萨姆·沙拉夫认为，习近平主席提出系列重要倡议，为世界提供了重要公共产品，当这些倡议被追求和平与发展的人们所接受时，一条通向共同繁荣的道路就出现了。

实现现代化是各国人民的共同期待，也是应有权利。中国将始终把自身命运同各国人民的命运紧紧联系在一起　努力以中国式现代化新成就为世界发展提供新机遇，为人类对现代化道路的探索提供新助力，为人类社会现代化理论和实践创新作出新贡献。

（2023年12月04日）

中国将立足新发展阶段，贯彻新发展理念，积极构建新发展格局，努力实现高质量发展。中国将继续提高对外开放水平，建设更高水平开放型经济新体制，持续打造市场化、法治化、国际化营商环境。

新中国成立特别是改革开放以来，我们用几十年时间走完西方发达国家几百年走过的工业化历程，创造了经济快速发展和社会长期稳定的奇迹，为中华民族伟大复兴开辟了广阔前景。实践证明，中国式现代化走得通、行得稳，是强国建设、民族复兴的唯一正确道路。

近年来，我国科技创新成果丰硕，创新驱动发展成效日益显现；城乡区域发展协调性、平衡性明显增强；改革开放全面深化，发展动力活力竞相迸发；绿色低碳转型成效显著，发展方式转变步伐加快，高质量发展取得明显成效。

02

活力中国彰显
经济发展光明前景

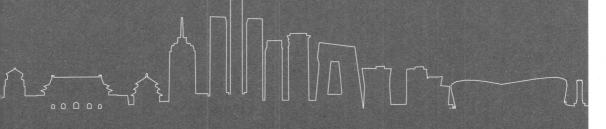

中国经济高质量发展为世界注入信心

"中国公布的2022年经济增速超出了预期""我们看到了强劲的增长前景""推动全球经济增长的最大动力将来自中国"……近期，随着一系列中国经济数据的发布，国际社会更加清晰地看到了中国经济的强大韧性和活力，普遍认为中国经济高质量发展前景光明，将持续为世界经济复苏注入强劲动力。

国家统计局1月17日公布的数据显示，2022年中国经济总量达到121万亿元，继2020年、2021年连续突破100万亿元、110万亿元之后，又跃上新的台阶；全年国内生产总值按不变价格计算，比上年增长3%，增速快于多数主要经济体。在百年变局和世纪疫情叠加，发展环境复杂性、严峻性、不确定性上升背景下，中国能够交出这样的成绩单殊为不易。经济总量和人均水平持续提高，意味着中国综合国力、社会生产力、国际影响力、人民生活水平进一步提升，发展基础更牢、发展质量更优、发展动力更为充沛。

中国有14亿多人口，新型工业化和城镇化持续推进，有世界上最具潜力的超大规模市场，这是中国推动经济复苏好转的强大引擎。数据显示，2022年中国社会消费品零售总额稳定在44万亿元左右，其中网上商品零售额达12万亿元，是全球第二大消费市场和第一大网络零售市场，超大规模市场优势依然明显。随着中国疫情防控转入新阶段，各项政策不断落实落细，需求逐步回升和政策效应叠加，中国经济社会活力将进一步释放。国际组织和国际投资机构看好中国经济发展前景，纷纷上调2023年中国经济增速预测。彭博社指出，中国可以提供一个有吸引力的国内需求驱动复苏的故事。英国《金融时报》认为，中国因疫情被抑制的消费力和投资活动复苏将支撑全球需求。

中国经济不仅量在增加，质也在提升。去年以来，中国坚持稳字当头、稳中求进，新发展理念深入人心，高质量发展坚定有力。2022年中国规模以上高技术制造业增加值比上年增长7.4%，快于全部规模以上工业3.8个百分点，高技术制造业、高技术服务业投资分别增长22.2%、12.1%，其中电子及通信设备制造业投资增长近30%，新动能引领作用日益凸显。世界知识产权组织最新发布的《世界知识产权指标》报告显示，中国发明专利有效量已经位居世界第一。这说明中国经济高质量发展潜力巨大，将为世界提供更多新的合作机遇。西班牙《理性报》认为，西中两国科技合作不断推进，为双方企业发展注入了新动能。德国宝马集团董事长奥利弗·齐普策表示，中国的市场和创新能力对宝马来说必不可少，宝马将继续深化对华合作。

中国坚持在扩大高水平开放中提升发展质量，在经济全球化遭遇逆风的当下弥足珍贵。中国稳步扩大规则、规制、管理、标准等制度型开放，依法保护产权和知识产权，营造市场化、法治化、国际化一流营商环境。海关总署日前发布的数据显示，2022年中国货物贸易进出口总值达42.07万亿元，进出口规模、质量、效益同步提升，连续6年保持世界第一货物贸易国地位。商务部1月18日发布的数据显示，2022年中国实际使用外资金额12326.8亿元人民币，按可比口径同比增长6.3%，保持稳定增长。中国贸促会近期对160多家在华外资企业和外国商协会进行的调查结果显示，99.4%的受访外资企业对2023年中国经济发展前景更有信心，98.7%的受访外资企业表示将维持和扩大在华投资。在全球市场充满不确定性的大背景下，中国继续成为全球投资兴业的热土。

中国经济韧性强、潜力大、活力足，长期向好的基本面没有改变。中国经济高质量发展，必将不断为世界提供新机遇。

（2023年01月19日）

活力中国彰显经济发展光明前景

火热的"春节经济"，预示着中国全年经济运行将总体回升。中国经济将继续为世界经济稳定和增长注入宝贵信心和动力

"春节期间人们纷纷出游，中国的旅游业正在恢复""中国的电影院迎来一年中最繁忙的日子，餐饮业日渐回归热闹与忙碌""人们纷纷返乡、出行、消费，流动的中国充满活力"……国际舆论高度关注中国优化调整防疫政策后的首个春节假期，从中看到了一个消费旺盛、活力十足的中国，感受到了中国经济复苏增长的强劲脉动。

活力中国，体现在一组组数据中。今年春节假期，全国铁路、公路、水路、民航共发送旅客约2.26亿人次；国内旅游出游3.08亿人次，同比增长23.1%，实现国内旅游收入3758.43亿元，同比增长30%；电影票房为67.58亿元，同比增长11.89%，观影人次为1.29亿，同比增长13.16%；全国消费相关行业销售收入与上年春节假期相比增长12.2%，比2019年春节假期年均增长12.4%……火热的假日经济，充分彰显中国经济的韧性、潜力和活力。国外研究机构指出，随着许多人涌向景区、餐馆和酒店，需求正在释放。国际舆论认为，中国已为经济提速做好准备。

活力中国，增强了国际社会对中国经济发展的信心。近来，多家国际机构和投资银行接连调高对今年中国经济增速的预测，认为中国经济提速将有力促进世界经济复苏。联合国发布《2023年世界经济形势与展望》报告，预测2023年世界经济增速将降至1.9%，但中国经济增长将随着中国政府优化防疫政策、采取利好经济措施而加速。报告指出，中国经济复苏将支持整个区域的增长。美国银行最新一期《全球基金经理调查》认为，全球基金经理对中国经济增长的预期飙升至17年来最高点。英国《金融时报》报道说，全球投资者正以近乎创纪录的速度涌入新兴市场国家，其中大部分用于投资中国资产，为2023年强劲开局。国际货币基金组织总裁格奥尔基耶娃表示，中国发展极有可能成为促进2023年全球经济增长的一个最重要因素。

活力中国，增加了世界经济复苏发展的韧性和动力。随着中国优化调整防疫政策、有序恢复中国公民出境旅游，不少中国人选择到国外度假，为当地旅游业乃至经济复苏带来重要利好。印度尼西亚巴厘岛机场用当地传统歌舞和极具中国特色的舞狮表演迎接今年首个中国游客包机抵达；马尔代夫维拉纳国际机场以最高礼遇"水门礼"欢迎中国航班和游客；泰国、菲律宾、柬埔寨等国官员亲自到机场欢迎中国游客；瑞士少女峰为欢迎中国游客而精心准备兔子形态的冰雕，并在缆车站布置兔年装饰和红灯笼……路透社认为，中国游客一直是世界零售业和旅游业备受瞩目的"中流砥柱"，中国游客的光临，无疑提振了遭受重创的全球旅游业。东盟与中日韩宏观经济研究办公室日前发布的报告指出，中国游客人数回升将为本区域的经济增长提供助力。国际评级机构惠誉也认为，中国出境游恢复将提振旅游业发达的经济体的增长前景。

火热的"春节经济"，预示着中国全年经济运行将总体回升。随着疫情防控转入新阶段，生产生活秩序加快恢复，中国经济增长的内生动力将不断积聚增强，深化改革开放的红利将持续释放。尽管国际环境风高浪急，世界经济下行压力增大，中国经济仍将继续展现强大韧性、释放巨大潜力、显示巨大活力，继续为世界经济稳定和增长注入宝贵信心和动力。

（2023年01月31日）

中国经济活力给世界带来暖意

国际组织和投资机构纷纷调高今年中国经济增长预期。在世界经济下行压力增大的背景下，"全球经济复苏看中国"成为国际社会广泛共识和普遍期待

"中国的经济前景变得更为明朗""中国经济将再次为全球增长作出最大贡献""今年世界经济的发展轨迹很大程度上将由中国消费者决定"……近来，随着国际组织和投资机构纷纷调高今年中国经济增长预期，国际社会对中国经济的信心进一步增强，"全球经济复苏看中国"成为广泛共识和普遍期待。

调高中国经济增长预期，体现了中国经济具有的强大韧性。国际货币基金组织日前发布《世界经济展望报告》更新内容，将今年中国经济增长预期大幅上调至5.2%，高出此前预测值0.8个百分点。国际货币基金组织预计，今年中国经济对全球增长的贡献率将达到1/4。联合国发布《2023年世界经济形势与展望》报告，预测中国经济增速将达到4.8%，并将支持整个区域的增长。摩根士丹利、高盛、汇丰、摩根大通等多家国际投资机构均上调今年中国经济增速预测。彭博社网站报道认为，中国经济反弹势必将为全球经济注入一剂急需的强心针。

中国优化调整防疫政策是国际组织和投资机构调高中国经济增长预期的最直接动因。"中国优化调整防疫政策为经济更快增长铺平道路""中国政府优化防疫政策、采取利好经济措施，未来一段时间中国的国内消费需求也会上涨""随着中国防疫政策的优化，多个行业将会有更多的投资机会"……国际社会看到中国生产生活秩序稳步恢复，经济增长内生动力不断积聚增强。春节期间，中国消费市场各项数据大幅增长，展现出强劲的复苏景象。最新数据显示，今年1月中国制造业采购经理指数重回扩张区间，显示经济稳步回升。美国《巴伦周刊》认为，在中国，所有可以启动的开关都拨向经济增长一侧，经济增长动力十足。

中国成功将物价维持在相对较低水平，让国际社会相信中国有充足的空间继续实施积极的财政政策和稳健的货币政策。2022年，一些国家经历了能源和食品价格飙升。以2022年12月的居民消费价格指数同比增长为例，美国为6.5%，欧元区是9.2%，英国是10.5%。今年，全球经济活动仍将面临通胀高企带来的压力。为抑制通胀、避免经济滑向衰退，美联储最新决定再加息25个基点，欧洲央行和英国央行均跟进加息50个基点。相比之下，中国物价水平总体稳定，2022年全年居民消费价格指数同比上涨2%。金砖国家新开发银行副行长马斯多普认为，中国有充足的财政空间，帮助中国经济在重启后的调整阶段提供更多支持。

研判经济走向，既要看短期变动之形，更要看长期增长之势。中国拥有14亿多人口，人均国内生产总值超过1.2万美元，中等收入群体超过4亿人，是世界上最有潜力的超大规模市场，这给中国经济发展带来显著的规模经济优势、创新发展优势和抗冲击能力优势。中国拥有世界上规模最大、门类最齐全的制造业体系，220多种工业产品产量位居世界前列，在全球产业分工体系和供应链体系中占据举足轻重的地位，拥有支撑构建新发展格局的强大供给能力。中国实行更加积极主动的开放战略，构建面向全球的高标准自由贸易区网络，携手各方高质量共建"一带一路"，形成了更大范围、更宽领域、更深层次对外开放格局。中国连续6年保持世界第一货物贸易国地位，吸收外资规模屡创新高，都为经济稳定发展提供了坚实的基础。经济合作与发展组织驻华代表海博认为，中国具有超大规模市场，并且在不断推进开放与合作，中国经济的增长将对世界和区域经济增长发挥稳定器作用。

中国是世界第二大经济体，经济运行总体回升对世界至关重要。中国努力实现今年经济发展主要预期目标，以新气象新作为推动高质量发展取得新成效，必将为促进世界经济复苏发展作出重要贡献。

（2023年02月09日）

中国高质量发展助力世界经济复苏

中国将继续坚持稳中求进工作总基调，完整、准确、全面贯彻新发展理念，加快构建新发展格局，以中国高质量发展助力世界经济复苏，以中国新发展为世界提供新机遇

"中国经济高质量发展步伐更加坚定""中国高质量发展为世界带来机遇""中国经济健康发展对于世界经济复苏至关重要"……国际社会高度关注正在召开的中国两会，期待中国释放更多推动经济高质量发展的利好信息，为面临下行压力的世界经济带来更多活力和暖意。

"高质量发展是全面建设社会主义现代化国家的首要任务。"习近平总书记在参加十四届全国人大一次会议江苏代表团审议时强调，"必须完整、准确、全面贯彻新发展理念""必须更好统筹质的有效提升和量的合理增长""必须坚定不移深化改革开放、深入转变发展方式""必须以满足人民日益增长的美好生活需要为出发点和落脚点"，为新形势下推动高质量发展指明了前进方向、提供了重要遵循，进一步增强了国际社会对中国经济发展的信心。

提请十四届全国人大一次会议审议的政府工作报告提出，今年中国国内生产总值增长5%左右。国际社会普遍认为，中国这一经济增速预期目标的设定科学合理，向世界展现了推动经济高质量发展的坚定决心。过去五年，尽管面临世界变局加快演变、新冠疫情冲击、国内经济下行等多重考验，中国经济年均增长5.2%，国内生产总值增加到121万亿元。过去十年，中国国内生产总值增加近70万亿元，年均增长6.2%，在高基数基础上实现了中高速增长、迈向高质量发展。这些亮眼的成绩单充分说明，中国经济韧性强、潜力大、活力足，长期向好的基本面没有变。国际组织和投资机构纷纷调高今年中国经济增长预期，正是出于对中国经济高质量发展充满信心。

"如果你在寻求增长，答案非常简单。下一个'中国'，在中国。"麦肯锡咨询公司有关负责人近日对中国经济前景的积极判断，引发国际社会广泛共鸣。中国经济总量占全球比重超过18%，对全球经济增长的贡献在30%左右，货物和服务贸易规模居世界第一，是140多个国家和地区的主要贸易伙伴。中国拥有全球最完整、规模最大的工业体系和完善的产业配套能力，具备较强的技术创新能力和强大产业生产能力，工业化、城镇化仍处于深入发展阶段，中等收入群体有望在未来15年超过8亿，市场空间和潜力巨大。过去五年，中国全社会研发经费投入强度从2.1%提高到2.5%以上，科技进步贡献率提高到60%以上，创新支撑发展能力不断增强。截至去年底，中国企业数量超过5200万户、个体工商户超过1.1亿户，发展内生动力明显增强。这些都是中国经济高质量发展的底气所在，也是国际社会看好中国经济发展前景的重要原因。

中国加快构建新发展格局，坚持在扩大高水平开放中提升发展质量，为世界经济发展注入重要动能。过去五年，中国货物进出口总额年均增长8.6%，突破40万亿元、连续多年居世界首位，吸引外资和对外投资居世界前列。今年，中国把恢复和扩大消费摆在优先位置，更大力度吸引和利用外资，稳步扩大制度型开放，推动发展方式绿色转型等，将为各国企业提供更多机遇。今年1月，中国吸引外资迎来开门红，实际使用外资金额达1276.9亿元，同比增长14.5%。许多外资企业将中国视为最重要的投资目的地之一，计划增加在华投资。这些充分说明，中国仍是外国企业青睐的投资热土。

中国正在以中国式现代化全面推进中华民族伟大复兴，实现高质量发展是中国式现代化的本质要求之一。中国将继续坚持稳中求进工作总基调，完整、准确、全面贯彻新发展理念，加快构建新发展格局，以中国高质量发展助力世界经济复苏，以中国新发展为世界提供新机遇。

（2023年03月09日）

让更多中国科技创新成果惠及世界

中国将坚持创新驱动发展战略，以高水平科技自立自强推动中国经济高质量发展，努力增进国际科技界开放、信任、合作，以更多重大原始创新和关键核心技术突破为人类文明进步作出新的更大贡献

"从北京传来的新闻是，中国未来将在高科技领域继续发展""对基础科学和技术研究领域的投资，进一步表明了中国实现高水平科技自立自强的决心"……今年中国两会期间，科技创新是国际社会关注的重要议题之一。在国际科技合作面临少数国家单边主义、保护主义冲击和挑战的背景下，中国在不断提高科技创新能力的同时，致力于同各国开展科技创新合作，赢得广泛赞誉。

从头顶的星辰到脚下的大地，从广袤的宇宙到幽微的粒子，今天的中国不断取得重大原创性科技成果。天和、问天、梦天三舱齐聚天宇，中国空间站全面建成，外国媒体指出，中国空间站向世界表明"中国有远见和能力完成壮举"，中国迈向航天强国"势不可挡"；量子计算原型机"九章"问世，中国成为全球第二个实现"量子优越性"的国家，英国《自然》杂志评价，中国在量子领域"从10年前不起眼的国家发展为现在的世界劲旅"……比利时中欧数字协会联合创始人克劳迪娅·韦尔诺蒂指出："从顶层设计、创新成果转化到商业模式创新，中国科技创新的进步给人留下深刻印象。"

"如果拥有一片繁茂的森林，那么参天大树自然会在那里生根成长，而中国长期以来一直在培育森林。"俄新社网站近日的报道如是形容中国的科技发展。新时代中国坚持把科技创新摆在国家发展全局的核心位置，坚持走中国特色自主创新道路，对科技创新重视程度之高、政策密度之大、推动力度之强前所未有。中国全社会研发经费支出从2012年的1万亿元增加到2022年的3.09万亿元，研发投入强度从1.91%提升到2.55%，研发人员总量从2012年的325万人年提高到2022年预计超过600万人年。中国的全球创新指数排名从2012年的第三十四位上升至2022年的第十一位，连续10年稳步提升，位居中高收入经济体之首。世界知识产权组织总干事邓鸿森表示，中国取得的成绩显示了一个国家将创新作为增长引擎并给予大量关注的效果，"中国以非常全面的方式创建创新生态系统，这是中国成功的一个重要因素。"

加快实现高水平科技自立自强，是推动高质量发展的必由之路。习近平总书记指出："在激烈的国际竞争中，我们要开辟发展新领域新赛道、塑造发展新动能新优势，从根本上说，还是要依靠科技创新。我们能不能如期全面建成社会主义现代化强国，关键看科技自立自强。"教育、科技、人才是全面建设社会主义现代化国家的基础性、战略性支撑。中国将坚持科技是第一生产力、人才是第一资源、创新是第一动力，深入实施科教兴国战略、人才强国战略、创新驱动发展战略。随着创新主体铆足干劲，创新政策不断落实落细，创新环境加速优化，中国以创新支持发展的能力将不断增强，高质量发展的动力将更加澎湃强劲。

开放合作是科技进步和生产力发展的必然逻辑。人类要破解共同发展难题，比以往任何时候都更需要国际合作和开放共享。没有一个国家可以成为独立的创新中心，或独享创新成果。个别国家强推对华"脱钩断链"，阻挡不了中国科技创新的步伐，只会增强中国实现高水平科技自立自强的决心和能力。美国微软公司创始人比尔·盖茨近日直言，美国试图阻止中国研发芯片的努力是徒劳的。中国积极与各方共享科技发展成就，尤其重视将科技创新成果运用于应对气候变化、能源、环境、农业、健康等关乎全人类福祉的领域，既提升了中国自身的创新能力，也让更多中国科技创新成果惠及世界。印度尼西亚智库亚洲创新研究中心主席班邦·苏尔约诺表示，深化与中国的科技交流，引进更多的中国创新科技产品，将大大提升广大发展中国家的科技水平，有利于发展中国家缩小与发达国家的科技实力差距。

科技创新是人类社会发展进步的强大动力。中国将坚持创新驱动发展战略，以高水平科技自立自强推动中国经济高质量发展，努力增进国际科技界开放、信任、合作，以更多重大原始创新和关键核心技术突破为人类文明进步作出新的更大贡献。

（2023 年 03 月 10 日）

扩大开放的中国具有强大吸引力

过去，中国经济发展成就是在开放条件下取得的；未来，中国经济高质量发展必须在更加开放的条件下进行

中国全国两会是世界观察中国发展之道、感知中国开放之志的重要窗口。"中国持续推进高水平对外开放，促进国内国际两个市场、两种资源有效融合""中国不断推进高水平对外开放将使全球受益""中国倡导构建的开放型经济是推动全球经济重回正轨的良方"……连日来，国际社会持续关注解读中国全国两会释放的扩大开放积极信号。

推进高水平对外开放，是构建新发展格局的应有之义，也是促进高质量发展的必然要求。中国构建以国内大循环为主体、国内国际双循环相互促进的新发展格局，绝不是封闭的国内单循环，而是开放的、相互促进的国内国际双循环。推进高水平对外开放，以国际大循环提升国内大循环的效率和水平，有助于更好打通生产、分配、流通、消费各个环节，推动形成中国经济更高水平的动态平衡。近年来，中国坚定扩大对外开放，深化互利共赢的国际经贸合作，以高水平开放有力促进了高质量发展。

"不想错失在华发展的每个机遇""投资中国就是布局未来"……跨国企业高管的话，充分说明不断扩大高水平对外开放的中国具有强大吸引力。中国是世界第二大经济体，经济韧性强、潜力大、活力足，推进高水平对外开放具有显著优势。中国14亿多人口、4亿多中等收入群体的国内市场成长性好，中等收入群体还将不断扩大，消费结构还将持续升级，为推进高水平对外开放提供了坚实基础。作为世界上工业体系最为完整的国家，中国全产业链优势具有"虹吸效应"，可汇聚全球要素和资源，形成具有更强创新力、更高附加值、更安全可靠的产业链，为推进高水平对外开放筑牢安全屏障。中国科技加速发展，国家创新体系更加成熟，创新能力大幅提升，为推动高水平对外开放提供了强大动力。

中国坚定不移推进高水平对外开放，为自身发展开辟了广阔空间，也为世界经济复苏发展增添了动力。近年来，在保护主义抬头、经济全球化遭遇逆风的情况下，中国持续扩大高水平对外开放，营商环境持续优化。高质量共建"一带一路"扎实推进，推动区域全面经济伙伴关系协定生效实施，建成全球最大自由贸易区。过去五年，中国货物进出口总额年均增长8.6%，连续多年居世界首位，吸引外资和对外投资居世界前列。在世界经济形势仍然复杂严峻、复苏不稳定不平衡的背景下，中国稳步扩大规则、规制、管理、标准等制度型开放，为各国共享经济全球化深入发展机遇和成果作出重要贡献。巴基斯坦智库全球丝绸之路研究联盟创始主席泽米尔·阿万指出："中国对外开放政策是真正的合作共赢，全球都是受益者。"

过去，中国经济发展成就是在开放条件下取得的；未来，中国经济高质量发展必须在更加开放的条件下进行。"扩大市场准入，加大现代服务业领域开放力度""落实好外资企业国民待遇""做好外资企业服务工作，推动外资标志性项目落地建设"……透过今年的政府工作报告，世界看到中国以开放促发展、以开放促共赢的真诚意愿和坚定决心。随着实施更大范围、更宽领域、更深层次对外开放，中国必将为世界经济复苏发展作出更大贡献。巴西经济学家罗尼·林斯表示："中国坚持推进高水平对外开放，全面深化改革，将推动中国经济这艘大船沿着高质量发展航道继续前行，为世界经济提供巨大机遇。"

对外开放是中国的基本国策，也是当代中国的鲜明标识。新征程上，中国将顺应经济全球化大势，实行更加积极主动的开放战略，以高水平对外开放推动构建新发展格局，助力构建开放型世界经济，让发展成果更多更公平惠及各国人民。

（2023年03月13日）

中国的确定性是世界的重大利好

中国经济增长的动能和态势是强劲的，中国发展的目标和前景是确定的。一个长期稳定、一心发展的中国，一个脚踏实地、勇毅前行的中国，一个自信开放、乐于共享的中国，一定是世界繁荣稳定的巨大力量

日前，中国发展高层论坛2023年年会、博鳌亚洲论坛2023年年会相继在北京和海南举行。两场国际会议吸引世界目光，让各国嘉宾真切感受到中国经济的旺盛活力和中国发展的确定性。"中国经济的全方位复苏和强劲韧性将为世界经济注入关键推动力""中国式现代化给世界带来重要机遇""在不确定的世界中，中国的确定性至关重要"……与会人士普遍对中国发展前景充满信心，对中国发展带来的机遇充满期待。

当前，世界百年未有之大变局加速演进，局部冲突和动荡频发，世界经济复苏动力不足。波士顿咨询公司的一项调查显示，在受访者中，约有75%的全球企业领袖认为，不确定性是2023年各国企业面临的最大挑战。在此困难形势下，中国经济呈现恢复向好态势，为世界提供了极为宝贵的确定性。今年前两个月，中国消费、投资等主要经济指标向好，就业物价总体稳定，市场预期明显改善，制造业采购经理指数连续站在荣枯线以上。国际货币基金组织总裁格奥尔基耶娃在中国发展高层论坛2023年年会上指出，中国经济复苏动能十分强劲，预计今年中国经济对世界经济的贡献率将达到甚至超过1/3。博鳌亚洲论坛发布的"全球及亚太经济信心调查"结果显示，83.33%的企业计划今年将中国列为重点业务拓展地区。中国发展的确定性是世界经济的重大利好，也是各国企业期待把握的重要机遇。

国际上单边主义和保护主义抬头，个别国家热衷于搞"脱钩断链"。但与会人士共同看到，中国坚持对外开放的基本国策，坚定奉行互利共赢的开放战略，不断以中国新发展为世界提供新机遇。毕马威亚太区负责人表示，不断扩大对外开放的中国，一定能为各国企业在华发展提供更多机遇，"中国超大规模的国内市场、完备的工业体系、勤劳创新的人民，对外资具有强大的吸引力"。今年前两个月，中国实际使用外资2684.4亿元人民币，继续保持增长。各国投资者对开放发展的中国投下信任票，也表明了对中国稳步扩大规则、规制、管理、标准等制度型开放，推动各国各方共享制度型开放机遇的信心。

面对共同挑战，共识与合作更显重要。"团结合作"也是中国发展高层论坛2023年会、博鳌亚洲论坛2023年年会会场内的高频热词。各国嘉宾高度评价中国在历史发展关键当口促进全球合作、推动共同发展的大国担当。新加坡总理李显龙表示，新加坡欢迎中国继续开放经济、支持多边主义和地区合作的承诺，期待各方积极努力，推动地区和全球发展与繁荣，造福亚洲和世界。今年是习近平主席提出构建人类命运共同体理念和共建"一带一路"倡议10周年。10年来的中国行动充分证明，中国是世界百年未有之大变局中促进团结合作的关键力量。意大利经济发展部前副部长米凯莱·杰拉奇指出，构建人类命运共同体理念的目标是"让所有人在发展中不被落下，推动全球南方和北方发展再平衡，并且努力确保发展更可持续"。马来西亚总理安瓦尔认为，共建"一带一路"取得的成果充分体现了各国团结合作的重要意义。

中国经济增长的动能和态势是强劲的。中国有信心有能力推动经济高质量发展，续写开放合作、互利共赢的新篇章，为世界经济发展作出更大贡献。中国发展的目标和前景是确定的。中国致力于以中国式现代化全面推进中华民族伟大复兴。一个长期稳定、一心发展的中国，一个脚踏实地、勇毅前行的中国，一个自信开放、乐于共享的中国，一定是世界繁荣稳定的巨大力量。

（2023年04月04日）

中国经济开局良好给世界注入信心

4月18日，中国国家统计局发布今年一季度经济运行情况。初步核算，一季度中国国内生产总值同比增长4.5%。"中国经济在2023年取得了坚实的开端""势头比预想的还要强劲""对中国经济的长期韧性和活力充满信心"……国际舆论高度关注中国经济整体呈现恢复向好态势，积极评价中国经济展现出强大韧性和活力，认为中国将继续为世界经济复苏提供强劲动力。

在国际环境复杂严峻的条件下，中国经济取得这样的成绩十分不易。今年以来，随着疫情防控较快平稳转段，各项稳增长稳就业稳物价政策举措靠前发力，中国经济积极因素累积增多。此前，国际组织和投资机构已纷纷调高今年中国经济增长预期。中国一季度经济运行情况发布后，国际舆论更是充分感受到中国经济的盎然春意和勃勃生机，纷纷用"复苏""反弹""繁荣"来形容中国经济。中国经济整体呈现恢复向好态势，也为实现全年发展预期目标奠定了较好基础。花旗集团、法国兴业银行在最新数据发布后分别上调中国全年增长预期。这再次印证了世界银行行长马尔帕斯日前的话："今年全球经济整体疲软，但中国将是例外。"

作为拉动中国经济增长的"三驾马车"之一，消费作用凸显，展现了中国经济澎湃的内生动力。一季度，中国社会消费品零售总额同比增长5.8%，服务零售额保持两位数增长，最终消费对经济增长的贡献率达到66.6%，比去年全年明显回升。日前举行的第三届中国国际消费品博览会吸引300多个品牌、1000余款产品首发首秀，充分表明挖掘中国消费市场蕴藏的巨大潜力是全球企业的共识。消费场景不断拓展，消费预期改善，市场销售扩大，服务性消费回升明显……美联社报道认为，中国经济增长在消费拉动下加速。

"中国经济的光明前景，源于更加灵活和高质量的发展。"有外国学者指出。今年以来，中国积极发挥投资关键作用，加大重点领域和关键环节投资，积极扩大民生领域投资，制造业投资增势较好，其中高技术制造业投资增长15.2%，不断推进高质量发展。巴基斯坦亚洲生态文明研究与发展研究所首席执行官沙基尔·拉迈认为，中国致力于高质量发展，这从太阳能和风能发电量的增长，从新能源汽车销量的增长都可以明显看出。今年以来，跨国企业高管密集访华，不少企业宣布加码投资中国。前两个月，中国实际利用外资近400亿美元，继续保持增长势头。与中国同行就是与机遇同行、投资中国就是投资未来已成为广泛共识。

中国经济整体呈现恢复向好态势，为世界各国发展提供了更多机遇。一季度，中国货物进出口总额同比增长4.8%，其中，对"一带一路"沿线国家进出口增长16.8%，对《区域全面经济伙伴关系协定》其他成员国的进出口增长7.3%。一季度，中国电动载人汽车、锂电池、太阳能电池合计出口增长66.9%，跨境电商等外贸新业态增长也比较快，凸显外贸新动能的成长对于外贸增长的支撑作用。世界贸易组织最新《全球贸易数据与展望》报告将今年全球货物贸易量增速预期由1%上调至1.7%，认为中国是"关键因素"，消费需求的释放将促进国际贸易增长。美国彭博社报道认为，中国出口数据增长，提振了经济前景，表明全球增长可能好于预期。

中国经济开局良好再次证明，中国经济发展的良好基本面不会变，超大规模市场和完备产业体系的突出优势不会变。中国有信心、有能力推动中国经济巨轮乘风破浪、行稳致远，为世界经济发展作出更大贡献。

（2023年04月20日）

推动科技创新成果惠及更多国家和人民

纵观全球科技发展大势，协同创新、合作创新、开放创新是不可阻挡的潮流。科技成果应该造福全人类，而不应该成为限制、遏制其他国家发展的手段

"中国坚定奉行互利共赢的开放战略，愿同世界各国一道，携手促进科技创新，推动科学技术更好造福各国人民。"5月25日，习近平主席向2023中关村论坛致贺信，深刻阐明人类要破解共同发展难题，比以往任何时候都更需要国际合作和开放共享，展现了中国致力于同各国开展科技创新合作、努力推动科技创新成果惠及更多国家和人民的坚定信心。

中关村论坛聚焦当下国际科技前沿和全球发展热点议题，是面向全球科技创新交流合作的重要平台。历经10多年发展，中关村论坛已成为中国对外科技交流的一张名片。今年，来自全球80多个国家和地区的嘉宾齐聚一堂，近200家外国政府部门、国际组织和机构参与，近120位顶尖专家将发表演讲。2023中关村论坛以"开放合作·共享未来"为主题，进一步彰显了中国推进科技开放合作、共享科技创新成果的信心和诚意。

新时代10年，中国把科技创新摆在国家发展全局的核心地位，推动科技事业发展取得显著成就，进入创新型国家行列。中国全社会研发经费支出从2012年的1万亿元增加到2022年的3.09万亿元，研发人员总量跃居世界首位，科技创新已成为中国经济高质量发展、综合国力大幅度增强、国际竞争力显著提升的重要因素。德国柏林普鲁士协会名誉主席福尔克尔·恰普克认为，中国持续深入实施创

新驱动发展战略，取得了非凡的科技成就，在很多方面，中国已成为全球科技发展的先行者。

中国始终是国际科技开放合作的倡导者、维护者、践行者。中国与160多个国家和地区建立了科技合作关系，签订了116个政府间科技合作协定，构建起全方位、多层次、广领域的科技开放合作新格局。在科技扶贫、科技抗疫、生物多样性、气候变化、清洁能源等多个领域，中国与许多国家开展了卓有成效的务实合作。中国深入实施"一带一路"科技创新行动计划，启动建设金砖国家疫苗研发中心，推动成立技术转移南南合作中心，实施可再生能源技术转移联合示范项目等，为全球科技发展和治理提供中国方案。电气与电子工程师协会主席赛义夫·拉曼指出，中国日益融入全球创新格局，中国的发展成为全球创新重要的引擎和动力。

中国不仅主动融入全球科技创新网络，还致力于推动科技创新成果惠及更多国家和人民。中老铁路开通一年多来客货两旺，为沿线民众带去实实在在的好处，为区域联通发展带来重要机遇；中国杂交水稻走出国门，累计为80多个发展中国家培训超过1.4万名杂交水稻专业人才，显著提高当地粮食产量；中国向联合国所有会员国开放中国空间站，17个国家、23个实体的9个项目成为中国空间站科学实验首批入选项目，为人类太空探索事业作出重要贡献……中国积极与世界共享科技创新成果，为构建人类命运共同体贡献中国智慧和科技力量。比尔及梅琳达·盖茨基金会联席主席比尔·盖茨认为，中国拥有令人瞩目的经验与专长，一直致力于对科技创新的投入，能够通过分享科技成果和成功经验为世界作出独特的贡献。

纵观全球科技发展大势，协同创新、合作创新、开放创新是不可阻挡的潮流。科技成果应该造福全人类，而不应该成为限制、遏制其他国家发展的手段。个别国家大搞科技霸凌，强推"脱钩断链"，给国际产业链供应链安全稳定造成威胁。近期在法国巴黎举行的国际科学理事会全体会员会议上，来自全球的百余位科技人士呼吁，在当今世界局势复杂的背景下，科学界更应携手合作，凝聚共识，推动科技开放、信任、合作，推动人类共同进步和可持续发展。

展望未来，中国将加快实施创新驱动发展战略，为经济社会高质量发展提供有力支撑。中国也将以更加开放的思维和举措推进国际科技交流合作，携手打造开放、公平、公正、非歧视的科技发展环境，共同探索解决重要全球性问题的途径和方法，共同促进人类和平与发展的崇高事业。

（2023年05月27日）

共享中国机遇　共促经济复苏

　　各方应积极培育和弘扬企业家精神，认清世界经济发展大势，拿出深化合作的具体行动，引领世界经济迈向更加普惠、更有韧性、更可持续的未来

　　"毫无疑问，中国是一个巨大且非常重要的市场""中国作为世界第二大经济体，不仅对整个世界的贸易和经济格局至关重要，而且对全球经济的加快复苏至关重要""中国经济将实现更高水平的创新引领的增长"……在天津举行的第十四届夏季达沃斯论坛上，与会嘉宾纵论世界经济发展前景，共同探寻经济复苏之道，积极肯定中国经济复苏发展的世界意义。

　　过去几年，世纪疫情和百年变局交织叠加，单边主义、保护主义、逆全球化思潮蔓延，全球性问题加剧，局部冲突频发。世界更加渴望稳定性和确定性，大部分国家谋求合作共赢的愿望变得更为强烈。本届夏季达沃斯论坛是新冠疫情暴发三年多来首次恢复线下举办，论坛规模和人数已基本恢复至疫情前的水平。来自世界多国的政要和企业家汇聚天津，进行面对面交流，向国际社会传递出加强国际合作的积极信号。正如新西兰总理希普金斯所指出的，各国面临共同挑战，有的国家可能倾向于"向内看"，打造自己的安全性和韧性，但归根结底还是要"向外看"，合作应对气候变化等全球性危机。

　　"我一直是中国经济的乐观派，过去30多年中国成功保持了经济的高速增长，现在依然是拉动世界经济的重要引擎之一。"世界经济论坛主席施瓦布的观察，来源于中国多年来为促进国际自由贸易、稳定世界经济增长发挥的重要"压舱石"

和动力源作用。过去10年，中国年均经济增长达到6.2%，经济总量占全球比重由2012年的11.3%提升到18%左右，货物贸易总额连续6年位居世界第一，对世界经济增长的平均贡献率超过30%。中国严格履行入世承诺，主动向世界开放市场，与世界各国共享发展机遇，不仅用自己的发展改善了本国人民的生活，也为各国发展提供了巨大机遇。

中国的气候融资、数字中国新蓝图、"一带一路"倡议等议题成为本届年会热点，各方人士看好中国为全球发展持续注入重要动力。完整、准确、全面贯彻新发展理念，加快构建新发展格局，努力实现高质量发展，中国将在扩大内需潜力、激发市场活力、推动城乡区域协调发展、加快发展方式绿色转型、推动高水平对外开放等方面，推出更多务实有效的举措，不断扩大市场规模、创造合作机会。"在高质量发展目标驱动下，中国经济正迈向数字化和绿色化，这将为各国企业在中国的发展提供广阔空间。"外企高管的话，表明了对中国经济发展前景和市场潜力的信心。

本届年会以"企业家精神：世界经济驱动力"为主题，具有很强的现实针对性。在这个充满不确定性的时代，更加需要企业家以对市场的深刻理解和把握，通过自身的积极作为，为不确定的时代注入更多确定性。今年以来，特斯拉储能超级工厂项目落户上海临港新片区，空中客车公司宣布在天津建设第二条生产线，生物制药企业阿斯利康签署投资约4.5亿美元在山东青岛建设生产供应基地的合作协议……在逆全球化、"脱钩断链"、"去风险"的喧嚣中，大量外资企业在中国追加新投资、落地新项目，外企高管密集访华，其敏锐眼光、不懈追求和非凡行动力，展现了真正的企业家精神。各方应积极培育和弘扬企业家精神，认清世界经济发展大势，拿出深化合作的具体行动，坚定支持经济全球化，坚定维护市场经济，坚定支持自由贸易，引领世界经济迈向更加普惠、更有韧性、更可持续的未来。

世界经济历经全球化发展，早已你中有我、我中有你。各国相互协作、优势互补是生产力发展的客观要求，也是不可逆转的历史潮流。作为负责任大国，中国将继续搭建互利共赢的合作平台，不断以自身新发展为世界提供新机遇，为世界经济复苏和增长提供强大动能。

（2023年06月29日）

中国经济韧性提振全球增长信心

中国经济具有巨大的发展韧性和潜力，长期向好的基本面没有改变。中国有信心、有条件、有能力推动经济结构持续向优、增长动能持续增强、发展态势持续向好

"近些天来，越来越多的全球金融机构增持或计划增持中国资产，这展现了对世界第二大经济体在坚实的支持措施下实现复苏的信心。"巴西《论坛》杂志近日的报道，充分肯定中国密集释放一系列稳经济新举措。许多国际人士也纷纷指出，在宏观政策支持下，中国经济整本好转的积极因素持续累积，有望进一步释放潜力，不断推进高质量发展。

在复杂严峻的外部环境下，中国经济增速明显快于世界主要发达经济体，彰显可贵的韧性。今年上半年，中国国内生产总值同比增长5.5%，明显快于去年全年3%的经济增速，也快于疫情3年年均4.5%的增速。国际货币基金组织上月发布最新《世界经济展望报告》，预计今年中国经济将增长5.2%，在主要经济体中排名前列。中国近期出台的一系列针对性举措，如切实优化民营企业发展环境等措施，有助于巩固经济增长势头，进一步增强了国际社会对中国经济高质量发展的信心。

在全球跨国投资普遍低迷的形势下，外资机构加码投资中国，对高端产业、新兴领域进行积极布局，彰显中国市场强大持久的吸引力。根据中国国家外汇管理局测算，近5年，中国的外商投资收益率是9.1%，远高于美欧3%左右的数据。今年上半年，不少发达国家对中国投资保持增长，法国、英国、德国对华投资分别增长 173.3%、135.3%、14.2%,在华新设外资企业数量增长 35.7%。华南美国商会本月发布的 2023 年年中报告显示,近六成美资企业持续看好中国市场,约三成受访企业计划扩大在华投资。中国经济企稳回升带来的巨大市场机遇、持续优化的营商环境以及成熟完整的供应链体系备受外资青睐,中国将持续成为外商投资兴业的热土。

中国疫情防控平稳转段后,经济恢复是一个波浪式发展、曲折式前进的过程。中国经济处在回稳复苏和产业升级的关键期,也有发展中的困难、前进中的问题,但正在采取措施积极加以解决,成效已经或正在显现。以外界关注的价格总水平为例,尽管中国价格水平阶段性处于低位,但从经济增长、货币供应等相关指标看,中国经济都不符合通货紧缩的标准。随着中国经济恢复向好、市场需求逐步扩大、经济循环畅通,供求关系将逐步改善,全年物价总水平预计将在合理区间小幅温和波动。面对困难和挑战,中国经济持续恢复、总体回升向好,依然是世界经济增长的重要引擎。

一些西方政客和媒体戴着有色眼镜,故意放大中国在疫后经济复苏过程中存在的阶段性问题,极力炒作中国经济通缩、复苏受挫、政策乏力等论调。这些陈词滥调有悖事实,也与许多国际机构和国际人士的观察不符。正如有媒体所指出的,虽然西方媒体热衷于夸大中国经济增长放缓的说法,但许多国际机构仍然对中国市场保持乐观的看法。中国将继续坚定不移推动高质量发展,中国经济回升向好的趋势不会被杂音所干扰。

中国经济具有巨大的发展韧性和潜力,长期向好的基本面没有改变。中国有信心、有条件、有能力推动经济结构持续向优、增长动能持续增强、发展态势持续向好,加快构建新发展格局,全面推进高质量发展,为世界经济复苏贡献更多正能量。

（2023年08月15日）

不断扩大开放的中国充满机遇

中国以更加积极有为的行动推进高水平对外开放，发展更高层次的开放型经济，有利于中国，也有利于世界

中国国务院近日印发《关于进一步优化外商投资环境　加大吸引外商投资力度的意见》，推动更大力度、更加有效吸引和利用外商投资。国际舆论对此反应积极，认为推出的24条政策措施"兼顾宏观与微观""在细节上为外商在华经商生活提供便利""有助于提振经济"。这些充分说明，尽管全球保护主义抬头、个别国家强推"脱钩断链"，但各方依然渴望推进开放合作、期待共享中国机遇，不断扩大高水平对外开放的中国具有强大吸引力。

"我们依然认为，中国带来的机遇不可忽视。"加拿大皇家银行财富管理公司网站近日发表文章指出，中国经济总量占全球经济的比重超过18%，拥有全世界规模最大的中等收入阶层，足以吸引跨国企业的注意力。这篇文章道出了在全球经济复苏动力不足、跨国投资普遍低迷的情况下，外资机构加码投资中国的重要原因。数据显示，今年上半年中国吸收外资保持基本稳定，实际使用外资7036.5亿元人民币；新设外资企业2.4万家，同比增长35.7%；引资质量持续提升，高技术产业引资增长7.9%，高技术制造业引资增长达到28.8%。跨国公司普遍表示，中国市场不是"可选项"而是"必选项"，蕴含巨大的机遇，将持续深耕中国市场。

中国机遇源自稳步推动制度型开放，不断优化市场化、法治化、国际化营商

环境。今年以来，中国多部门持续加大服务保障力度，加强与外资企业、商协会常态化沟通交流，及时协调解决企业经营、项目建设中的困难问题，为外商来华从事贸易投资提供更大程度的便利。1月，新版鼓励外商投资产业目录正式施行，新增条目239条，达历年新高，鼓励外商投资的行业、领域进一步扩大；6月，海关总署推出16条优化营商环境新举措，进一步提振外商投资和发展信心。中国扩大高水平对外开放步履铿锵，在深化对外经济交往、实现合作共赢的过程中，将政策机遇、开放机遇转化为发展机遇，不断汇聚起高质量发展的强劲动能。

中国机遇源自对接国际高标准经贸规则，不断推进贸易投资自由化便利化。今年是中国自贸试验区建设10周年，从上海自贸试验区一枝独秀到21个自贸试验区形成"雁阵"，自贸试验区已成为中国深层次改革的开路先锋。外商投资准入负面清单、国际贸易"单一窗口"、自由贸易账户等便利措施在自贸试验区实践、探索、成熟，再推广到全国。自贸试验区已累计向全国复制推广278项制度创新成果。《区域全面经济伙伴关系协定》全面生效，促进了成员国更大范围、更高水平、更深层次的开放合作。中国与新加坡自贸协定升级后续谈判实质性完成，中国—东盟自贸区3.0版第三轮谈判举行，中国与洪都拉斯自由贸易协定谈判启动，中国与尼加拉瓜自贸协定谈判实质性完成……随着中国自贸区"朋友圈"越来越大，中国进一步开放的红利将惠及越来越多国家和地区。

中国机遇源自提供优质开放合作平台，为中外企业拓展市场搭建桥梁。今年以来，中国展会经济持续火热：在消博会，65个国家和地区的超3300个品牌参展；在广交会，现场出口成交216.9亿美元；在中非经贸博览会，企业对接项目数量达历届之最；即将举行的服贸会，75个国家和国际组织将以国家政府或总部名义线下设展办会，1800多家企业线下线上参展；第六届进博会，已有280多家500强和行业龙头企业报名参加……中国向世界敞开怀抱，吸引各方与中国共享机遇、共谋发展。德国基尔世界经济研究所公布的数据显示，中国成为世界上首个月度出口货物价值突破3000亿美元的国家。分析认为，在近期发达经济体需求趋缓的形势下，中国外贸规模保持稳中向好势头、结构持续优化，展现强大韧性。

　　世界经济开放则兴、封闭则衰，唯有开放才能进步。世界越是面临保护主义带来的风险，越需要不断扩大开放的意愿和能力。中国以更加积极有为的行动推进高水平对外开放，发展更高层次的开放型经济，有利于中国，也有利于世界。

（2023年08月17日）

以高质量发展为全球提供更多更好的中国服务

今年是中国改革开放45周年，世界看到的是一个在扩大开放合作方面更加积极有为的中国，是一个对渴望开放合作的各国各方更加有吸引力的中国

"中国愿同各国各方一道，以服务开放推动包容发展，以服务合作促进联动融通，以服务创新培育发展动能，以服务共享创造美好未来，携手推动世界经济走上持续复苏轨道。"9月2日，习近平主席向2023年中国国际服务贸易交易会全球服务贸易峰会发表视频致辞，宣布中国扩大服务业对外开放的重要举措，阐述中国促进全球服务贸易繁荣发展的重要主张，展现了中国与各国共享服务贸易增长成果的胸怀和担当。

当前，世界经济复苏势头不稳，国际机构预测今年世界经济增长不足3%。服务贸易是国际贸易的重要组成部分，服务业是国际经贸合作的重要领域。全球服务贸易和服务业合作深入发展，数字化、智能化、绿色化进程不断加快，新技术、新业态、新模式层出不穷，为推动经济全球化、恢复全球经济活力、增强世界经济发展韧性注入了强大动力。中国以"开放引领发展　合作共赢未来"为主题举办本届服贸会，着力打造扩大开放、深化合作、引领创新的重要平台，将持续为以服务贸易促进世界经济复苏注入新动能。

作为世界第二大经济体，中国将如何进一步助力世界经济复苏？习近平主席强调，今年是中国改革开放45周年，中国将坚持推进高水平对外开放，以高质量发展全面推进中国式现代化，为各国开放合作提供新机遇。中国将打造更加开放包容的发展环境，拉紧互利共赢的合作纽带，强化创新驱动的发展路径，共享中国式现代化建设成果。这些主张展现中国顺应经济全球化发展大势，以开放促发展、以合作谋共赢的坚定决心，展现中国以中国大市场机遇为世界提供新的发展动力，增强世界人民的获得感的美好愿望。

作为全球服务贸易大国，中国将如何进一步推动全球服务贸易发展？习近平主席给出答案：扩大面向全球的高标准自由贸易区网络，积极开展服务贸易和投资负面清单谈判，扩大电信、旅游、法律、职业考试等服务领域对外开放，在国家服务业扩大开放综合示范区以及有条件的自由贸易试验区和自由贸易港，率先对接国际高标准经贸规则；放宽服务业市场准入，有序推进跨境服务贸易开放进程，提升服务贸易标准化水平，稳步扩大制度型开放；深化同共建"一带一路"国家服务贸易和数字贸易合作，加快培育服务贸易数字化新动能，推动数据基础制度先行先试改革，促进数字贸易改革创新发展；主动扩大优质服务进口，鼓励扩大知识密集型服务出口……这些重要举措不仅有利于促进中国服务业和服务贸易发展，也有利于促进全球服务贸易繁荣发展，让服务贸易增长成果更好地惠及各国人民。

今年是中国改革开放45周年，世界看到的是一个在扩大开放合作方面更加积极有为的中国，是一个对渴望开放合作的各国各方更加有吸引力的中国。中国不断优化营商环境，进一步扩大鼓励外商投资的行业、领域，主动为外商来华从事贸易投资提供更大程度的便利，积极推动商签更多高标准自由贸易协定和区域贸易协定，精心打造服贸会、进博会等对外开放新名片。今年1—7月，中国新设立外商投资企业28406家，增长34%。本届服贸会，59个国家、24个国际组织设展办会，2200余家企业线下参展，吸引500多家世界500强和行业龙头企业参会，整体国际化率超过20%，充分说明国际社会看好中国经济，看重中国市场提供的广阔机遇。

世界经济开放则兴，封闭则衰。中方将坚定不移扩大高水平对外开放，并与各方共同努力维护来之不易的自由贸易和多边贸易体制，共同分享全球服务贸易发展的历史机遇，开创世界更加美好繁荣的未来。

（2023年09月03日）

传递中国经济向好发展的信心和力量

> **繁荣的假日经济是中国经济持续向好的见证，向世界传递出中国经济稳定发展的信心和力量**

今年中秋国庆假期，景区排长队、电影院和餐厅爆满、出行人数再创新高，流动的中国到处生机勃勃。"机票和火车票提前售罄，酒店一房难求。对世界第二大经济体来说，这是一个强大的推动力""中国国内消费猛增，乘坐火车出行的人数维持在高位，这些都提振了中国经济""假日消费彰显中国经济的强劲动力"……连日来，国际舆论高度关注中国中秋国庆假期，认为繁荣的假日经济是中国经济持续向好的见证，向世界传递出中国经济稳定发展的信心和力量。

今年以来，面对复杂的外部环境，中国经济顶住压力、持续恢复，稳住了规模、提升了质量，经济增速在全球主要经济体中名列前茅。最新公布的数据显示，今年9月，随着政策效应不断累积，经济运行中积极因素不断增多，中国制造业采购经理指数（PMI）、非制造业商务活动指数和综合PMI产出指数分别为50.2%、51.7%和52%，三大指数均位于扩张区间，显示经济景气水平有所回升。花旗银行近日上调中国今年经济增长预期。联合国贸易和发展会议秘书长格林斯潘表示，中国有很大的财政空间，有办法实现反弹并支持经济。

超大规模市场的需求是中国经济发展的重要优势之一。中秋国庆假期8天，中国国内旅游出游8.26亿人次，实现国内旅游收入7534.3亿元，按可比口径分别同比增长71.3%、129.5%，较2019年分别增长4.1%、1.5%，再次向世界展现了中国市场的韧性和活力。中国有14亿多人口和4亿以上中等收入群体，是全球第二大消费市场、第一大网络零售市场和新兴的中高端市场，也是全球最具潜力的大市场。随着恢复和扩大消费措施的实施，中国消费潜力将进一步得到释放，消费拉动经济增长的作用将进一步增强。

中国稳步扩大开放，市场吸引力越来越大。近期，中国就进一步优化外商投资环境、加大吸引外商投资力度出台了一系列针对性举措。如今，中国一般制造业领域已实现全面开放，自贸试验区负面清单制造业条目全面清零。中国贸促会发布的《2023年第二季度中国外资营商环境调研报告》显示，近九成受访外资企业对在华获取经营场所、纳税、市场准入、跨境贸易、促进市场竞争等指标评价"满意"以上，超九成受访外资企业对2022年四季度以来中央出台的外资政策评价"满意"以上。今年前8个月，中国新设立外商投资企业33154家，同比增长33%。跨国公司在华积极投资，展现对中国市场和中国经济发展的信心。

中国是全球开放合作的坚定支持者，中国经济向好发展是世界的重要机遇。从扩大面向全球的高标准自贸区网络到高质量实施《区域全面经济伙伴关系协定》，从不断壮大共建"一带一路"朋友圈到积极推进加入《全面与进步跨太平洋伙伴关系协定》，中国不断深化双多边经贸合作，促进互利共赢、共同发展。本月，中国将在北京举办第三届"一带一路"国际合作高峰论坛，已经有130多个国家的代表和很多国际组织代表确认参会。"'一带一路'倡议是一个雄心勃勃的经济合作大项目，不仅谋求振兴古老的丝绸之路，还致力于在区域和全球层面促进经济要素有序自由流动、资源高效配置和市场深度融合。"智利智中商会主席胡安·埃斯特万·穆萨莱姆撰文指出，中国作为一个永不停止的经济引擎，一直在为全球发展作出贡献，一如过去40年发生的那样。

中秋国庆假期充满活力的中国市场，是中国经济韧性强、潜力大、活力足的明证。随着加快建设全国统一大市场，进一步巩固中国超大规模经济体的优势，更大激发市场活力和社会创造力，不断扩大高水平对外开放，中国将继续是世界经济发展的重要支撑，为各国发展提供更多机遇。

（2023年10月07日）

中国将始终是世界发展的重要机遇

　　透过进博会这扇窗，国际社会再次看到中国同世界共享市场机遇的真诚愿望、推进高水平开放的坚定决心、抡动构建开放型世界经济的积极行动

　　11月5日，习近平主席向第六届中国国际进口博览会致信，强调中国将始终是世界发展的重要机遇，将坚定抡进高水平开放，持续推动经济全球化朝着更加开放、包容、普惠、平衡、共赢的方向发展。透过进博会这扇窗，国际社会再次看到中国同世界共享市场机遇的真诚愿望、推进高水平开放的坚定决心、推动构建开放型世界经济的积极行动。

　　进博会是世界上第一个以进口为主题的国家级展会，致力于促进各方开放合作、互利共赢。2018年以来，进博会成功举办五届，依托中国大市场优势，发挥国际采购、投资促进、人文交流、开放合作平台功能，对加快构建新发展格局和推动世界经济发展作出了积极贡献。互利共赢的"进博故事"持续上演，"进博效应"令各方满怀期待。外匡参展商纷纷表示，"进博会平台的重要性越来越显著""期待进一步加深与中国市场的互惠发展""将持续不断加码在华投资"。

　　进博会是构建新发展格局的窗口，以中国新发展为世界提供新机遇。本届进博会，中国馆面积增至2500平方米，规模为历届之最。以"中国式现代化新成就为世界提供新机遇"为主题设立的"中国自由贸易试验区建设十周年成就展"，展示中国推进高水平开放和高质量发展的最新成果。这些充分表明，中国加快构建的新发展格局不是封闭的国内循环，而是更加开放的国内国际双循环，不仅满足中国自身发展需要，而且能够更好造福各国人民。从"中国将加快出台外商投资法规，完善公开、透明的涉外法律体系，全面深入实施准入前国民待遇加负面清单管理制度"，到"中国将继续鼓励自由贸易试验区大胆试、大胆闯，加快推进海南自由贸易港建设，打造开放新高地"，再到"推动货物贸易优化升级，创新服务贸易发展机制，扩大优质产品进口，创建'丝路电商'合作先行区"……中国持续通过进博会平台释放开放合作红利，生动诠释了"新时代，共享未来"的进博会主题。

进博会是推动高水平开放的平台，让中国大市场成为世界共享的大市场。举办进博会是中国推进新一轮高水平对外开放的重大决策，是中国主动向世界开放市场的重大举措。今年，"老朋友"热情不减，约200家企业连续6年签约参展；"新朋友"不断加入，11个国家首次参加国家展，34个国家首次线下参加国家展；超过3400家参展商和近41万名专业观众注册报名，世界500强和行业龙头企业数量创历年新高……进博会质量和水平不断提升，充分表明不断扩大开放的中国具有强大吸引力。历久弥新的百年老店、勇立潮头的初创公司、实力雄厚的世界知名企业以及最不发达国家的中小企业，纷纷借助进博会平台进入中国市场，分享中国市场机遇，"看好中国市场"成为外国参展企业的共同心声。

进博会提供全球共享的国际公共产品服务，助力推动构建开放型世界经济，让合作共赢惠及世界。当前，世界经济复苏动力不足，需要各国同舟共济、共谋发展。进博会交易的是商品和服务，交流的是文化和理念，迎的是五洲客，计的是天下利，具有鲜明的开放属性，不断从理念和实践上助力推动构建开放型世界经济。通过交流文化和理念，进博会不断汇聚开放合作的共识；通过交易商品和服务，进博会不断为世界经济发展注入开放合作的动能。本届进博会上，400多项代表性首发新产品、新技术、新服务集中亮相。本届虹桥论坛以"携手促发展　开放赢未来"为主题，22场分论坛议题覆盖绿色发展、数字经济、智能科技等热点，将为推动经济全球化、恢复全球经济活力、增强世界经济发展韧性凝聚广泛共识。

　　各方积极赴约进博会，充分说明开放合作是历史潮流，互利共赢是人心所向。中国将坚定不移推进高水平对外开放，以更宽阔视野、更开放胸襟、更积极姿态，携手各方创造更加繁荣的美好未来。

（2023年11月06日）

为世界经济复苏和全球发展繁荣贡献力量

进博会越办越好，彰显中国不断推进高水平开放的吸引力，持续为世界经济复苏注入正能量

第六届中国国际进口博览会近日落下帷幕。本届进博会按年计意向成交金额784.1亿美元，比上届增长6.7%。进博会越办越好，彰显中国不断推进高水平开放的吸引力，持续为世界经济复苏注入正能量。

本届进博会，各方进一步展现对中国发展前景的信心。参展世界500强和行业龙头企业数量超历届，"全球首发""亚洲首秀""中国首展"纷至沓来……外企以实际行动为中国经济投下信任票。中国商务部发布的数据显示，今年1—9月，全国新设立外商投资企业同比增长32.4%。中国贸促会调查显示，近七成受访外企看好未来5年中国市场前景。国际货币基金组织近日上调2023年中国经济增长预期为5.4%，摩根大通、瑞银集团、德意志银行等近期也纷纷上调今年中国经济增长预测。"中国的供应链体系具有巨大的韧性和潜力""韧性和创新是中国经济的关键属性，对我们来说，这代表着满足中国消费市场和经济需求的机会"……参加进博会的跨国企业负责人高度评价中国经济的韧性和潜力，展现深耕中国市场的坚定信心。

本届进博会，世界进一步看到中国不断扩大开放的决心。进博会举办伊始，习近平主席就明确指出："中国国际进口博览会是中国的，更是世界的。这不是一般性的展会，是中国推进新一轮高水平对外开放的重大决策，是中国主动向世界开放市场的重大举措。"进博会充分发挥国际采购、投资促进、人文交流、开放合作四大平台作用，为与会各方提供市场机遇、投资机遇、增长机遇。无论是来自最不发达国家的土特产，还是来自发达国家的高科技产品，都搭上进博会快车，加速汇入全球贸易市场。国际人士纷纷表示，"开放的中国为世界创造更多合作机遇"，"中国致力于建设开放型经济的决心为世界经济注入巨大的确定性和动力"。

今年是中国改革开放45周年和自贸试验区建设10周年。日前，中国第二十二个自贸试验区——新疆自贸试验区挂牌成立。从设立上海自贸试验区临港新片区到实施长三角区域一体化发展，从发布实施海南自由贸易港建设总体方案、深圳进一步扩大改革开放的实施方案到继续改善营商环境、加强知识产权保护，中国在进博会上宣布的一系列扩大开放举措逐一落实，不断为世界创造新的市场机遇。泰国副总理兼商务部长普坦·咸乍耶猜表示，进博会传递出中国持续对外开放的决心，充分展示各方扩大合作的意愿，正为全球企业尤其是中小企业带来新机遇。

世界经济复苏乏力，全球贸易不振，各国更需要加强开放合作、携手应对挑战。中国将继续办好进博会等重大展会，搭建开放合作平台，推动凝聚更多开放合作共识，为世界经济复苏和全球发展繁荣贡献力量。

（2023年11月13日）

共同维护全球产业链供应链稳定畅通

中国既是全球供应链融合发展的受益者、维护者，也是构建全球供应链新生态的积极探索者、建设者

首届中国国际供应链促进博览会（链博会）将于11月28日在北京开幕。作为世界上第一个以供应链为主题的国家级展会，链博会聚焦促进全球产业链供应链合作，注重绿色低碳发展、数字化转型，有利于推动经济全球化健康发展。

当今世界百年变局加速演进，经济全球化遭遇逆流，全球产业链供应链受到冲击。习近平主席高度重视维护全球产业链供应链稳定畅通，深刻洞察国际国内产业发展大势，强调"要支持以世界贸易组织为核心的多边贸易体制，维护全球产业链供应链安全稳定，做大合作蛋糕，让发展成果更好惠及各国人民""维护全球产业链供应链韧性和稳定是推动世界经济发展的重要保障，符合世界各国人民共同利益"，深刻阐明维护全球产业链供应链稳定畅通的方向路径，为构建更具平等性、包容性和建设性的产业链供应链伙伴关系注入强大动力。

中国是联合国标准下工业门类最全、配套最为完整的国家，制造业规模连续13年居世界首位，占全球比重近30%，全球制造和供应链重要中心地位不断凸显。首届链博会是中国为促进全球产业链供应链稳定畅通搭建的全新交流合作平台，展览总面积10万平方米，设置智能汽车链、绿色农业链、清洁能源链、数字科技链、健康生活链五大链条和供应链服务展区，500多家中外企业和机构参展，集中展示各链条上中下游关键环节的新技术新产品新服务。以链为媒、以展带会、以会促展，链博会将促进全球范围产业分工、资源配置、创新合作和成果共享。

链博会将成为中国推进高水平对外开放的新窗口、推动建设开放型世界经济的新载体。顺应国际工商界维护产业链供应链稳定畅通的迫切愿望，链博会致力于推动开放合作、互利共赢。首届链博会上，国际参展商达26%，涉及50多个国家和地区，其中美欧企业占36%。其间将举办开幕式暨全球供应链创新发展论坛、6场专题论坛及系列配套活动，发布《全球供应链促进报告》等成果，助力中外企业在产业链供应链不同环节开展合作，抢抓市场机遇、投资机遇、增长机遇。

链博会将为共建"一带一路"国家展示产业链供应链优势、融入全球产业链供应链提供重要平台。共建"一带一路"倡议提出10年来，中国同"一带一路"共建国家开展一系列产业投资合作项目，覆盖农业、能源、基础设施、数字经济、新能源汽车等行业，有力促进各国产业结构升级、产业链优化，为全球产业链供应链运行提供重要助力。首届链博会上，共建"一带一路"国家参展商数量占境外参展商总数的近一半。中方还为一些欠发达国家参会提供帮助，支持其展示特色优质产品和服务，更好地融入全球价值链，共享世界经济发展成果。中国行动充分展现立己达人、计利天下的大国担当。

中国既是全球供应链融合发展的受益者、维护者，也是构建全球供应链新生态的积极探索者、建设者。中国坚定不移维护产业链供应链公共产品属性，积极参与全球经济治理，为全球产业链供应链发展贡献智慧和力量。中方多次在亚太经合组织、二十国集团、上海合作组织等多边平台阐述加强全球产业链供应链合作的主张。2022年，中方担任金砖轮值主席国，推动金砖国家发起加强供应链合作倡议；推动上海合作组织成员国元首发表关于维护供应链安全稳定多元化的声明，重申有意愿保障国际供应链安全稳定；举办产业链供应链韧性与稳定国际论坛，同印度尼西亚等6个伙伴国家共同发起《产业链供应链韧性与稳定国际合作倡议》，向国际社会发出深化全球产业链供应链合作的强音。事实证明，人为"筑墙设垒"、强推"脱钩断链"不得人心，共同构筑安全稳定、畅通高效、开放包容、互利共赢的全球产业链供应链体系才是人心所向。

"链接世界，共创未来"，这是首届链博会的主题，也反映了国际社会的共同心声。中方将与各方携手努力，共同维护全球产业链供应链稳定畅通，共同推动经济全球化深入发展，让合作共赢的成果惠及世界。

（2023年11月28日）

让供应链成为国际合作的"共赢链"

链博会发出了中国以实际行动维护产业链供应链稳定畅通的时代强音，彰显了中国持续推动高水平对外开放的决心与信心

举办360多场配套对接、交流活动，1.5万余人参与；发布研究报告、宣言、标准等成果23项；据不完全统计，签署合作协议、意向协议200多项，涉及金额1500多亿元人民币……首届中国国际供应链促进博览会（链博会）成果丰硕。作为中国打造的又一国际公共产品，链博会发出了中国以实际行动维护产业链供应链稳定畅通的时代强音，彰显了中国持续推动高水平对外开放的决心与信心。

首届链博会是一届高标准、高质量、高水平的全球经贸盛会，真正让供应链成为国际合作的"共赢链"。不少参展商把链博会作为产品首发地，62项代表性新产品、新技术、新服务在链博会首秀。链博会为发展中国家展示产业链供应链优势提供了重要窗口，也为这些国家企业融入全球产业链供应链提供了平台。中方发布《全球供应链促进报告》，提出《全球产业链供应链互联互通北京倡议》，为维护全球产业链供应链稳定畅通贡献中国智慧、中国方案。国际人士普遍认为，首届链博会具有开创意义，传送出中国将更深层次参与构建全球产业链供应链体系的信号。

链博会集贸易促进、投资合作、创新集聚、学习交流功能于一体，着力打造上中下游衔接、大中小企业融通、产学研用协同、中外企业互动的开放型国际合作平台，是中国持续推进高水平对外开放的生动写照。首届链博会期间，不少参展商表示，中国的产业链供应链基础稳固，其韧性和完整性为跨国企业深化在中国发展增添了强大信心。作为140多个国家和地区的主要贸易伙伴，中国坚持改革开放，为全球提供市场机遇、合作机遇、政策机遇和创新机遇。今年前三季度，中国国内生产总值同比增长5.2%，在世界主要经济体中名列前茅，近期多家国际组织和金融机构调高今年中国经济增长预期。在世界经济复苏艰难的背景下，中国经济保持企稳向好势头，进一步强化各方"投资中国就是投资未来"的信心，让深耕中国市场成为国际社会的普遍共识。

历史和现实都证明，当全球产业链供应链合作保持稳定、持续深化时，世界各国就普遍受益；当全球产业链供应链合作受到阻碍、停滞不前时，世界各国就普遍受损。正如联合国贸易和发展会议秘书长格林斯潘所指出的："我们需要携手并进，支持多边主义和对话，而不是单打独斗。"中方旗帜鲜明反对保护主义和各种形式的"脱钩断链"，促进贸易和投资自由化便利化，推动构建公正、合理、透明的国际经贸规则体系。举办链博会顺应了全球工商界维护产业链供应链稳定畅通的迫切愿望，也体现了中国致力于维护产业链供应链稳定畅通的大国担当。非洲联盟驻华代表处常驻代表拉哈姆塔拉·穆罕默德·奥斯曼·埃尔诺认为，中国是多边主义的倡导者，众多中外企业和机构参加首届链博会，表明大家认识到团结合作至关重要，"我们必须相信多边主义"。

链博会吉祥物"链氪"形似拼图，象征供应链的链接；三角形的身体结构，寓意产业链供应链的稳定与安全。链博会是中国的，更是世界的。中方愿同各方一道，打造好链博会平台，把全球产业链供应链建设得更具韧性、更有效率、更富活力，为促进世界经济复苏和全球发展繁荣作出更大贡献。

（2023年12月04日）

以创新之力推动中国经济高质量发展

中国的科技创新不仅为本国经济增长提供持久动力，也为世界带来实实在在的发展机遇

世界知识产权组织近日发布的《世界知识产权指标报告》显示，2022年中国专利申请量约160万件，居世界第一。该组织此前发布的《2023年全球创新指数》显示，中国排名第十二位，其中6个指标排名世界第一；中国拥有24个全球顶级科技集群，在全球顶级科技集群排名中首次跃居世界第一。这些都说明，迈入创新型国家行列的中国，科技创新能力仍在继续提升。

创新是引领发展的第一动力，是建设现代化经济体系的战略支撑。在世界经济复苏乏力的背景下，中国经济回升向好，高质量发展扎实推进，现代化产业体系建设取得重要进展，科技创新实现新的突破。中国国家统计局今年8月发布的数据显示，2022年中国经济发展新动能指数为766.8，比上年增长28.4%。从主要构成指标看，创新驱动指数为336.3，比上年增长15.5%；知识能力指数为193.4，比上年增长5.9%。中国已成为全球规模最宏大、门类最齐全的人才资源大国，人才资源总量达到2.2亿人，2022年研发人员总量预计超过600万人年。国际人士认为，中国不断提升科技创新能力，以科技创新支撑高质量发展，推动学术、创新和生产形成良性循环。

随着创新驱动深入推进，科技创新持续赋能实体经济，新产业新动能不断发展壮大，对经济增长的带动作用提升。今年1—10月，中国高技术产业投资同比增长11.1%，快于全部投资8.2个百分点；汽车制造业、电气机械和器材制造业工业增加值同比增长11.3%、13.6%。中国坚持创新在现代化建设全局中的核心地位，新技术的创新与商业化成为经济运行的重要驱动力。得益于先进技术的创新和应用，中国经济发展的新领域新赛道不断开辟，一批产业链条长、技术含量高、带动能力强的行业加快发展。近年来，中国新能源汽车、锂电池、光伏产品"新三样"出口快速增长即是明证。

"中国将继续是一个能为双边合作提供巨大机会的经济体。"新加坡副总理兼财政部长黄循财日前在北京表示，中国经济规模巨大，在先进制造、绿色经济等领域有很多优势，还拥有巨大的市场。巨大机会，厚植于中国崇尚创新的沃土之中。联合利华在天津设立亚洲研发中心，施耐德电气中国自动化研发中心在无锡启用，霍尼韦尔公司汽车零部件的全球研发中心设在上海，大众汽车宣布将在合肥的新基地开发电动汽车并进行生产……中国市场不仅是跨国公司竞逐的大市场，也成为新技术和新模式的孵化器、路演区和展示推广平台。越来越多在华投资的跨国企业负责人认为，很多科技创新都来自中国，随后扩展到全世界，"中国是推动新兴技术超大规模应用的热土"。

中国的科技创新不仅为本国经济增长提供持久动力，也为世界带来实实在在的发展机遇。中国与160多个国家和地区建立科技合作关系，签订了116个政府间科技合作协定，构建起全方位、多层次、广领域的科技开放合作新格局。中国与80多个"一带一路"共建国家签署政府间科技合作协定，共建50多家"一带一路"联合实验室，在共建国家建成20多个农业技术示范中心和70多个海外产业园，建立10个海外科教合作中心，建设9个跨国技术转移中心。美国中美研究中心特聘研究员丹尼斯·西蒙认为，中国的科技成就举世瞩目，在全球创新版图中日益发挥着重要作用，成为国际前沿创新的重要参与者、解决全球性问题的重要贡献者。

抓创新就是抓发展，谋创新就是谋未来。中国将继续深入实施创新驱动发展战略，整合科技创新资源，引领发展战略性新兴产业和未来产业，加快形成新质生产力，激发出更强劲的优势与动能，以创新之力推动经济高质量发展。

（2023年12月12日）

作为最大的发展中国家，中国始终将自身发展置于人类发展的坐标系，以自身发展为世界发展创造新机遇。

中国始终同发展中国家同呼吸、共命运，过去是、现在是、将来也永远是发展中国家的一员！

构建人类命运共同体这个宏伟目标，需要一代又一代人接力跑才能实现。我们要以更广大的胸怀、更宽阔的视野担起时代责任，为维护国际公平正义发声，为推动全球发展进步出力。

03

共行天下大道
共创美好未来

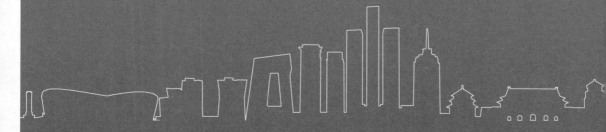

为人类和平与发展事业贡献中国智慧、中国方案

"我们始终如一珍视和平和发展，始终如一珍惜朋友和伙伴，坚定站在历史正确的一边、站在人类文明进步的一边，努力为人类和平与发展事业贡献中国智慧、中国方案。"在二〇二三年新年贺词中，习近平主席回顾中国2022年取得的成就，激励中国人民一往无前、顽强拼搏，让明天的中国更美好，并展现了踏上新征程的中国将继续同世界各国携手创造人类美好未来的使命担当。

世界好，中国才能好；中国好，世界才更好。放眼全球，世界之变、时代之变、历史之变正以前所未有的方式展开。中国始终行天下大道，谋世界大同。一个梦想接连实现、充满生机活力、赓续民族精神、紧密联系世界的中国，不仅发展了自己，也造福了世界。

2022年是党和国家发展史上极为重要的一年。党的二十大胜利召开，擘画了全面建设社会主义现代化国家、以中国式现代化全面推进中华民族伟大复兴的宏伟蓝图，吹响了奋进新征程的时代号角。中国经济稳健发展，全年国内生产总值预计超过120万亿元，中国发展站在新的更高历史起点；中国粮食生产实现"十九连丰"，粮食产量连续8年稳定在1.3万亿斤以上，中国人的饭碗端得更牢了；中国始终坚持人民至上、生命至上，坚持科学精准防控，因时因势优化调整防控措施，最大限度保护了人民生命安全和身体健康；北京冬奥会、冬残奥会成功举办；神舟十三号、十四号、十五号接力腾飞，中国空间站全面建成……这一切，凝结着无数人的辛勤付出和汗水，彰显了点点星火、汇聚成炬的中国力量。俄罗斯联邦共产党中央委员会主席根纳季·久加诺夫表示，中国的快速发展已成为人类文

明发展进程中一项重大成就，中国式现代化的成功经验将为更多国家和人民开辟通往美好未来的道路。

国际风云纷繁变幻，离不开引领前行的力量；国际环境风高浪急，更需要化解挑战的良方。2022年，习近平主席在国内外主持和出席10余场重要国际多边会议，与60多位外国领导人及国际组织负责人举行会谈会见，同近30位外方领导人通电话、视频会晤，就双边关系发展和重大国际问题等密集互动、深入沟通。推动构建人类命运共同体，携手各方高质量共建"一带一路"，推动落实全球发展倡议、全球安全倡议，推动建设开放型世界经济……天下一家的中国气度，重情尚义的中国承诺，和而不同的中国智慧，言出必行的中国担当，鼓舞世界，启迪未来。"中国始终是国际秩序的稳定力量""一个强大、友好的中国，将为地区和世界带来积极影响"……国际人士纷纷表示，中国为促进世界和平与发展作出了积极贡献。

面对变革和动荡两种趋势持续演进，团结与分裂两种取向相互激荡，中国一如既往做世界和平的建设者、全球发展的贡献者、国际秩序的维护者。乌克兰危机激化地缘政治矛盾，中国秉持客观公正的基本原则，先后提出"四个应该"和"四个共同"，为劝和促谈、缓解人道主义危机发挥积极建设性作用；当全球发展进程遭受严重冲击，中国秉持"各国共同发展才是真发展"的理念，始终为凝聚全球合力、破除发展瓶颈、重振全球发展事业不懈努力；当保护主义逆流涌动，中国对外开放的大门越开越大，"投资中国就是投资未来"成为国际社会普遍共识……联合国秘书长古特雷斯深有感触地说，在帮助发展中国家共同发展方面，中国所作努力无可比拟。委内瑞拉新兴经济体发展高等研究中心学术研究主任路易斯·德尔加罗评价："中国致力于促进各国和谐共处，推动合作与发展，是当前充满不确定性的世界中的一盏希望明灯。"

征程万里风正劲，重任千钧再奋蹄。2023年是全面贯彻落实党的二十大精神的开局之年。中国将以中国式现代化推动人类整体进步，以中国新发展为世界带来新机遇，为动荡的世界提供更多稳定性和确定性，谱写中国发展同世界发展相互交融、相互成就的新篇章。

（2023年01月03日）

真朋友最可贵

——加强同发展中国家团结合作①

中国永远是发展中国家的真诚朋友和可靠伙伴，始终与发展中国家同呼吸、共命运、齐发展

2013年3月25日，习近平主席就任国家主席后首次出访非洲期间，在坦桑尼亚尼雷尔国际会议中心发表重要演讲，全面阐述新时期中非共谋和平、同促发展的政策主张——对待非洲朋友，我们讲一个"真"字；开展对非合作，我们讲一个"实"字；加强中非友好，我们讲一个"亲"字；解决合作中的问题，我们讲一个"诚"字。那次访问非洲期间，习近平主席还首次提出正确义利观。如今，真实亲诚理念和正确义利观不仅是中国对非政策鲜明底色，也是中国加强同所有发展中国家团结合作的总体指导原则。

中国永远是发展中国家的真诚朋友和可靠伙伴，始终与发展中国家同呼吸、共命运、齐发展。面对国际格局变革动荡，多重危机肆虐侵袭，中国同广大发展中国家坚定地站在一起，维护国际道义、拓展共同利益，打造了发展中国家平等相待、真诚互助的新典范。

中国坚持国家不分大小、强弱、贫富一律平等，秉持公道、伸张正义，反对以大欺小、以强凌弱、以富压贫，反对干涉别国内政。中国坚定维护以联合国为核心的国际体系和以国际法为基础的国际秩序，践行真正的多边主义，在国际上为发展中国家仗义执言，在彼此核心和重大关切问题上相互支持，推动全球治理朝着更加公正合理的方向发展。习近平主席强调，中国在联合国的一票永远属于发展中国家。在中方推动和各方积极响应下，上海合作组织稳步发展壮大，"金砖+"合作新模式不断深化拓展，亚洲基础设施投资银行、新开发银行等机制成为具有重要影响力的多边金融机构，为发展中国家联合自强、深化合作提供了重要平台。中国率先公开支持非盟加入二十国集团，鼓励非洲在国际上发挥更大作用。

中国始终认为，非洲是非洲人的非洲，任何国家发展同非洲关系，都应该尊重非洲的尊严和自主性。中国与其他发展中国家发展关系时，也从不干涉别国内政，而是坚持授人以渔，增强发展中国家的自主发展能力，增强发展中国家自主解决自身问题和地区问题的能力。中国提出共建"一带一路"倡议、全球发展倡议、全球安全倡议、全球文明倡议，携手广大发展中国家共促发展、共护安全，共同推动文明交流互鉴，充分体现中国尊重发展中国家、真诚对待发展中国家。世界银行研究报告显示，共建"一带一路"倡议全面实施，可使3200万人摆脱日均生活费低于3.2美元的中度贫困状态。在一系列国际和地区热点问题上，中国始终根据事情本身的是非曲直决定立场和政策，秉持客观公正的基本原则，为消弭国际冲突根源、完善全球安全治理增添更多确定性。

世界上没有放之四海而皆准的发展模式，各方应该尊重世界文明多样性和发展模式多样化。国际形势的发展一再证明，外部干涉和所谓民主改造贻害无穷，广大发展中国家把命运牢牢掌握在自己手中的决心更加坚定。中国式现代化展现了现代化的另一幅图景，拓展了发展中国家走向现代化的路径选择，为人类对更好社会制度的探索提供了中国方案。中国倡导不同文明和不同社会制度相互包容、交流对话、和谐共生，尊重各国人民自主选择发展道路和制度模式的权利。"必须指出，中国已经是一支不可忽视的力量。"贝宁总统塔隆日前表示："中国模式、自力更生和善治应该激励所有欠发达国家，因为发展是每个国家都能够实现的。"

真朋友最可贵。当前，世界之变、时代之变、历史之变正以前所未有的方式展开，广大发展中国家加强团结合作，携手应对共同挑战，比以往任何时候都更为重要。中国将继续坚定同广大发展中国家站在一起，做风雨同舟、休戚与共的真朋友，把合作的蛋糕越做越大，让进步的力量越聚越强，共同为世界和平稳定和发展繁荣作出更大贡献。

（2023年03月25日）

切实做大合作的蛋糕

——加强同发展中国家团结合作②

习近平主席提出真实亲诚理念10年来，中国以实实在在的行动加强同发展中国家合作，树立了帮助发展中国家共同发展的典范

"亚吉铁路在运营、维护、能力建设等方面取得显著成绩，已成为非中关系蓬勃发展的典型例证。"在不久前举行的亚吉铁路运营5周年庆典活动上，埃塞俄比亚政要如是表示。这一合作项目有力促进当地可持续发展、提高人民福祉，是中国同发展中国家团结合作取得实打实成效的体现。习近平主席提出真实亲诚理念10年来，中国以实实在在的行动加强同发展中国家合作，树立了帮助发展中国家共同发展的典范。

实，首先体现在倡导合作共赢。中国始终将自身发展置于人类发展的坐标系中，始终把自身命运与世界各国人民的命运紧密相连，始终把中国人民利益同各国人民共同利益结合起来。中国积极回应发展中国家经济社会发展的优先需求，把增进各国民生福祉作为发展合作的出发点，让更多实实在在的发展成果惠及普遍民众。中国在合作中坚持开放包容、兼收并蓄。中国推动同发展中国家的合作关系取得长足发展，符合各方共同利益，符合世界发展大势。

实，更体现在积极实践合作共赢。10年来，从"十大合作计划"到"八大行动"再到"九项工程"，中非合作与时俱进，不断深化。10年来，共建"一带一路"倡议拉动近万亿美元投资规模，形成3000多个合作项目，为沿线国家创造42万个工作岗位，让将近4000万人摆脱贫困。10年来，中国提供一系列国际公共产品，有力推动发展中国家共同发展。2015年9月，在联合国成立70周年系列峰会期间，中方宣布向发展中国家提供"6个100"项目支持，并宣布设立南南合作援助基金、设立南南合作与发展学院和国际发展知识中心；2022年6月，在全球发展高层对话会上，中方宣布落实全球发展倡议的重要举措，包括创设"全球发展和南南合作基金"、加大对中国—联合国和平与发展基金的投入、成立全球发展促进中心、发布《全球发展报告》、建立全球发展知识网络……中国始终想发展中国家之所想、急发展中国家之所急。"这生动体现了中国为'不让任何一个国家掉队'所作的不懈努力。"多哥总统福雷表示。

实，体现在坚持授人以渔，通过合作增强发展中国家自主发展能力。中国充分考虑其他发展中国家的资源禀赋、发展水平和发展诉求，通过多种方式毫无保留地将发展经验和行业技术分享给其他发展中国家，尽力为其培养本土人才和技术力量，挖掘增长潜力，实现多元、自主和可持续发展。菌草技术援助项目便是典型例证。中国菌草技术在100多个国家落地生根，成为名副其实的"致富草""幸福草"。巴布亚新几内亚科技大学行政副校长卡尔·根纳表示，菌草种植在巴新已扩展到8省16区，帮助数万人脱贫，"中国对岛国发展的真诚帮助，岛国人民的感受最为真切"。

实，也体现在真心诚意帮助发展中国家应对挑战。在应对气候变化领域，设立中国气候变化南南合作基金，在发展中国家开展10个低碳示范区、100个减缓和适应气候变化项目及1000个应对气候变化培训名额的合作项目，成立中国—太平洋岛国应对气候变化合作中心；在防灾减灾领域，汤加火山爆发并引发海啸等严重灾害、阿富汗发生严重地震、巴基斯坦发生严重洪灾等，中方都紧急驰援，帮助当地人民渡过难关；在卫生健康领域，面对新冠疫情肆虐全球，中方宣布两年内提供20亿美元国际援助，用于支持受疫情影响的国家特别是发展中国家抗疫斗争以及经济社会恢复发展……联合国秘书长古特雷斯表示，在帮助发展中国家共同发展方面，中国所作努力无可比拟。

　　当前，全球发展进程遭受严重冲击，国际发展合作动能减弱，南北发展差距进一步扩大。国际社会迫切需要拿出更多实实在在的行动，真正把帮助发展中国家发展的承诺落到实处。中国将继续加强同发展中国家团结合作，采取切实行动做大合作的蛋糕，为增进人类共同福祉作出更大贡献。

（2023年03月26日）

以心相交　成其久远
——加强同发展中国家团结合作③

在与发展中国家的交往与合作中，中国坚持以亲动人、以亲感人，增进人民之间的相互了解和认知，厚植友好事业的社会基础，为互惠合作筑起更坚固的情感根基、提供更深厚的精神滋养

今年是中国援外医疗队派遣60周年。60年来，中国累计向全球76个国家和地区派遣医疗队员3万人次，诊治患者2.9亿人次。中国援外医疗队以仁心仁术造福当地人民，成为中国同广大发展中国家以心相交的真实写照。

2013年3月，习近平主席在坦桑尼亚尼雷尔国际会议中心发表演讲时深刻指出："加强中非友好，我们讲一个'亲'字。"相似的历史遭遇、共同的历史使命，使中国人民与广大发展中国家人民有着天然的亲近感。对发展中国家以诚相知、以礼相待、以心相交，一直是新中国外交的特色和传统。在与发展中国家的交往与合作中，中国坚持以亲动人、以亲感人，增进人民之间的相互了解和认知，厚植友好事业的社会基础，为互惠合作筑起更坚固的情感根基、提供更深厚的精神滋养。

加强交流对话，获得心与心的共鸣。从将"一带一路"建设成文明之路，到举办亚洲文明对话大会、中国共产党与世界政党高层对话会，从推动在上海合作组织、金砖国家等多边机制内加强人文合作，到在中非合作论坛、中阿合作论坛、中拉论坛等机制推动下，全面深化同非洲国家、阿拉伯国家和拉美国家等文化、教育、科技、卫生、媒体、智库、青年、妇女交流，中国积极搭建文明对话、政党交流、民间外交等互学互鉴平台，推动从彼此的文明中汲取智慧和营养，助力文化相知、民心相亲，为构建人类命运共同体凝聚起更广泛的共识。国际社会普遍认为，中国积极搭建人文对话平台，为增进不同文明之间的相互理解与谅解、团结与互信作出了重要贡献。

深化务实合作，拉近心与心的距离。中方始终以将心比心、急人所急的真情实意，为发展中国家做实事、好事。在莫桑比克，种植中国杂交水稻的当地农民喜获丰收，出产的大米被当地人命名为"好味道"；在瓦努阿图，中国援助扩建马拉坡学校，"像一座灯塔，照亮瓦努阿图年轻一代学习知识的道路"；在墨西哥，中国企业尊重当地文化，并积极资助福利院、敬老院等公益项目，当地民众评价："中企员工和我们就像一家人一样"；在老挝，中老铁路如同一条"黄金通道"，彻底改变了当地人的生活，被当地媒体称为"幸福路"……一个个暖心的故事，谱写出中国同广大发展中国家同甘共苦、心心相印的动人交响曲。

国之交在于民相亲，民相亲关键在于青年之间的交往。中国积极推动与广大发展中国家青年的交流交往，为青年成长成才、互学互鉴搭建广阔舞台。从提供中国政府奖学金到加强职业教育合作，从举办青年领导人论坛到组织青年交流营，从向发展中国家派遣青年志愿者到举办"国际青年中国行"活动……中国帮助越来越多发展中国家青年实现梦想，越来越多发展中国家青年喜欢上中文和中国文化，到中国学习或到中国企业工作，成为中国与发展中国家友好事业的青年使者。

拉美谚语讲，"真正的朋友能够从世界的另一头触及你的心灵"；波斯谚语说，"人心之间，有路相通"；印度尼西亚人民常讲，"金钱易得，朋友难求"。这些都说明，民心相通是最深厚的力量，以心相交，方能成其久远。中国将永远做广大发展中国家的知心朋友、真诚伙伴，与广大发展中国家携手朝着构建人类命运共同体的方向不断迈进，共创人类更加光明的美好未来。

（2023年03月28日）

以诚相待　坦荡无私

——加强同发展中国家团结合作④

中国与广大发展中国家始终以诚相待，不断开拓合作新的契合点和增长点，不断推动合作水平迈上新台阶。助力广大发展中国家发展振兴，中国坦荡无私

"塞尔维亚是中国真正的朋友，塞方尊重中国，钦佩中国的伟大领导力，任何压力和困难都不会改变塞中钢铁般的友谊，都不会改变塞方对中国人民的友好情谊""贝宁虽小，但站在真理、平等、正义的一边，将继续做中国坚定可靠的朋友""中国是科威特永远的朋友"……长期以来，中国对广大发展中国家始终真诚友好、平等相待，这些外国领导人的话道出了广大发展中国家坚定发展对华关系的共同心声。

习近平主席提出真实亲诚理念10年来，中国与广大发展中国家始终以诚相待，不断开拓合作新的契合点和增长点，不断推动合作水平迈上新台阶。助力广大发展中国家发展振兴，中国坦荡无私。中国始终尊重广大发展中国家人民的意愿，立足各国实际需求，力所能及地为发展中国家发展经济、改善民生提供援助，从不干涉别国内政。欧洲《现代外交》杂志称赞，中国将受援国视为平等伙伴。

中国是世界上最大的发展中国家，广大发展中国家是中国在国际事务中的天然同盟军。中国真诚支持扩大发展中国家在国际事务中的代表性和发言权，支持补强全球治理体系中的南方短板，推动全球治理体系更加平衡地反映大多数国家特别是发展中国家的意愿和利益。中国始终与发展中国家站在一起，在国际舞台上为发展中国家仗义执言。在亚太经合组织领导人北京会议、二十国集团领导人杭州峰会、上合组织青岛峰会、"一带一路"国际合作高峰论坛、中非合作论坛北京峰会、中国共产党与世界政党高层对话会等重要国际会议中，中国努力搭建合作平台，推动发展中国家深化战略互信，加强务实合作，扩大交流互鉴。中国提出的"金砖+"合作模式不断深化拓展，成为新兴市场国家和发展中国家开展南南合作、实现联合自强的典范。

中国真诚与广大发展中国家分享发展经验，为广大发展中国家实现繁荣发展注入了动力、增添了活力。从推广杂交水稻、菌草技术，到建设农业技术示范中心、鲁班工坊，再到开展减贫合作、成立全球发展促进中心等，中国始终致力于帮助发展中国家实现共同发展。中国成功推进和拓展了中国式现代化，不断丰富和发展人类文明新形态，打破了"现代化＝西方化"的迷思，展现了现代化的另一幅图景，为发展中国家独立探索符合本国国情的现代化道路提供了重要借鉴。"中国式现代化对发展中国家具有重要启示，那就是现代化模式不是一道'单选题'，不存在放之四海而皆准的标准""中国在推进中国式现代化的同时，也帮助改善了世界许多国家特别是发展中国家的经济发展状况""中国的成功激励着广大发展中国家努力实现振兴梦想"……国际社会称赞中国为广大发展中国家独立自主迈向现代化树立了典范。

中国和广大发展中国家都处在快速发展过程中，相互认知需要不断与时俱进。中国坦诚面对双方关系中面临的新情况新问题，始终本着相互尊重、合作共赢的精神与广大发展中国家一道妥善加以解决。个别西方国家固守冷战思维，对中国发展与其他发展中国家关系进行攻击抹黑，企图通过炮制中国推行"新殖民主义"、制造"债务陷阱"等谎言，阻挠中国与其他发展中国家合作，破坏中国与其他发展中国家的友谊。广大发展中国家对此有清醒的认识，对西方国家的攻击抹黑表达了强烈不满和批评。纳米比亚总统根哥布日前直言，中国人尊重我们，中国从来不搞什么殖民主义和帝国主义的东西。

　　"发展中国家发展起来了，整个世界繁荣稳定就会有更加坚实的基础。"中国将继续与广大发展中国家一道，采取切实措施深化友好合作，使广大发展中国家从合作中更多受益，为促进世界繁荣稳定注入更多正能量。

（2023年03月29日）

义利相兼　以义为先

——加强同发展中国家团结合作⑤

2013年3月就任国家主席后首次出访非洲期间，习近平主席提出正确义利观。正确义利观强调义利相兼、以义为先，凝练着中国对发展中国家政策的基本立场和主张，顺应时代发展潮流及中国与世界关系发展大势，是新时代中国特色大国外交的鲜明特色，得到广大发展中国家的普遍赞誉。

正确对待和处理"义"与"利"的关系，重视道义与责任，是中华优秀传统文化的重要内容。从"君子义以为上"，到"义，利也"，再到"生亦我所欲也，义亦我所欲也；二者不可得兼，舍生而取义者也"等，重义轻利、先义后利、取利有道数千年来一直是中华民族一以贯之的道德准则和行为规范。新中国成立以来，中国外交继承以义为先的优良传统，充分发扬国际主义精神，向广大发展中国家提供力所能及的帮助，维护其发展经济、改善民生的整体利益。中国提供的援助，有力促进了发展中国家经济社会发展。

"义"体现在中国希望全世界共同发展，特别是希望广大发展中国家加快发展。正确义利观不承认丛林法则、霸权主义，反对以大欺小、以强凌弱、以众暴寡、以富压贫，强调相互尊重、合作共赢、共同发展。坚持正确义利观，中国在与广大发展中国家交往中始终秉持公道正义，坚持平等相待。"中方尊重非洲独立、主权和文化，真心支持非洲发展""中国与太平洋岛国之间的每一项计划和双边协议都以尊重为基础""拉中双方在平等基础上开展的合作取得积极成果"……坚持相互尊重、坚持平等，中国赢得广大发展中国家的充分信任。

"利"体现在恪守互利共赢原则，不搞我赢你输。坚持正确义利观，中国在与广大发展中国家合作中始终坚持互利共赢、共同发展。中国主张，各国应摒弃一味谋求自身更大利益的狭隘思维，纠正"赢者通吃"的过时做法，坚持以双赢、多赢、共赢为目标，在追求本国利益时兼顾各国合理关切，在谋求本国发展时促进各国共同发展。对于贫穷国家，中国给予力所能及的帮助，有时甚至重义轻利、舍利取义。开展国际发展合作，中国重信守诺，从不开"空头支票"。突尼斯总统赛义德表示，中国提出的全球发展倡议充满人文关怀和先进理念，对于提升发展中国家能力、实现各国共同发展进步具有重要意义。

坚持正确义利观，中国与广大发展中国家紧密团结在一起，汇聚发展中国家联合自强的合力。面对国际格局的变革调整，中国同广大发展中国家坚定地站在一起，维护国际道义、拓展共同利益。在上海合作组织、金砖国家、中非合作论坛、中阿合作论坛、中拉论坛等框架内，中方推动各国增强协调配合，增进团结互信，为维护广大发展中国家和新兴市场国家共同利益作出重要贡献。非盟委员会主席法基表示，在非洲争取民族独立和解放的斗争中，中国同非洲站在一起；在非洲加快发展振兴、更多参与国际事务的努力中，中国同非洲站在一起。博鳌亚洲论坛理事、巴基斯坦前总理阿齐兹表示，坚持对话合作，坚持真正的多边主义，这是中国向世界发出的时代强音。

加强同广大发展中国家团结合作，是中国对外关系不可动摇的根基。无论国际风云如何变幻，中国都将继续秉持真实亲诚理念和正确义利观，同广大发展中国家共享机遇，共迎挑战，共同捍卫国际公平正义，不断汇聚起维护世界和平、促进共同发展繁荣的磅礴力量。

（2023年03月30日）

援外医疗谱写大爱之歌

60年来，一批批中国援外医疗队员以精湛的医术和高尚的医德，全心全意为受援国人民服务，以实际行动铸就不畏艰苦、甘于奉献、救死扶伤、大爱无疆的中国医疗队精神

"中国白衣天使，我一直都记着你""你们创造了奇迹，谢谢中国医生！中国医疗队给我们带来希望！""感谢你们传授宝贵经验"……今年是中国援外医疗队派遣60周年。自1963年4月6日中国向阿尔及利亚派出第一支援外医疗队以来，一批批中国援外医疗队员以精湛的医术和高尚的医德，全心全意为受援国人民服务，以实际行动铸就不畏艰苦、甘于奉献、救死扶伤、大爱无疆的中国医疗队精神，赢得国际社会广泛赞誉。

白衣执甲，用奉献诠释大爱。60年来，中国累计向非洲、亚洲、美洲、欧洲和大洋洲的76个国家和地区派遣医疗队员3万人次，诊治患者2.9亿人次。目前，援外医疗队在全球56个国家的115个医疗点工作，其中近一半在偏远艰苦地区。广大援外医疗队员克服工作生活上的困难，以仁心仁术造福当地人民。"把情怀和精力倾注于救死扶伤，把医者仁心践行于援外医疗事业""患者的笑容，就是我们坚守执着的动力""治病救人是医生的天职，排除万难也要治"……中国援外医疗队员们一句句朴实的话语，诠释了医者敬佑生命、济世救人的铮铮誓言。

中国援外医疗队员既是救死扶伤的白衣天使，也是传递情谊的友好使者。在阿尔及利亚，医疗队组织学术沙龙、学术讲座、中医针灸培训班等教学科研活动；

在瓦努阿图，医疗队除了日常诊疗，还在院外开展巡岛、义诊、调研、健康宣教；在马耳他，医疗队组建的地中海地区中医中心先后举办数十期针灸培训班，学员覆盖德国、意大利、瑞士、塞尔维亚等欧洲国家……在救治患者之余，中国医疗队因材施教培训本地医生，为当地人民留下一支"带不走的医疗队"，以实际行动讲好中国故事，联结起中国人民与受援国人民命运与共的心灵纽带。上世纪70年代，第一批援埃塞俄比亚医疗队队长梅庚年在当地考察时发生车祸，以身殉职。当地人泽乌迪一家三代为梅庚年烈士义务守墓数十年，在当地传为佳话。

中国援外医疗是中国人民热爱和平、珍视生命的生动体现。西非埃博拉疫情暴发后，中国派出1200多名医护人员，收治800多名患者，完成1.2万余人次公共卫生培训。新冠疫情发生以来，中国同全球180个国家、10多个国际和地区组织分享疫情防控和诊疗方案，同160多个国家和国际组织举行疫情防控视频交流会议，先后向34个国家派出38支医疗专家组，向150多个国家和15个国际组织提供急需的抗疫物资援助。中国还组派短期医疗专家组开展专科行动，"光明行""爱心行""微笑行"等医疗巡诊活动广泛推进，为发展中国家民众的身体健康保驾护航。不论是在日常医疗，还是面临重大公共卫生突发事件的时刻，中国都积极伸出援手，充分展现负责任大国的担当。

大道不孤，德必有邻。中国援外医疗队用实际行动谱写大爱之歌，为推进人类和平与发展崇高事业作出了重要贡献。中国将继续积极开展援外医疗等国际合作，凝聚起携手构建人类卫生健康共同体的强大合力，与各方共同守护人类健康的美好未来。

（2023年04月06日）

共筑全球南方命运共同体

　　"77国集团和中国"峰会日前在古巴首都哈瓦那举行，来自31个国家的国家元首或政府首脑、多名国际和区域组织负责人及116个国家的高级别代表团参加。在这个发展中国家重要的多边合作平台上，中国携手广大发展中国家高举发展旗帜，聚焦协调合作应对当前挑战，发出共同推动全球治理走向更加公平公正的有力声音，释放出全球南方国家团结自强的积极信号。

　　当今世界正在经历百年未有之大变局，发展中国家力量不断壮大，南南合作为维护发展中国家群体性崛起势头、推动世界经济稳定增长发挥日益重要作用。面对单边主义、霸权主义甚嚣尘上，个别国家大搞单边制裁、脱钩断链，严重损害发展中国家正当发展权益和空间，发展中国家普遍希望加强团结合作，维护发展权利，捍卫公平正义，推动全球治理朝着更加公正合理的方向发展。

　　峰会通过《哈瓦那宣言》，呼吁全面改革国际金融结构，构建更包容、协调的全球经济治理格局；反对对发展中国家实施单方面制裁。这些充分表明，77国集团和中国践行真正的多边主义，坚定维护国际公平正义，努力提升发展中国家话语权，维护广大发展中国家共同利益，是团结合作、共谋发展的正义力量。联合国秘书长古特雷斯在致辞中说，"77国集团和中国"始终拥护多边主义，在联合国框架下发挥重要作用。

　　作为世界上最大的发展中国家、"全球南方"的天然成员，中国始终同广大发展中国家同呼吸、共命运。在世界进入动荡变革期、不稳定性不确定性因素增多的背景下，中国致力于携手各方共筑全球南方命运共同体，倡导广大发展中国家坚守独立自主、联合自强的初心，弘扬公道正义、平等包容的精神，践行发展振兴、合作共赢的使命。广大发展中国家共同反对集团对抗和冷战思维，坚持以和平方式解决国家间分歧和争端，才能更好地守护世界和平安宁；广大发展中国家在国际场合积极响亮发声、主持公道，才能不断提升发展中国家在全球治理中的话语权和代表性，更好地维护发展中国家共同利益。

中国始终将南南合作作为对外合作的优先方向，是全球发展事业的坚定推动者和积极贡献者。中国向160多个国家提供发展援助，同150多个国家和30多个国际组织携手共建"一带一路"，同100多个国家和国际组织共同推进全球发展倡议合作，展现负责任大国担当。中国将继续同77国集团成员密切沟通协调，优化发展资源投入，发挥共建"一带一路"倡议等公共产品最大效能，破解发展难题。许多国家与会代表认为，中国积极促进南南合作，为发展中国家实现社会进步、改善人民福祉发挥重要作用。尼加拉瓜总统奥尔特加表示，中国对亚非拉人民的帮助不附加条件，为促进发展中国家的社会进步和人民福祉作出贡献。

习近平主席提出构建人类命运共同体理念和共建"一带一路"倡议、全球发展倡议、全球安全倡议、全球文明倡议，为维护和平、推动发展、深化合作提供中国方案，为深化南南合作搭建重要实践平台。《哈瓦那宣言》纳入多项中国理念和主张，明确指出有关各方应在共商、共建、共享基础上致力于实现全球发展和共赢合作，推动构建人类命运共同体。这再次表明，中国方案符合时代潮流，顺应广大发展中国家谋发展、促合作的共同期待。古巴国家主席迪亚斯—卡内尔指出，全球发展倡议具有重要意义和价值，这一包容性倡议顺应了建立新的公平公正国际秩序的时代潮流。吉布提总理卡米勒表示，发展中国家应探索相关机制和举措促进本国生产和科技进步，从而推动可持续发展，中国提出的全球发展倡议正与此相契合。

中国坚定站在历史正确一边，坚定奉行"大道之行，天下为公"。无论发展到什么程度，中国都将永远是发展中国家大家庭的一员，永远是全球南方国家的一员。无论国际风云如何变幻，中国都将始终做广大发展中国家的真诚朋友和可靠伙伴，始终做77国集团的坚定支持者和同路人，致力于实现共同发展振兴，开创人类社会更加美好的明天。

（2023年09月20日）

引领时代潮流和人类前进方向的鲜明旗帜
——共行天下大道　共创美好未来①

"构建人类命运共同体理念，站在历史正确的一边，站在人类进步的一边，为国际关系确立新思路，为全球治理提供新智慧，为国际交往开创新格局，为美好世界描绘新愿景。"国务院新闻办公室近日发布《携手构建人类命运共同体：中国的倡议与行动》白皮书，深刻阐释构建人类命运共同体的时代背景、丰富内涵、实现路径和生动实践，有助于各界人士和国际社会更加全面领会构建人类命运共同体的深远意义，更加明确了解中国特色大国外交的宏伟目标，进一步凝聚携手构建人类命运共同体的广泛共识和强大力量。

当今世界正处于百年未有之大变局，各种新旧问题与复杂矛盾叠加碰撞、交织发酵，和平赤字不断加深，发展赤字持续扩大，安全赤字日益凸显，治理赤字更加严峻。2013年3月，面对"世界怎么了，我们怎么办"这一深刻的世界之问、历史之问、时代之问，习近平主席创造性地提出构建人类命运共同体理念，为彷徨求索的世界点亮前行之路，为共创美好未来贡献中国方案。构建人类命运共同体理念顺应相互依存的历史大势，符合应对全球性挑战的时代需要，呼应世界人民追求和平、正义、进步的心声。在习近平主席的亲自擘画、亲自推动下，构建人类命运共同体从理念到行动，从萌发到壮大，在风云变幻中坚守人间正道，在危机挑战中勇毅前行，取得举世瞩目的实践成果，展现出引领时代的思想伟力。

10年来，构建人类命运共同体理念日臻完善。从国事访问到多边峰会，习近平主席在多个国际场合就这一重大理念进行系统阐述，把国际社会的认知不断引向深入。从提出建立平等相待、互商互谅的伙伴关系，营造公道正义、共建共享的安全格局，谋求开放创新、包容互惠的发展前景，促进和而不同、兼收并蓄的文明交流，构筑尊崇自然、绿色发展的生态体系"五位一体"总体框架，到提出建设一个持久和平、普遍安全、共同繁荣、开放包容、清洁美丽的世界，人类命运共同体理念的思想内涵、实践路径不断深化、持续拓展，逐步形成了以"五个世界"为总目标，以全人类共同价值为价值追求，以构建新型国际关系为根本路径，以共建"一带一路"为实践平台，以全球发展倡议、全球安全倡议、全球文明倡议为重要依托的科学理论体系。

构建人类命运共同体理念顺应时代潮流，为提升全球治理指明正确方向。构建人类命运共同体理念具有开放包容、公平正义、和谐共处、多元互鉴、团结协作的鲜明特征，主张以和平发展超越冲突对抗，以共同安全取代绝对安全，以互利共赢摒弃零和博弈，以交流互鉴防止文明冲突，以生态建设呵护地球家园，超越了集团政治的"小圈子"规则，超越了实力至上的逻辑，超越了少数西方国家定义的"普世价值"，为国际关系理念开辟了崭新范式，成为引领时代潮流和人类前进方向的鲜明旗帜。国际政要指出，构建人类命运共同体理念描绘了实现全人类宏伟愿景的路径，为人类发展进步指明了方向，为建设自由、公正、美好的世界带来了希望。

构建人类命运共同体理念坚持和平合作，为实现互利共赢提供重要遵循。构建人类命运共同体理念反映了人类社会共同价值追求，汇聚了各国人民求和平谋发展盼稳定的最大公约数，画出了不同文化背景和发展程度国家之间的最大同心圆，获得国际社会广泛理解和支持。人类命运共同体理念连续6年写入联大决议，并多次写入上海合作组织、金砖国家等多边机制决议或宣言。从双边到多边，从区域到全球，中国已经同数十个国家和地区构建了不同形式的命运共同体。联合国秘书长古特雷斯深有感触地说："中国已成为多边主义的重要支柱，而我们践行多边主义的目的，就是要建立人类命运共同体。"

　　面对全球性挑战，各国始终乘坐在一条命运与共的大船上。不管前途是晴是雨，携手合作、互利共赢是唯一正确选择。各国应携起手来，把"我"融入"我们"，共同构建人类命运共同体，共创美好未来。

（2023年09月30日）

彰显深厚文化底蕴和世界情怀的重要理念

——共行天下大道　共创美好未来②

构建人类命运共同体理念传承中华优秀传统文化，体现中国共产党的世界情怀，弘扬新中国外交优良传统，兼收并蓄人类优秀文明成果，凝聚起团结合作的广泛共识，汇聚起应对挑战的强大合力

"人类命运共同体理念基于深厚的中国文化底蕴，源于中国式现代化的道路实践，继承弘扬新中国外交的优良传统，吸收借鉴人类社会优秀文明成果，彰显了悠久的历史传承、鲜明的时代印记和丰富的人文内涵。"国务院新闻办公室日前发布的《携手构建人类命运共同体：中国的倡议与行动》白皮书，深刻阐述构建人类命运共同体理念的思想之源、实践之基，充分表明中华优秀传统文化、中国共产党的实践探索、中国外交的优良传统，对促进世界和平发展、共创人类美好未来具有重要意义。

构建人类命运共同体理念传承中华优秀传统文化，充分彰显中华文明的突出特性。中华文明有5000多年历史，具有突出的连续性、创新性、统一性、包容性、和平性。构建人类命运共同体理念扎根中国深厚历史文化土壤，是对中华优秀传统文化的创造性转化、创新性发展。天下大同、协和万邦是中华民族自古以来对人类社会的美好憧憬，也是构建人类命运共同体理念蕴含的文化渊源。构建人类命运共同体理念吸收中华优秀传统文化中"以和为贵，和而不同"的价值观、"大道之行，天下为公"的世界观、"义利并举、以义为先"的义利观、"己所不欲，勿施于人"的道德观、"道法自然、天人合一"的生态观。构建人类命运共同体，努力把我们生于斯、长于斯的这个星球建成一个和睦的大家庭，把世界各国人民对美好生活的向往变成现实，需要各国风雨同舟，荣辱与共。

构建人类命运共同体理念体现中国共产党的世界情怀，是中国共产党坚持胸怀天下的生动写照。坚持胸怀天下，是中国共产党百年奋斗积累的宝贵历史经验之一。100多年来，中国共产党既为中国人民谋幸福、为中华民族谋复兴，也为人类谋进步、为世界谋大同，带领中国人民走出了中国式现代化道路，创造了人类文明新形态，为构建人类命运共同体奠定了坚实基础、探索了历史规律、开辟了广阔道路。当前，推动构建人类命运共同体已经载入中国宪法和中国共产党党章，并成为中国式现代化的本质要求之一。中国携手各方构建人类命运共同体，就是在坚持发展自己的同时兼济天下、造福世界，不仅让中国人民都过得好，也帮助其他国家人民过上好日子。

构建人类命运共同体理念弘扬新中国外交优良传统，在中国特色大国外交实践中不断守正创新。新中国成立以来，坚定奉行独立自主的和平外交政策，坚持走和平发展道路，坚持在和平共处五项原则基础上发展同各国的友好合作。进入新时代，中国创造性提出推动构建人类命运共同体、新型国际关系、共建"一带一路"、全人类共同价值、全球发展倡议、全球安全倡议、全球文明倡议等新理念，倡导全球治理观、正确义利观、安全观、发展观、合作观、生态观等重要理念，是对新中国成立以来的外交理念、战略思想和优良传统的继承和发扬，体现了鲜明的中国特色、中国风格、中国气派。

构建人类命运共同体理念兼收并蓄人类优秀文明成果，反映了全人类的普遍愿望和共同心声。世界各国文明都蕴含着构建人类命运共同体的历史智慧，有追求和平发展、团结共生、合作共赢等互通之处。构建人类命运共同体理念汲取世界多元文明相融相通优秀成果，遵循公认的国际关系基本原则，为实现人类孜孜以求的建立公正合理的国际秩序的目标提供思想指引、筑牢价值基础。英国国际关系顾问基思·贝内特指出，构建人类命运共同体理念继承和发展了古往今来人类哲学中所有深刻而开明的思想，包括中国传统智慧和马克思主义，同时又使之适应21世纪世界的现实和需要。

大时代需要大格局，大格后呼唤大胸怀。构建人类命运共同体理念已经在国际上凝聚起团结合作的广泛共识，汇聚起应对挑战的强大合力，未来必将焕发出愈发鲜明的真理力量、更为彰显的引领作用和超越时空的思想伟力，为人类社会开辟共同发展、长治久安、持续繁荣的美好愿景。

（2023年10月01日）

坚持正确方向，把宏伟蓝图变成路线图

——共行天下大道　共创美好未来③

构建人类命运共同体必须推动新型经济全球化、走和平发展道路、构建新型国际关系、践行真正的多边主义、弘扬全人类共同价值

理念引领行动，方向决定出路。国务院新闻办公室日前发布的《携手构建人类命运共同体：中国的倡议与行动》白皮书指出，构建人类命运共同体的中国主张，既有目标方向，也有实现路径。构建人类命运共同体必须推动新型经济全球化、走和平发展道路、构建新型国际关系、践行真正的多边主义、弘扬全人类共同价值，只有这样才能把宏伟蓝图变成路线图，把美好愿景变为现实。

经济全球化是社会生产力发展的客观要求和科技进步的必然结果。过去数十年，经济全球化迅猛发展，为世界经济发展提供了强劲动力，极大促进了商品和资本流动、科技和文明进步。推动新型经济全球化是构建人类命运共同体的必然要求。面对经济全球化带来的挑战，不应任由单边主义、保护主义破坏国际秩序和国际规则，而要坚持开放的政策取向，推动各国经济联动融通，共同建设开放型世界经济。中国坚决反对实行"脱钩断链"、构筑"小院高墙"、炒作"降依赖""去风险"，坚定倡导从人类共同利益出发，推动经济全球化朝着更加开放、包容、普惠、平衡、共赢的方向发展，让各国人民共享经济全球化和世界经济增长成果。

和平发展是构建人类命运共同体的重要前提。只有大家都走和平发展道路，国与国才能和平相处，构建人类命运共同体才有希望。中国人民深知和平的珍贵，把促进世界和平与发展视为自己的神圣职责。中国坚持走和平发展道路，无论发展到什么程度，中国永远不称霸、永远不搞扩张。中国旗帜鲜明反对一切霸权主义和强权政治，毫不动摇反对任何单边主义、保护主义、霸凌行径。面对世界百年未有之大变局，中国坚定站在和平一边，积极参与全球安全规则制定，加强国际安全合作，践行中国特色热点问题解决之道，同各方携手落实全球安全倡议，共同守护世界和平安宁。

新型国际关系之所以新，在于走出了一条国与国交往的新道路，开辟了不同文明、不同制度国家和平共处、共同发展的世界历史新篇章。构建新型国际关系，应秉持相互尊重、公平正义、合作共赢原则。相互尊重，就是坚持以诚待人，平等相待，反对强权政治和霸凌主义。公平正义，就是各国应摒弃单纯的物质主义取向和竞争至上法则，确保不同的国家都能获得平等的发展权利和机会。合作共赢，就是各国应摒弃一味谋求自身更大利益的理念，在追求本国利益时兼顾各国合理关切，在谋求本国发展时促进各国共同发展。中国坚持在和平共处五项原则基础上同各国发展友好合作，推动构建新型国际关系，深化拓展平等、开放、合作的全球伙伴关系，致力于扩大同各国利益的汇合点。

世界上的问题错综复杂，解决问题的出路是维护和践行多边主义，推动构建人类命运共同体。多边主义的要义是国际上的事由大家共同商量着办，世界前途命运由各国共同掌握。践行真正的多边主义，必须维护以联合国为核心的国际体系、以国际法为基础的国际秩序、以联合国宪章宗旨和原则为基础的国际关系基本准则。在国际上搞"小圈子""本国优先"，排斥、威胁、打压他国，搞脱钩、断供、制裁，本质上都是单边主义。构建人类命运共同体，必须反对一切形式的单边主义，反对搞针对特定国家的阵营化和排他性"小圈子"，反对打着所谓"规则"旗号破坏国际秩序、制造"新冷战"和意识形态对抗的行径。

中国提出和平、发展、公平、正义、民主、自由的全人类共同价值，为建设一个更加美好的世界提供了正确理念指引。全人类共同价值倡导以宽广胸怀理解不同文明对价值内涵的认识，尊重不同国家人民对自身发展道路的探索，超越了所谓"普世价值"的狭隘历史局限，体现了人类命运共同体的价值追求。弘扬全人类共同价值，不是要把哪一家的价值观奉为一尊，而是倡导求同存异、和而不同，充分尊重文明的多样性，尊重各国自主选择社会制度和发展道路的权利。

大道至简，实干为要。各国应秉持以天下为己任的担当精神，加强对话、凝聚共识、促进和平、推动发展、完善治理，开展全球行动、全球应对、全球合作，以实际行动推动构建人类命运共同体。

（2023年10月02日）

中国既是倡导者也是行动派
——共行天下大道　共创美好未来④

人类的前途是光明的，但光明的前途不会自动到来。构建人类命运共同体，信心和决心是首要，格局与胸怀是基础，担当与行动是关键

构建人类命运共同体，中国既是倡导者也是行动派。10年来，从推动高质量共建"一带一路"，到提出并推动落实全球发展倡议、全球安全倡议、全球文明倡议，中国用笃定的信念和扎实的行动，携手各方为持久和平凝聚更大合力，为普遍安全创造有利环境，为共同发展注入更强信心，为文明互鉴提供重要动力，为生态保护采取更多行动，持续为构建人类命运共同体贡献力量。

共建"一带一路"倡议是构建人类命运共同体的生动实践，是中国为世界提供的广受欢迎的国际公共产品和国际合作平台。截至2023年7月，全球超过3/4的国家和30多个国际组织与中国签署共建"一带一路"合作文件。10年来，从夯基垒台、立柱架梁到落地生根、持久发展，共建"一带一路"奏响"硬联通""软联通""心联通"的交响乐，有效推动共建国家发展，不断增进共建国家民众的获得感、幸福感。中巴经济走廊、中老铁路、雅万高铁、蒙内铁路等一个个旗舰项目为当地经济社会发展注入强劲动能；中欧班列10年累计开行7.7万列，运送货物731万标准箱，成为国际经贸合作的重要桥梁；"鲁班工坊"帮助20多个共建国家的年轻人掌握职业技能……共建"一带一路"已成为中国同世界共享机遇、共谋发展的"百花园"。

发展是安全和文明的物质基础。中国提出并推动落实全球发展倡议，为破解发展难题、重振全球发展事业作出贡献。全球发展倡议最根本的目标是加快落实联合国2030年可持续发展议程，最核心的要求是坚持以人民为中心，最重要的理念是倡导共建团结、平等、均衡、普惠的全球发展伙伴关系，最关键的举措在于坚持行动导向，推动实现更加强劲、绿色、健康的全球发展，共建全球发展共同体。中国主持召开全球发展高层对话会，提出落实倡议的32项重要举措。目前，32项重要举措已有一半实施完成或取得早期成果，全球发展倡议项目库不断扩大，200多个合作项目开花结果。联合国常务副秘书长阿明娜·穆罕默德表示，在全球发展倡议框架下加强合作"是实现我们为人民和地球设定的共同目标的关键"。

安全是发展和文明的根本前提。中国提出并推动落实全球安全倡议，为维护和实现共同安全、普遍安全注入了信心。全球安全倡议倡导以团结精神适应深刻调整的国际格局，以共赢思维应对各种传统安全和非传统安全风险挑战，走出一条对话而不对抗、结伴而不结盟、共赢而非零和的新型安全之路。30多年来，中国已派出维和人员5万余人次，赴20多个国家和地区参加联合国维和行动；为化解冲突而呼喊，为促进和平而奔走，促成沙特阿拉伯和伊朗复交，推动解决国际和地区热点问题；积极致力于同各方开展反恐、公共卫生、数字治理、生物安全、应对气候变化等领域国际合作……中国行动充分展现维护世界和平稳定的大国担当。国际人士表示，全球安全倡议填补了全球安全架构的空白，中国成功实践这一倡议，充分证明中国是全球和平与安全的捍卫者。

文明是发展和安全的精神支撑。中国提出并推动落实全球文明倡议，为促进交流互鉴、建设开放包容的世界注入动力。全球文明倡议倡导尊重世界文明多样性、弘扬全人类共同价值、重视文明传承和创新、加强国际人文交流合作，向全世界发出增进文明交流对话、在包容互鉴中促进人类文明进步的真挚呼吁。召开中国共产党与世界政党高层对话会、中国共产党与世界政党领导人峰会、亚洲文明对话大会等，推进形式多样的民间外交、城市外交、公共外交，举办精彩纷呈、丰富多彩的文化和旅游年、艺术节等活动……中国积极推动构建全球文明对话合作网络，加强国际人文交流合作，促进各国人民相知相亲，为推动构建人类命运共同体注入了精神动力。

（2023年10月03日）

发展是人类社会的永恒主题。共享发展是建设美好世界的重要路径。作为最大的发展中国家，中国始终将自身发展置于人类发展的坐标系，以自身发展为世界发展创造新机遇。

共建"一带一路"倡议提出10年来，中国同各方合作伙伴一道，弘扬和平合作、开放包容、互学互鉴、互利共赢的丝路精神，共同为全球互联互通贡献力量，为国际经济合作搭建平台，为世界经济增长增添动力。

"一带一路"合作从亚欧大陆延伸到非洲和拉美，150多个国家、30多个国际组织签署共建"一带一路"合作文件，举办3届"一带一路"国际合作高峰论坛，成立了20多个专业领域多边合作平台。

"一带一路"合作从"大写意"进入"工笔画"阶段，把规划图转化为实景图，一大批标志性项目和惠民生的"小而美"项目落地生根。

"一带一路"合作从硬联通扩展到软联通。共商共建共享、开放绿色廉洁、高标准惠民生可持续，成为高质量共建"一带一路"的重要指导原则。

10年的历程证明，共建"一带一路"站在了历史正确一边，符合时代进步的逻辑，走的是人间正道。

共建"一带一路"注重的是众人拾柴火焰高、互帮互助走得远，崇尚的是自己过得好、也让别人过得好，践行的是互联互通、互利互惠，谋求的是共同发展、合作共赢。

04

共同把造福世界的
幸福之路铺得更宽更远

共建"一带一路"朋友圈越来越大

从"大写意"到"工笔画",从著地生根到持久发展,共建"一带一路"朋友圈越来越大,好伙伴越来越多,合作质量越来越高,发展前景越来越好

今年是习近平主席提出共建"一带一路"倡议10周年。新年伊始,中国与菲律宾续签共建"一带一路"谅解备忘录,与土库曼斯坦签署共建"一带一路"谅解备忘录。这充分表明,共建"一带一路"符合世界发展需求,顺应国际社会期待,始终保持强大韧性和旺盛活力。

中菲是一衣带水的近邻,合作替力巨大。双方高度重视基础设施建设,愿持续深化共建"一带一路"倡议和"多建好建"规划对接,高质量推进基建项目合作,促进经济增长。双方续签"一带一路"合作谅解备忘录,签署帕西格河桥梁项目框架协议和中方援菲基建项目交接证书。双方将进一步深化基础设施建设合作,打造达沃—萨马尔大桥等重点工程,在商定的地点探讨开展经贸创新发展合作,共同维护产供链稳定。中土签署共建"一带一路"谅解备忘录,有利于全方位深化两国互利合作。双方将加紧推进共建"一带一路"倡议和"复兴丝绸之路"战略对接,推动两国各领域合作齐头并进,全面发展。

共建"一带一路"顺应经济全球化的历史潮流,顺应全球治理体系变革的时代要求,顺应各国人民过上更好日子的强烈愿望,这是其始终保持强大韧性和旺盛活力的根本所在。目前已有151个国家、32个国际组织与中国签署200余份共建"一带一路"合作文件。1月10日,世界银行发布最新一期《全球经济展望》报告,将2023年全球经济增长预期下调至1.7%，较去年6月预测下调1.3个百分点。在经济全球化遭遇逆风、世界经济复苏陷入低迷的背景下，共建"一带一路"对促进有关国家和地区经济增长、推动全球共同发展的作用更加重要。世界银行2019年的研究报告显示，若共建"一带一路"框架下的交通基础设施项目全部得以实施，到2030年每年有望为全球产生1.6万亿美元的收益，占全球经济总量的1.3%。未来，更多国家携手高质量共建"一带一路"是大势所趋。

共建"一带一路"倡议源于中国，机会和成果属于世界。共建"一带一路"搭建起国际贸易和投资新平台。数据显示，2013年至2021年，中国同"一带一路"沿线国家累计货物贸易额近11万亿美元、双向投资超过2300亿美元。共建"一带一路"促进设施联通。一条条"幸福路"、一座座"连心桥"、一个个"繁荣港"，成为缩小发展鸿沟的助推器、推动共同繁荣的发动机，为增进各国民生福祉作出了新贡献。高质量共建"一带一路"顺应第四次工业革命发展趋势，把握数字化、网络化、智能化发展机遇，探寻新的增长动能和发展路径，建设数字丝绸之路、创新丝绸之路，为古老的丝绸之路注入新活力。英国社会学家、全球化概念首倡者之一马丁·阿尔布劳指出，"一带一路"将中国的和平发展与整个世界的繁荣幸福连接了起来。

作为中国为完善全球治理提供的重要公共产品，高质量共建"一带一路"继承创新、主动作为，强调求同存异、兼容并蓄，促进现有国际秩序、国际规则增量改革。共建"一带一路"倡议及其共商共建共享的核心理念被写入联合国、二十国集团、亚太经合组织以及其他区域组织等有关文件中，成为全球治理的重要共识。亚洲基础设施投资银行、丝路基金等多边开发机构和合作平台的设立，推动全球治理体系朝着更加公正合理的方向发展。南非大学姆贝基非洲领导力研究所高级研究员谭哲理表示，共建"一带一路"倡议为完善全球治理贡献了重要力量。

从"大写意"到"工笔画"，从落地生根到持久发展，共建"一带一路"朋友圈越来越大，好伙伴越来越多，合作质量越来越高，发展前景越来越好。今年，中方将考虑举办第三届"一带一路"国际合作高峰论坛，为全球发展繁荣注入新动力。站在新的起点，中国将继续与各方共建和平、繁荣、开放、绿色、创新、文明之路，让共建"一带一路"这一世纪工程更好造福各国人民。

（2023年01月12日）

发展路　幸福路　友谊路

作为高质量共建"一带一路"的标志性工程，中老铁路的欣欣向荣展现了高质量共建"一带一路"的旺盛活力，也展现了构建人类命运共同体的光明前景

最新数据显示，自2021年12月3日全线开通运营以来，中老铁路已累计发送旅客超过1000万人次。安全、绿色、快捷、舒适的"复兴号""澜沧号"动车组，大幅缩短了沿线城市的往来时间，深受两国民众青睐。中老铁路国际物流大通道的作用也日益凸显。截至去年12月初，中老铁路累计运输货物1120万吨，跨境运输货值超130亿元人民币。这条连接中国和老挝的黄金线路，已经成为中老人民的发展路、幸福路、友谊路。

中老铁路充分体现高质量共建"一带一路"促发展、惠民生。在老挝万象火车站不远处的哈赛丰县东蓬禾村，以前靠天吃饭、农闲时无事可做的村民，如今很多靠向中老铁路旅客售卖当地传统美食补贴家用，有的还开起了小饭馆、小旅馆。"老中铁路彻底改变了我们的生活。"东蓬禾村副村长的话，代表了老挝人民的心声。中老铁路让老挝从"陆锁国"变为"陆联国"，给当地人民带来了更多发展致富的希望。老挝巴特寮通讯社评论说，老中铁路促进了老中两国人员往来，推动了跨境贸易和区域发展，如同一条"黄金通道"，给老挝人民带来发展希望，为老挝经济注入澎湃动能。老挝《万象时报》指出，老中铁路是真正促进互利共赢的民生工程。

中老铁路充分体现高质量共建"一带一路"促联通、惠各国。中老铁路不仅

带动沿线经济发展，也为区域共同繁荣铺设了快车道。截至去年12月初，中老铁路跨境货物运输已覆盖老挝、泰国、缅甸、马来西亚、柬埔寨、越南、孟加拉国、新加坡等共建"一带一路"国家，运输货物由开通初期的10多种扩展至1200多种，黄金线路成色越来越足。中国超大规模市场和经济发展红利，正通过这条铁路源源不断分享给地区国家。泰国开泰银行相关负责人表示，中老铁路促进区域贸易快速发展，为周边国家带来了立竿见影的经济效益。老挝国家主席通伦期待："将来，老中铁路还将延伸到东盟各国。到那时，中国和老挝的互利共赢关系将取得更大发展。"

中老铁路的欣欣向荣展现了高质量共建"一带一路"的旺盛活力。近年来，中方以高标准、可持续、惠民生为目标，不断提升共建"一带一路"水平，实现了共建国家的互利共赢，为世界经济发展开辟了新空间。一个个互利共赢的合作项目，不断为区域发展和世界经济复苏注入正能量。新冠疫情发生后，"一带一路"合作非但没有按下暂停键，反而展现出强大韧性和活力。中欧班列跑出加速度，克罗地亚佩列沙茨大桥建成通车，雅万高铁、匈塞铁路、中泰铁路等重点项目建设稳步推进。老挝驻华大使坎葆·恩塔万指出，无论是"一带一路"倡议，还是全球发展倡议等，都为老挝和其他发展中国家带来实实在在的利益，"中国始终心系广大发展中国家，真心帮助其他国家发展，通过合作实现互利共赢"。

中老铁路的欣欣向荣展现了构建人类命运共同体的光明前景。中老铁路是高质量共建"一带一路"的标志性工程，共建"一带一路"是构建人类命运共同体的伟大实践。习近平总书记强调，2019年4月关于构建中老命运共同体行动计划签署以来，中老双方凝心聚力，推动中老命运共同体建设取得丰硕成果，特别是将中老铁路打造成为中老人民的发展路、幸福路、友谊路，不仅为两国人民带来巨大福祉，也为共建"一带一路"和推动构建人类命运共同体提供了示范。去年12月发表的《关于进一步深化中老命运共同体建设的联合声明》指出，中老命运共同体建设实践证明，人类命运休戚与共、各国利益紧密相连，构建人类命运共同体是世界各国人民前途所在。相信只要各国人民携手努力，坚持对话协商、共建共享、合作共赢、交流互鉴、绿色低碳，就一定能开拓人类社会更加美好的未来。

中老铁路已成为区域互联互通、共同发展的样本典范，成为中国与沿线国家高质量共建"一带一路"的生动写照。面对充满不稳定性不确定性的国际形势，中方将同所有合作伙伴一道，继续推动共建"一带一路"高质量发展，为实现各国共同发展、推动构建人类命运共同体作出更大贡献。

（2023年02月05日）

继续做共建"一带一路"的先行者

中亚地区是"一带一路"的首倡之地，是高质量共建"一带一路"示范区。中国—中亚峰会将为中国和中亚国家高质量共建"一带一路"注入强劲动力

"我的家乡陕西，就位于古丝绸之路的起点。站在这里，回首历史，我仿佛听到了山间回荡的声声驼铃，看到了大漠飘飞的袅袅孤烟。"2013年9月，习近平主席在哈萨克斯坦发表演讲，提出共同建设"丝绸之路经济带"，中亚地区成为"一带一路"的首倡之地。10年来，中国和中亚国家积极推进发展战略对接，高质量共建"一带一路"取得丰硕成果。即将在陕西省西安市举行的中国—中亚峰会，将进一步凝聚中国和中亚国家高质量共建"一带一路"的共识，助力双方继续做共建"一带一路"的先行者。

中亚地区是高质量共建"一带一路"示范区。各方积极推进共建"一带一路"倡议同本国发展战略对接，开展高效合作，成功建成中哈原油管道、中国—中亚天然气管道、中吉乌公路、中乌鹏盛工业园、中塔乌公路等一大批互利共赢的合作项目，广泛惠及地区各国人民。中哈霍尔果斯国际边境合作中心与中哈连云港物流合作基地建成，打开了中亚国家通向太平洋的大门；中国企业承建的中亚第一长隧道"安格连—帕普"铁路隧道顺利贯通，结束了当地民众出行需要翻山越岭或绕行他国的历史；一座座产业园在中亚拔地而起，不仅创造大量就业岗位、培养众多专业人才，还带动当地产业升级发展……中国和中亚国家共建"一带一路"的生动实践，让"空口袋立不起来""只有结满果实的大树才会引人注意"等

中亚谚语有了最鲜活的注释。

中国同中亚国家关系高水平发展，为双方共建"一带一路"提供重要政治保障。10年来，习近平主席多次到访中亚国家，通过多种方式同中亚国家领导人保持密切互动，推动中国同中亚国家关系实现跨越式发展。在去年1月举行的中国同中亚五国建交30周年视频峰会上，双方宣布打造中国—中亚命运共同体，开启相互关系的新时代。如今，中国同中亚五国均已建立全面战略伙伴关系，均已签署共建"一带一路"合作文件。在此基础上，中方共建"一带一路"倡议同哈萨克斯坦"光明之路"新经济政策、塔吉克斯坦2030年前国家发展战略、吉尔吉斯斯坦"2040年发展战略"、乌兹别克斯坦"新乌兹别克斯坦"2022—2026年发展战略、土库曼斯坦"复兴丝绸之路"战略的对接不断推进。

民心相通是"一带一路"建设的重要内容，也是"一带一路"建设的人文基础。10年来，中国同中亚国家不断加强人民友好往来，增进相互了解和传统友谊。双方结成62对友好省州市，每年数十万民众常来常往；孔子学院和孔子课堂带动"中文热""中国文化热"在中亚国家持续升温；中亚首家鲁班工坊在塔吉克斯坦首都杜尚别投入运营；"中国—哈萨克斯坦传统医学中心""中国—中亚农业合作中心""中国—中亚综合农业科技示范园区"揭牌，"教育培训计划"和"减贫惠农计划"正式启动……中国与中亚国家延续千年的友好情谊更加深入人心，双方共建"一带一路"的民意基础和社会基础愈加深厚。

中国—中亚峰会将为中国和中亚国家高质量共建"一带一路"注入强劲动力。"共建'一带一路'已经成为推动构建人类命运共同体的重要引擎，哈方将继续积极支持和参与""塔方愿积极参与共建'一带一路'合作，在此框架下推进经贸、工业、能源、基础设施等各领域合作""土方愿积极推进'复兴丝绸之路'战略同'一带一路'倡议对接，进一步扩大两国经贸合作"……当前，中亚国家携手中国高质量共建"一带一路"的愿望更为强烈。在继续提升贸易和投资便利化水平，扩大相互投资和贸易规模的同时，中国同中亚国家将不断深化产能、能源、农业、数字经济等领域合作，确保重点合作项目顺利推进，积极培育双方合作新增长点，为双方人民创造更多福祉。

在古丝绸之路的起点西安　中国和中亚国家将乘着中国—中亚峰会的东风，继续携手打造高质量共建"一带一路"的金字招牌，为构建更加紧密的中国—中亚命运共同体作出新的更大贡献。

（2023年05月15日）

坚定不移推动重振全球发展事业

中国倡议，全球行动。在各方共同努力下，全球发展倡议逐步落地生根，合作机制不断完善，重点领域合作有序推进，能力建设项目陆续推出，给各国带来实实在在的好处

《全球发展高层对话会成果清单》中的32项务实举措已有一半实施完成或取得早期成果；全球发展倡议项目库务实合作项目总数已突破100个，近40个发展中国家正从中受益；立项安排1000期人力资源开发合作项目，提供2万个培训名额……全球发展高层对话会举办一年来，中方以真诚合作的意愿与扎实的行动，不断推动全球发展倡议走深走实，为推进落实联合国2030年可持续发展议程作出重要贡献。

2021年9月21日，习近平主席在第七十六届联合国大会一般性辩论上提出全球发展倡议，呼吁国际社会重视发展问题，加快落实联合国2030年可持续发展议程。2022年6月24日，习近平主席在北京以视频方式主持全球发展高层对话会并发表重要讲话，提出共创普惠平衡、协调包容、合作共赢、共同繁荣的发展格局，并就落实全球发展倡议宣布一系列务实举措，为落实全球发展倡议指明方向，标志着全球发展倡议进入务实合作新阶段。

在全球发展事业遭遇逆风逆流之际，国际社会迫切需要重新聚焦发展，把发展置于国际议程中心位置，打造人人重视发展、各国共谋合作的政治共识。全球发展倡议符合时代潮流，符合发展中国家需求，符合人民对美好生活的向往，有效凝聚了共促发展的国际共识。目前，已有100多个国家和国际组织支持倡议，近70个国家加入在联合国平台成立的"全球发展倡议之友小组"。倡议写入中国同东盟、中亚、非洲、拉美、太平洋岛国等合作文件，汇聚起共促发展的强大合力。国际人士认为，全球发展倡议是一个能有效促进全球发展事业的系统性倡议，在此框架下开展的众多务实合作项目，为发展中国家提供了极大的帮助和启发。

全球发展倡议是新时代中国向国际社会提供的重要公共产品，是人类命运共同体理念在全球发展领域的重要实践。将南南合作援助基金整合升级为"全球发展和南南合作基金"，增资10亿美元，支持联合国发展机构等开展一系列务实项目，为有关发展中国家落实联合国2030年可持续发展议程提供重要助力；通过发布《全球发展报告》等，持续与各方伙伴加强全球发展知识的交流和分享……中方采取的一系列务实举措，有力回应了广大发展中国家的发展需求。联合国工业发展组织驻华代表康博思表示，在全球发展倡议的框架下，中方牵头建立合作机制，围绕八大重点领域建立合作平台，确定倡议的合作方式，并实施具体的合作项目，这些都充分体现了中国促进全球发展的决心和能力。

中国倡议，全球行动。在各方共同努力下，全球发展倡议逐步落地生根，合作机制不断完善，重点领域合作有序推进，能力建设项目陆续推出，给各国带来实实在在的好处。中方欢迎各方加大对全球发展倡议的关注和支持，期待各方为倡议推进出主意、出项目、出资金、出举措。今年是联合国2030年可持续发展议程中期评估年，广大发展中国家谋合作、促发展的愿望空前强烈。与一些国家罔顾发展中国家合理诉求，刻意将发展议题政治化、边缘化不同，中国坚持推动各方真心实意谋发展、齐心协力促发展，共同营造有利于发展的国际环境，共建团结、平等、均衡、普惠的全球发展伙伴关系，不让任何一国、任何一人掉队，为重振全球发展事业注入强大信心和力量。

中国始终不忘发展中国家的定位，始终把自身发展置于人类发展的坐标系中，始终把自身命运同世界各国人民命运紧密相连。展望未来，中方愿同各方共同努力，推动全球发展倡议务实合作行稳致远，不断为落实联合国2030可持续发展议程作出贡献，共同奏响构建人类命运共同体的华美乐章。

（2023年06月24日）

持续推进全球发展倡议走深走实

　　7月10日，习近平主席在向全球共享发展行动论坛首届高级别会议致贺信时强调，中国将进一步加大对全球发展合作的资源投入，同国际社会一道，持续推进全球发展倡议走深走实，为如期实现联合国2030年可持续发展目标、推动构建人类命运共同体作出新贡献。习近平主席的贺信表明了中国对全球发展事业的坚定支持，展现了中国致力于推动全球共享发展的责任担当。

　　发展是人类社会的永恒主题。当前，全球经济复苏乏力，南北发展鸿沟进一步拉大，全球发展议程面临挑战，迫切需要国际社会广泛凝聚发展共识，推动发展议题重回国际议程中心位置。2021年9月，习近平主席在第七十六届联合国大会一般性辩论上提出全球发展倡议，呼吁共同推动全球发展迈向平衡协调包容新阶段，构建全球发展命运共同体。2022年6月，习近平主席在北京以视频方式主持全球发展高层对话会并发表重要讲话，倡导共创普惠平衡、协调包容、合作共赢、共同繁荣的发展格局，宣布中方落实全球发展倡议的一系列重要举措，为全球发展倡议落地落实、促进全球共同发展指明了方向。举办全球共享发展行动论坛被列入了《全球发展高层对话会主席声明》。

　　全球发展倡议有效凝聚了共促发展的国际共识。目前已有100多个国家和国际组织支持倡议，近70个国家加入在联合国平台成立的"全球发展倡议之友小组"；全球发展倡议写入中国同东盟、中亚、非洲、拉美、太平洋岛国等合作文件；中方还同近20个国家和国际机构分别签署了合作谅解备忘录。在各方的共同努力下，团结、平等、均衡、普惠的全球发展伙伴关系正在形成。此次高级别会议以"中国的倡议，全球的行动"为主题，是今年中方在全球发展倡议框架下举办的首个官方论坛，158个国家和国际组织代表应邀出席，承载着各方对加强发展合作的殷切期待，也充分展现了国际社会对全球发展倡议的认可与支持。柬埔寨首相洪森在视频发言时表示，全球发展倡议已经成为支持发展中国家恢复社会经济发展和实现联合国2030年可持续发展目标的主要推动力。

共享发展是建设美好世界的重要路径。过去一年，《全球发展高层对话会成果清单》中的32项务实举措已有一半实施完成或取得早期成果；"全球发展倡议之友小组"部长级会议期间发布的全球发展倡议项目库首批50个务实合作项目清单中，10多个已经实施完毕，目前项目库务实合作项目总数已接近200个；中国政府立项安排1000期人力资源开发合作项目，已提供2万个培训名额，基本覆盖全部"全球发展倡议之友小组"国家……在各方共同参与下，全球发展倡议合作取得一系列重要早期收获。"为人民创造更好的生活是我们共同的责任。"所罗门群岛总理索加瓦雷在致辞中表示，中国提出的全球发展倡议有助于各方采取快速行动实现发展议程，中国在发展合作方面的经验至关重要。

推动全球共享发展，中国始终是行动派。从将全球发展倡议与联合国2030年可持续发展议程更有机结合起来到与发展中国家的发展战略更紧密对接，从创设全球发展和南南合作基金到成立国际民间减贫合作网络，从筹建世界职业技术教育发展联盟到宣布中国发射的"可持续发展科学卫星1号"数据面向全球开放共享……中国与各方共商发展大计、共建发展格局、共享发展成果，为重振全球发展事业发挥了积极作用，提供了可行、可复制的实践方案，为实现可持续发展目标积累了有益经验，为全球发展带来更多新机遇。

在发展的道路上，一个国家都不能少，一个人都不能落下，这是全球发展倡议的朴素愿景，也是联合国倡导的努力目标。中国将与国际社会一道，坚定信心，笃行致远，持续推进全球发展倡议走深走实，在落实联合国2030年可持续发展议程的道路上携手同行，共建人类命运共同体。

（2023年07月11日）

打造高质量
共建"一带一路"的示范性工程

中巴经济走廊开创了共建"一带一路"的成功实践，充分展现共建"一带一路"是中国同世界共享机遇、共谋发展的阳光大道，更加坚定了各方同中国共建"一带一路"的信心

"展望未来，中方愿同巴方一道，坚持高标准、可持续、惠民生目标，不断完善布局、拓展深化合作，将走廊进一步打造成为高质量共建'一带一路'的示范性工程。"7月31日，习近平主席向中巴经济走廊启动十周年庆祝活动致贺信，充分肯定走廊建设取得的积极成果和重大意义，为走廊发展和中巴务实合作作出了战略指引。

中巴经济走廊是"一带一路"重要先行先试项目，也是两国领导人关心的重大合作项目。习近平主席在同巴基斯坦领导人举行会见、会谈和通电话时，多次强调中巴经济走廊的重要意义，指出双方要加紧研究制定走廊远景规划，高标准推进中巴经济走廊建设。2015年4月对巴基斯坦进行国事访问期间，习近平主席提出要发挥走廊建设对两国务实合作的引领作用，以走廊建设为中心，以瓜达尔港、能源、基础设施建设、产业合作为重点，形成"1+4"合作布局，为中巴以走廊为重要抓手实现共同发展指明方向。

中巴两国秉持共商共建共享原则推进走廊建设，形成了一批早期收获，为巴基斯坦经济社会发展增添新的动力。瓜达尔港作为中巴经济走廊的明珠，已经具备全作业能力，正朝着物流枢纽和产业基地的目标稳步前进；能源合作成效显著，风电、水电等众多清洁能源项目建成，供电量已达巴基斯坦全国的近1/3；喀喇昆仑公路二期升级改造项目、拉合尔轨道交通橙线项目等交通基础设施运行良好，打通巴基斯坦交通大动脉，带动周边产业发展；拉沙卡伊特别经济区项目一期正式完工，标志着中巴产业合作取得又一新突破……10年来，中巴经济走廊从宏伟蓝图变成现实画卷，累计为巴基斯坦带来直接投资254亿美元，创造就业岗位23.6万个。巴基斯坦总理夏巴兹称赞，中巴经济走廊建设"为巴经济注入前所未有发展活力"。

中巴经济走廊已经成为中巴全天候友谊的生动诠释，为两国构建新时代更加紧密的中巴命运共同体提供了重要支撑。当前，中巴经济走廊建设已从夯基筑台、立柱架梁进入高质量发展新阶段。中巴双方不断拓展合作领域，在农业、科技、信息技术、人文交流等方面打造新亮点。推动共建绿色丝绸之路同"清洁绿色巴基斯坦"倡议更好对接，加强绿色投资、绿色基建、绿色农业等领域合作；中巴农业合作方兴未艾，一个个小而美的民生项目，让巴基斯坦民众更多更好地共享走廊建设带来的红利……中巴双方努力打造走廊建设"升级版"，共建增长走廊、民生走廊、创新走廊、绿色走廊、开放走廊，必将推动中巴全天候战略合作伙伴关系迈上新的台阶。

中巴经济走廊建设秉承丝路精神，成果丰硕，互利共赢，开创了共建"一带一路"的成功实践，充分展现共建"一带一路"是中国同世界共享机遇、共谋发展的阳光大道，更加坚定了各方同中国共建"一带一路"的信心。"共建'一带一路'倡议取得的成功，展现了世界走向合作发展的必然趋势。"巴基斯坦参议院国防委员会主席穆沙希德·侯赛因指出，共建"一带一路"朝着高标准、可持续、惠民生的目标坚定前行，必将为包括巴基斯坦在内的各参与方带来更多发展机遇，为世界经济复苏注入更强劲的动力。

日前，巴基斯坦首都伊斯兰堡地标建筑亮起中巴两国国旗颜色灯光，庆祝中巴经济走廊启动十周年。这体现了巴基斯坦政府和人民对中巴经济走廊建设的坚定支持。展望未来，中国将继续以中巴经济走廊建设为着力点，推动中巴双方开展更高水平、更广范围、更深层次的合作，让发展成果更好惠及巴基斯坦全体人民。中国也将以共建"一带一路"倡议提出十周年为契机，与各方携手同心，把"一带一路"这条造福世界的幸福之路铺得更宽更远。

（2023年08月02日）

一条造福各国、惠及世界的"幸福路"

　　中国将于今年10月在北京举办第三届"一带一路"国际合作高峰论坛。这不仅是纪念"一带一路"倡议提出10周年最隆重的活动，也是各方共商高质量共建"一带一路"合作的重要平台。以第三届"一带一路"国际合作高峰论坛为契机，中国将与国际社会一道总结经验、深入交流、加强合作，引领高质量共建"一带一路"持续向前发展，书写国家互利共赢、人民相知相亲、文明互学互鉴的丝路时代新篇。

　　2013年9月和10月，习近平主席在出访哈萨克斯坦和印度尼西亚时先后提出共建丝绸之路经济带和21世纪海上丝绸之路，共建"一带一路"倡议由此开启国际合作的崭新篇章。10年来，"一带一路"倡议从谋篇布局的"大写意"到精谨细腻的"工笔画"，已经成为最受欢迎的国际公共产品和最大规模的国际合作平台。10年来，秉持共商共建共享原则，共建"一带一路"取得累累硕果。吸引全球超过3/4的国家参与，形成3000多个合作项目，拉动近万亿美元投资规模，为沿线国家创造42万个工作岗位……共建"一带一路"10年成绩单，充分证明这是一条造福各国、惠及世界的"幸福路"。

　　以合作共赢为基石，这条"幸福路"越走越宽。10年来，共建"一带一路"成功建设了中欧班列、西部陆海新通道、中老铁路、比雷埃夫斯港等一批标志性项目，为发展经贸和产能合作、拓展能源资源合作空间奠定了坚实基础。点亮万家灯火的斯里兰卡普特拉姆电站，拉动当地经济增长超过2个百分点的肯尼亚蒙内铁路，帮助20多个国家年轻人掌握职业技能的"鲁班工坊"……一个个"国家地标""民生工程""合作丰碑"为共建国家发展注入新动力。欧洲智库布鲁盖尔研究所提取近 150 个国家的主流媒体报道数据，在此基础上就全球舆论对"一带一路"的关注度和情感指向进行了定量分析，最终发布的报告认为，世界上大多数地区对中国的"一带一路"倡议持相当积极的看法。

以绿色创新为底色，这条'幸福路"越来越美。从"一带一路"绿色发展国际联盟，到"绿色丝路使者计划"，再到"一带一路"绿色发展伙伴关系倡议，绿色已经成为高质量共建"一带一路"的鲜明底色。联合国前副秘书长索尔海姆认为，"一带一路"倡议已成为全球绿色发展的最大动力。伴随新一轮科技和产业革命能量不断释放，共建"一带一路"合作伙伴也积极在数字经济等新兴领域开展国际合作，"数字丝绸之路"正成为推动新型全球化的数字桥梁，"一带一路"的内涵也在不断丰富。泰国前副总理素拉杰·沙田泰感叹，共建"一带一路"不仅带来基础设施的联通，还促进了民心相通、跨文化交流和数字经济合作，有助于建设开放型世界经济，促进整个世界的繁荣发展。

如何持续推进共建"一带一路'高质量发展，如何为构建全球发展共同体注入新的动力，各方期待在即将举办的第三届"一带一路"国际合作高峰论坛上找到答案。"一带一路"国际合作高峰论坛是"一带一路"框架下最高规格的国际活动，是各方共商、共建"一带一路'，共享互利合作成果的重要国际性合作平台。两届高峰论坛成功举办以来，各方在"一带一路"框架下共同发起成立了一系列多边对话合作平台，充分体现出共建"一带一路"有理念、有机制、有举措。以"一带一路"国际合作高峰论坛作为对接平台，各方合作机遇进一步得到拓展。

十年扬帆再起航。第三届"一带一路"国际合作高峰论坛必将进一步凝聚国际共识，规划合作蓝图，铺就共同发展的康庄大道，绘就绿色发展的亮丽画卷，让高质量共建"一带一路"行稳致远。

（2023年09月02日）

中欧班列为世界经济发展注入新动力

"中欧班列开行以来，保持安全稳定畅通运行，开创了亚欧国际运输新格局，搭建了沿线经贸合作新平台，有力保障了国际产业链供应链稳定，为世界经济发展注入新动力。"日前，习近平主席向中欧班列国际合作论坛致贺信，阐明中欧班列对世界经济发展的重要作用，为进一步推动中欧班列高质量发展指明方向。

中欧班列是共建"一带一路"旗舰项目和标志性品牌，经过多年探索发展，已步入高质量发展轨道，成为便利快捷、安全稳定、绿色经济的新型国际运输组织方式。中欧班列覆盖地域广、运输承载量大、运输成本较空运低、运输时间较海运短，优势明显。10年来，中欧班列累计开行7.7万列，通达欧洲25个国家的217个城市，有力提升了亚欧大陆互联互通水平。

中欧班列促进了亚欧大陆合作共赢。得益于中欧班列的发展，欧洲的优质产品更快捷地出现在中国货架，德国杜伊斯堡、荷兰蒂尔堡、波兰马拉舍维奇等中欧班列重要过境点和集散地迎来发展新机遇。10年来，中欧班列运送货物731万标箱，货值超3400亿美元，有效促进了国际经贸合作，带动了沿线国家和地区经济发展和民生改善。中欧班列与跨境电商平台、物流平台等融合发展，培育出新的产业集群，助力沿线内陆城市对外开放。荷兰国际亚洲研究所经济史专家理查德·格里菲斯指出，中欧班列是横跨欧亚大陆的物流干线，更是经济发展的重要引擎，具有很强的经济集聚和辐射功能。

中欧班列构建了一条陆上运输新通道，有力保障了国际产业链供应链稳定。近年来，中欧班列跨境运输需求旺盛，开行数量强劲增长。新冠疫情期间，在海运、空运不同程度受阻的情况下，中欧班列实现开行数量逆势增长和安全稳定运行，不断跑出"加速度"，成为各国携手抗疫的生命通道。中欧班列不断加强市场对接、规划对接、平台对接、项目对接，进一步提升互联互通水平。此次中欧班列国际合作论坛取得48项合作成果，包括上线中欧班列门户网站、发布中欧班列全程时刻表、推行中欧班列多式联运电子提单等，必将推动中欧班列高质量发展，让各方更好地共享中欧班列带来的发展机遇。

当前，世界百年未有之大变局加速演进，世界经济复苏动力不足，不稳定性、不确定性因素增多。中欧班列开行数量逆势增长，成为畅通中欧及沿线国家贸易的"稳定器"和"加速器"，为推动世界经济复苏作出了积极贡献。在德国国际铁路货运商业协会主席欧拉夫·克鲁霍看来，中欧班列对促进沿线各国基础设施建设、完善交通网络具有重大意义，不仅推动欧中贸易往来更加深入，也将进一步推进经济全球化进程。中欧班列快速高效，为沿线企业带来了商机，促进了口岸经济、枢纽经济繁荣发展，成为惠及各国人民的"幸福之路"、造福世界的"繁荣之路"。

中欧班列是共建"一带一路"倡议行稳致远的生动实践。10年来，150多个国家和30多个国际组织加入共建"一带一路"大家庭。高质量共建"一带一路"促进了共建国家合作共赢、共同发展，为全球发展注入了重要动力。中欧班列是中国与"一带一路"共建国家和地区互联互通互惠的重要载体，必将继续加强不同国家间的合作，促进经济发展，助力开创共建"一带一路"的美好未来。

日夜不息，驰骋万里。中国将继续同各方一道，秉承和平合作、开放包容、互学互鉴、互利共赢的丝路精神，坚持共商共建共享原则，推动中欧班列朝着更高质量、更好效益、更加安全方向发展，为促进全球经济发展、增进各国人民福祉、推动构建人类命运共同体作出新的更大贡献。

（2023年09月18日）

让全球发展成果不断造福各国人民

今年是联合国2030年可持续发展议程的中期评估年，"拯救可持续发展目标"成为正在举行的第七十八届联合国大会一般性辩论关注的重点。9月19日，在全球发展倡议提出两周年之际，中方在纽约联合国总部举行全球发展倡议合作成果展示高级别会议，展现推动落实联合国2030年可持续发展议程的决心。

2021年9月21日，习近平主席在第七十六届联合国大会一般性辩论上郑重提出全球发展倡议，为推动全球发展迈向平衡协调包容新阶段指明前进方向、提供根本遵循。两年来，在各方共同参与下，全球发展倡议理念不断丰富、落实机制不断健全、推进路径更加清晰、务实合作逐步落地，不断凝聚促进发展的国际共识，培育全球发展新动能。

发展是人类社会的永恒主题，是解决一切问题的总钥匙，是实现人民幸福的关键。当前，全球经济复苏乏力，南北鸿沟持续拉大，如期实现可持续发展目标面临严峻挑战，约九成可持续发展目标"脱轨"，近1/3目标停滞甚至倒退。一些国家漠视发展中国家最紧迫需求，不兑现发展领域资金承诺，用人权、民主等议题边缘化发展议题，大搞"脱钩断链"，大筑"小院高墙"，严重阻碍全球发展进程。联合国秘书长古特雷斯指出，全球发展已到"决定性时刻"。

在全球发展遭遇逆风逆流之际，全球发展倡议推动发展问题重回国际议程的核心，得到国际社会广泛支持和积极响应。两年来，已有100多个国家和国际组织支持全球发展倡议，70多国加入"全球发展倡议之友小组"，41个国家、地区和国际组织共同推动"全球发展促进中心网络"建设，近30个国家和国际机构同中方签署合作谅解备忘录，推动倡议与相关国家和地区重大发展战略深度对接，充分彰显全球发展倡议的强大生命力和感召力。巴基斯坦前总理夏巴兹·谢里夫指出，全球发展倡议呼吁国际社会将发展置于优先位置，回应了国际社会对民生发展的关切，为各国和谐共存、共谋发展提供了现实路径。白俄罗斯外长阿列伊尼克表示："一个大国的伟大愿景——这就是白俄罗斯对中国提出的全球发展倡议的评价。"

从"打基础""搭框架"到"强合作""显实效"，全球发展倡议以行动为导向，紧扣发展中国家最迫切的民生需要，在减贫、粮食安全、工业化、互联互通等重点领域推进务实合作。2022年6月，习近平主席主持召开全球发展高层对话会，进一步提出共创普惠平衡、协调包容、合作共赢、共同繁荣的发展格局，就落实全球发展倡议宣布一系列务实举措。截至目前，《全球发展高层对话会成果清单》中的32项务实举措已有一半实施完成或取得早期成果，全球发展倡议项目库务实合作项目总数已近200个。从开展菌草和旱稻技术援助，到实施"东亚减贫示范合作项目"；从举办"知识女性，知识国家"培训班项目，到向尼泊尔贫困社区儿童发放粮食包……全球发展倡议成果不断落地，为有关国家人民带来实实在在的好处，为全球发展事业注入信心和动力。

中国正以中国式现代化全面推进中华民族伟大复兴，积极落实联合国2030年可持续发展目标。中国将落实联合国2030年可持续发展议程同国家中长期发展战略有机结合，始终寓自身发展于世界的繁荣稳定之中，以实际行动积极帮助全球南方国家。中国致力于扩大高水平开放、实现高质量发展，为实现可持续发展目标积累了有益经验，提供了可行、可复制的实践方案。尼泊尔共产党（联合社会主义）副总书记贾甘纳特·卡蒂瓦达认为，全球发展倡议具有鲜明的中国经验底色，为全世界提出了新的发展理念。

全球发展事业应当由各国人民一起努力，一同分享，不落下任何一个国家、任何一个人。中国将继续与各国携手努力，落实全球发展倡议，重振全球发展事业，推动构建全球发展共同体，让全球发展成果不断造福各国人民。

（2023年09月22日）

共同把造福世界的幸福之路铺得更宽更远

——瞩望第三届"一带一路"国际合作高峰论坛①

金秋时节，备受瞩目的第三届"一带一路"国际合作高峰论坛将在北京举办。这不仅是纪念"一带一路"倡议提出10周年最隆重的活动，也是各方共商高质量共建"一带一路"合作的重要平台。各方一道总结经验、擘画蓝图，将引领高质量共建"一带一路"持续向前发展；各方一道登高望远、携手前行，将展现团结合作应对时代挑战、推动构建人类命运共同体的强大力量。

"今年是我提出'一带一路'倡议10周年，中方将举办第三届'一带一路'国际合作高峰论坛，欢迎各方参加论坛活动，共同把这条造福世界的幸福之路铺得更宽更远。"今年7月，习近平主席在上海合作组织成员国元首理事会第二十三次会议上向各方发出诚挚邀请。"共建'一带一路'与亚欧大陆发展进程相契合，俄方对第三届'一带一路'国际合作高峰论坛充满期待""越方坚定支持习近平总书记提出的重大全球倡议，支持中方举办第三届'一带一路'国际合作高峰论坛""匈方将积极参与第三届'一带一路'国际合作高峰论坛"……截至9月下旬，已有来自130多个国家和众多国际组织的代表确认参会，充分表明国际社会对高质量共建"一带一路"充满信心和期待。

10年来，"一带一路"倡议从谋篇布局的"大写意"发展为精谨细腻的"工笔画"，已经成为最受欢迎的国际公共产品和最大规模的国际合作平台。截至今年7月，全球超过3/4的国家和30多个国际组织与中国签署共建"一带一路"合作文件。"一带一路"倡议迄今已形成3000多个合作项目，拉动近万亿美元投资规模。10年来，各方一起播撒合作的种子，共同收获发展的果实，走出了一条互利共赢的康庄大道。亚洲基础设施投资银行、丝路基金等已为数百个项目提供投融资支持，中老铁路实现了老挝人民"变陆锁国为陆联国"的夙愿，雅万高铁成为东南亚国家首条实现350公里时速的铁路，蒙内铁路拉动当地经济增长超过2个百分点……共建"一带一路"取得的丰硕成果充分表明，坚持共商共建共享原则，秉持开放、绿色、廉洁理念，以高标准、可持续、惠民生为目标，沿着高质量发展方向不断前进，这条造福世界的"发展带"、惠及人类的"幸福路"就能变得更加繁荣、更加宽广，给共建国家人民不断增添获得感、幸福感。

本届高峰论坛将进一步汇聚各方共识和力量，推动"一带一路"合作不断走深走实。当前，世界进入新的动荡变革期，正在经历大调整、大分化、大重组，不确定、不稳定、难预料因素增多。世界经济复苏道阻且长，单边主义、保护主义明显上升，特别是个别国家以"去风险"之名行脱钩断链之实，给国际产业链供应链安全稳定造成威胁。面对共同挑战，各方更需要深化政治互信、深化互联互通、深化贸易畅通、深化资金融通、深化人文交流，积极开展健康、绿色、数字、创新等新领域合作，培育新增长点，展现共享机遇、共克时艰、共创未来的意愿和能力。本届高峰论坛期间的活动包括开幕式，互联互通、绿色发展、数字经济3场高级别论坛，以及关于贸易畅通、民心相通、智库交流、廉洁丝路、地方合作、海洋合作的6场专题论坛，同时还将举办企业家大会。志同道合的伙伴共商合作大计、共绘发展蓝图，共同践行真正的多边主义，将在"一带一路"合作进程中树立起新的里程碑，为应对时代挑战、实现全球可持续发展注入信心。

"无论是顺境还是逆境，无论前方是坦途还是荆棘，我们都要弘扬伙伴精神，不忘合作初心，坚定不移前进。"瞩望第三届"一带一路"国际合作高峰论坛，各方应坚定这样一个信念：各国人民都应该拥有一个更加美好的未来，共建"一带一路"一定会迎来一个更加美好的世界。

（2023年10月09日）

共同为促进全球互联互通做增量
——瞩望第三届"一带一路"国际合作高峰论坛②

共建"一带一路"把基础设施"硬联通"作为重要方向，把规则标准"软联通"作为重要支撑，把同共建国家人民"心联通"作为重要基础，为全球互联互通、共同发展注入活力

今年中秋国庆假期，一列列满载榴莲、山竹等东南亚农产品的中老铁路国际货运列车通过云南磨憨铁路口岸入境中国。今年以来，中老铁路已累计运输货物1400多万吨，货物运输覆盖老挝、泰国、越南、缅甸等国家。中老铁路物流活力不断上升，是共建"一带一路"推动互联互通、促进联动发展的生动写照。10年来，共建"一带一路"把基础设施"硬联通"作为重要方向，把规则标准"软联通"作为重要支撑，把同共建国家人民"心联通"作为重要基础，为全球互联互通、共同发展注入活力，为完善全球经济治理、推动经济全球化健康发展积极担当。

"共建'一带一路'，关键是互联互通""如果将'一带一路'比喻为亚洲腾飞的两只翅膀，那么互联互通就是两只翅膀的血脉经络""我们愿同国际社会加强高质量共建'一带一路'合作，共同为促进全球互联互通做增量，让更多国家、更多民众共享发展成果"……习近平主席提出的共建"一带一路"倡议，核心内涵就是促进基础设施建设和互联互通，加强经济政策协调和发展战略对接，促进协同联动发展，实现共同繁荣。

10年来，基础设施"硬联通"不断加强。互联互通是一条脚下之路，无论是公路、铁路、航路还是网路，路通到哪里，中国同各国的合作就在哪里。六大国际经济合作走廊建设和周边基础设施互联互通扎实推进，雅万高铁、蒙内铁路、亚吉铁路、比雷埃夫斯港等一批标志性项目成功建设，中欧班列铺画运行线路84条、通达欧洲25个国家的211个城市，西部陆海新通道覆盖全球120个国家和地区的465个港口……得益于共建"一带一路"，许多国家打破长期制约发展的基础设施瓶颈，更好融入全球供应链、产业链、价值链。美国未来学家奈斯比特夫妇感叹："历史上从来没有谁尝试通过一系列政策的实施，在经济领域将那么多国家和大洲连接起来。"

10年来，规则标准"软联通"显著提升。互联互通是一条规则之路，多一些协调合作，少一些规则障碍，物流就会更畅通、交往就会更便捷。10年来，中国与共建国家在工作制度对接、技术标准协调、检验结果互认、电子证书联网等方面取得积极进展，《区域全面经济伙伴关系协定》红利逐步显现，"经认证的经营者"协议签署数量位居全球首位。2013年至2022年，中国与共建国家货物贸易进出口额、非金融类直接投资额年均分别增长8.6%和5.8%，与共建国家双向投资累计超过2700亿美元。世界银行发布的《"一带一路"经济学》报告认为，"一带一路"倡议的全面实施将使参与国间的贸易往来增加4.1%。

10年来，共建国家人民"心联通"精彩纷呈。互联互通是一条心灵之路，你了解我，我懂得你，道理就会越讲越明白，事情就会越来越好办。马拉维的600眼水井成为润泽当地15万民众的"幸福井"，鲁班工坊帮助塔吉克斯坦等国年轻人掌握职业技能，来自中国的菌草技术在100多个国家落地生根，成为名副其实的"致富草"……共建"一带一路"坚持以人民为中心的发展思想，聚焦消除贫困、增加就业、改善民生，让共建成果更好惠及各国人民。共建"一带一路"促进发展经验共享，让更多国家坚定了走符合本国国情的发展道路的信心。共建"一带一路"促进民心相通，正逐步在共建国家民众中形成相互欣赏、相互理解、相互尊重的人文格局。

习近平主席强调："我们应该构建全球互联互通伙伴关系，实现共同发展繁荣。我相信，只要大家齐心协力、守望相助，即使相隔万水千山，也一定能够走出一条互利共赢的康庄大道。"当前，经济全球化遭遇逆风，全球贸易不振，加强互联互通建设的重要性更为凸显。在即将举办的第三届"一带一路"国际合作高峰论坛上，中国将同各方擘画互联互通新蓝图，更好地促进协同联动发展，为世界经济复苏注入新动力。

（2023年10月10日）

实现更高质量的共商、共建、共享

——瞩望第三届"一带一路"国际合作高峰论坛③

共建"一带一路"以构建人类命运共同体为最高目标，并为实现这一目标搭建了实践平台、提供了实现路径，拴动美好愿景不断落实落地

10月10日，国务院新闻办公室发布《共建"一带一路"：构建人类命运共同体的重大实践》白皮书。在第三届"一带一路"国际合作高峰论坛举办前发布该白皮书，介绍共建"一带一路"10年来取得的成果，增进国际社会对共建"一带一路"的认识理解，有助于在新起点上推进共建"一带一路"高质量发展，让"一带一路"惠及更多国家和人民。

将共建"一带一路"置于宏阔历史坐标，才能更深刻理解其时代价值和世界意义。当今时代，随着科技革命和生产力的发展，经济全球化成为历史潮流，但少数国家主导的经济全球化，并没有实现普遍普惠的发展。随着世界多极化、经济全球化、社会信息化、文化多样化深入发展，人类越来越成为你中有我、我中有你的命运共同体，但全球和平赤字、发展赤字、安全赤字、治理赤字有增无减。站在历史发展的关键当口，推动构建人类命运共同体是人类社会发展进步的希望所在。共建"一带一路"以构建人类命运共同体为最高目标，并为实现这一目标搭建了实践平台、提供了实现路径，推动美好愿景不断落实落地，是完善全球治理的重要公共产品。

共建"一带一路"走过10年，给世界带来引人注目的深刻变化，成为人类社会发展史上具有里程碑意义的重大事件。10年来，共建"一带一路"，既发展了中国，也造福了世界。共建"一带一路"激活共建国家发展动力，增强共建国家减贫能力，民生项目成效显著，为共建国家带来实实在在的好处。共建"一带一路"增强全球发展动能，深化区域经济合作，促进全球贸易发展，维护全球供应链稳定，为经济全球化增添活力。共建"一带一路"秉持共商共建共享原则，倡导并践行真正的多边主义，增强了发展中国家和新兴经济体在世界市场体系中的地位和作用，对改革完善全球治理意义重大。共建"一带一路"促进人文交流和文明互鉴，为人类社会进步汇聚文明力量。事实充分说明，共建"一带一路"应潮流、得民心、惠民生、利天下，是各国共同走向现代化之路，也是人类通向美好未来的希望之路，具有强劲的韧性、旺盛的生命力和广阔的发展前景。

回望10年，共建"一带一路"之所以能汇聚起改变世界的强大力量，是因为始终坚持以共商共建共享为原则，积极倡导合作共赢理念与正确义利观，坚持各国都是平等的参与者、贡献者、受益者，推动实现经济大融合、发展大联动、成果大共享。

共建"一带一路"坚持共商原则，不是中国一家的独奏，而是各方的大合唱。从蓝图规划到具体项目设计与实施，共建"一带一路"强调平等参与、沟通协商、集思广益，不附带任何政治或经济条件。共建"一带一路"坚持共建原则，不是中国的对外援助计划和地缘政治工具，而是联动发展的行动纲领；不是现有地区机制的替代，而是与其相互对接、优势互补。中国与五大洲的150多个国家、30多个国际组织签署了200多份共建"一带一路"合作文件，不断加强发展战略对接，促进联动发展。共建"一带一路"坚持共享原则，秉持互利共赢的合作观，寻求各方利益交汇点和合作最大公约数，对接各方发展需求、回应人民现实诉求，实现各方共享发展机遇和成果，不让任何一个国家掉队。共建国家大多属于发展中国家，各方聚力解决发展中国家基础设施落后、产业发展滞后、工业化程度低、资金和技术缺乏、人才储备不足等短板问题，促进经济社会发展。正是在共商共建共享的基础上，"一带一路"实现了真正的合作共赢。

在当前不确定、不稳定的世界中，各国迫切需要以对话弥合分歧、以团结反对分裂、以合作促进发展，共建"一带一路"的意义愈发彰显、前景更加值得期待。中国愿与各方一道，以第三届"一带一路"国际合作高峰论坛为契机，坚定信心、保持定力，实现更高质量的共商、共建、共享，让共建"一带一路"越来越繁荣、越走越宽广。

（2023年10月11日）

为推动实现各国共同发展繁荣擘画蓝图

——瞩望第三届"一带一路"国际合作高峰论坛④

习近平主席对"一带一路"建设的指导原则、丰富内涵、目标路径等进行深刻阐述，为推动"一带一路"建设走深走实、行稳致远，指明了正确方向，提供了重要遵循

第三届"一带一路"国际合作高峰论坛将于10月17日至18日在北京举行。习近平主席将出席高峰论坛开幕式发表主旨演讲，并为来华出席高峰论坛的嘉宾举行欢迎宴会和双边活动。高峰论坛是"一带一路"框架下最高规格的国际活动，寄托着各方高质量共建"一带一路"、携手实现共同发展繁荣的期待。中国将同各方一道，为高质量共建"一带一路"指明未来前进方向，注入新的丰富内涵。

2013年秋天，习近平主席深刻洞察世界百年未有之大变局，创造性提出共建"丝绸之路经济带"和"21世纪海上丝绸之路"。10年来，在习近平主席的亲自谋划、亲自部署、亲自推动下，"一带一路"从理念转化为行动，从愿景转变为现实，从谋篇布局的"大写意"到精耕细作的"工笔画"，在高质量发展中成为推动构建人类命运共同体的重要实践平台，为各国开拓出一条通向更美好未来的光明大道。

习近平主席对"一带一路"建设的指导原则、丰富内涵、目标路径等进行深刻阐述，为推动"一带一路"建设走深走实、行稳致远，指明了正确方向，提供了重要遵循。主持中共中央政治局集体学习，总结历史经验，为新形势下推进"一带一路"建设提供借鉴；三次出席"一带一路"建设座谈会并发表重要讲话，为共建"一带一路"把脉定向；在中阿合作论坛第六届部长级会议开幕式上集中阐述共商、共建、共享原则；在"加强互联互通伙伴关系"东道主伙伴对话会上阐释"五通"内涵；在乌兹别克斯坦最高会议立法院的演讲中明确"一带一路"建设原则、精神指引和合作目标；在首届"一带一路"国际合作高峰论坛开幕式上阐释丝路精神，提出将"一带一路"建成和平、繁荣、开放、创新、文明之路；在第二届"一带一路"国际合作高峰论坛开幕式上阐述如何推动共建"一带一路"沿着高质量发展方向不断前进……邀请习近平主席在印尼国会发表重要演讲的印尼国会时任议长马祖基认为，共建"一带一路"倡议是一种"创新的合作模式"，习近平主席"为推动实现各国共同发展繁荣擘画了蓝图"。

习近平主席始终心系"一带一路"这一造福全人类的世纪工程，全力推动倡议落地生根、取得实效。从主持召开会议，研究丝绸之路经济带和21世纪海上丝绸之路规划、发起建立亚洲基础设施投资银行和设立丝路基金，到出席"一带一路"国际合作高峰论坛，与来自各国和国际组织的嘉宾深入探讨高质量共建"一带一路"，再到积极开展全方位元首外交，欢迎各方参与"一带一路"建设，在各类外交场合向世界阐明共建"一带一路"的中国理念……在习近平主席引领下，共建"一带一路"国际影响力、合作吸引力不断释放。国际人士称赞共建"一带一路"倡议务实高效，在推动人类未来发展的方案中堪称典范。

习近平主席以人民之心为心、以天下之利为利，始终关心共建"一带一路"合作成效。参观德国杜伊斯堡港，为苏伊士经贸合作区二期揭牌，参观河钢集团塞尔维亚斯梅代雷沃钢厂，出席统一品牌中欧班列首达欧洲（波兰）仪式，参观中远海运比雷埃夫斯港项目，通过视频连线出席中老铁路通车仪式，视频观摩雅万高铁试验运行……老挝摇滚歌手可提萨·拉达那冯被习近平主席的远见卓识打动，创作了一首"一带一路"同名歌曲；比雷埃夫斯集装箱码头有限公司商务经理塔索斯·瓦姆瓦吉迪斯难忘见到习近平主席的激动心情，"对每一名员工和整个比港来说，习近平主席的到来都意义重大"。

　　"我们正走在一条充满希望的道路上。我相信,只要我们相向而行,心连心,不后退,不停步,我们终能迎来路路相连、美美与共的那一天。我相信,我们的事业会像古丝绸之路一样流传久远、泽被后代。"第三届"一带一路"国际合作高峰论坛必将集众智、聚合力,在新起点上推进高质量共建"一带一路",为构建人类命运共同体注入新的强劲动力。

（2023年10月12日）

坚守开放本色、绿色底色、廉洁亮色

——瞩望第三届"一带一路"国际合作高峰论坛⑤

中国将继续同各方一道，坚持开放包容，推进绿色发展，建设廉洁丝绸之路，推动共建"一带一路"在高质量发展的道路上稳步前行

"我们要坚持开放、绿色、廉洁理念，不搞封闭排他的小圈子，把绿色作为底色，推动绿色基础设施建设、绿色投资、绿色金融，保护好我们赖以生存的共同家园，坚持一切合作都在阳光下运作，共同以零容忍态度打击腐败。"习近平主席在第二届"一带一路"国际合作高峰论坛开幕式上发表主旨演讲时指出。坚持开放、绿色、廉洁理念，是共建'一带一路'结出硕果的重要成功密码，是推动共建"一带一路"高质量发展的必然要求。

共建"一带一路"始终坚守开放的本色。"我多次说过，'一带一路'是大家携手前进的阳光大道，不是某一方的私家小路。所有感兴趣的国家都可以加入进来，共同参与、共同合作、共同受益。"习近平主席反复强调共建"一带一路"的开放性。从理念到行动，共建"一带一路"超越国界阻隔、超越意识形态分歧、超越发展阶段区别、超越社会制度差异、超越地缘利益纷争，是开放包容的合作进程。加强政策沟通、设施联通、贸易畅通、资金融通、民心相通，本质上都是为了通过扩大开放促进联动发展。近年来，单边主义、保护主义抬头，给世界经济制造分裂风险，维护开放型世界经济的重要性更加凸显。第三届"一带一路"国际合作高峰论坛期间将举办互联互通高级别论坛，进一步推进互联互通建设，加强共建"一带一路"同各国发展战略、区域和国际发展议程有效对接、协同增效，做大共同利益的蛋糕，对于促进世界经济复苏发展具有重要意义。

共建"一带一路"始终坚守绿色的底色。共建"一带一路"倡导尊重自然、顺应自然、保护自然，尊重各方追求绿色发展的权利，响应各方可持续发展需求，形成共建绿色"一带一路"共识。中方与超过40个国家的150多个合作伙伴建立"一带一路"绿色发展国际联盟，与31个国家共同发起"一带一路"绿色发展伙伴关系倡议。哈萨克斯坦札纳塔斯风电项目将戈壁滩转变为发展前沿，阿根廷高查瑞光伏电站项目成为南美地区装机容量最大、海拔最高的光伏电站项目，巴基斯坦卡洛特水电站助力缓解巴基斯坦能源短缺局面……中国充分发挥在可再生能源、节能环保、清洁生产等领域优势，运用中国技术、产品、经验等，推动绿色"一带一路"合作蓬勃发展。本届高峰论坛期间将举办绿色发展高级别论坛，进一步汇聚各方绿色合作共识，推动建设更加紧密的绿色发展伙伴关系，助力全球可持续发展。

共建"一带一路"始终坚守廉洁的亮色。共建"一带一路"将廉洁作为行稳致远的内在要求和必要条件，始终坚持一切合作在阳光下运行。各方一道完善反腐败法治体系建设和机制建设，深化反腐败法律法规对接，务实推进国际反腐合作。中国与有关国家、国际组织以及工商学术界代表共同发起了《廉洁丝绸之路北京倡议》，呼吁各方携手共商、共建、共享廉洁丝绸之路。中国"走出去"企业坚持合规守法经营，既遵守中国的法律，也遵守所在国当地法律和国际规则，提升海外廉洁风险防范能力，加强项目监督管理和风险防控。本届高峰论坛期间将举办廉洁丝路专题论坛，各方将共商建设更加紧密的廉洁共建伙伴关系，让资金、项目在廉洁中高效运转，让各项合作更好地落地开展，让"一带一路"成为风清气正的廉洁之路。

共建"一带一路"成为深受欢迎的国际公共产品和国际合作平台，充分展现开放、绿色、廉洁理念的生命力与吸引力。展望未来，中国将继续同各方一道，坚持开放包容，推进绿色发展，建设廉洁丝绸之路，推动共建"一带一路"在高质量发展的道路上稳步前行。

（2023年10月13日）

共同迈向和平、发展、合作、共赢的光明未来

——瞩望第三届"一带一路"国际合作高峰论坛⑥

高标准、可持续、惠民生，是共建"一带一路"高质量发展的应有之义。10年来，共建"一带一路"锚定高标准、可持续、惠民生目标，以高标准推动各领域合作和项目建设，走经济、社会、环境协调发展之路，让合作成果更好惠及全体人民，努力实现更高合作水平、更高投入效益、更高供给质量、更高发展韧性，推动高质量共建"一带一路"不断走深走实。

规则标准是促进互联互通的重要桥梁和纽带。共建"一带一路"引入各方普遍支持的规则标准，推动企业在项目建设、运营、采购、招投标等环节执行普遍接受的国际规则标准，以高标准推动各领域合作和项目建设。中国与"一带一路"共建国家稳步扩大规则、规制、管理、标准等领域合作，《区域全面经济伙伴关系协定》（RCEP）已对15个签署国全面生效，中国与28个国家和地区签署21个自贸协定，与65个国家标准化机构以及国际和区域组织签署107份标准化合作文件，与112个国家和地区签署避免双重征税协定。第三届"一带一路"国际合作高峰论坛期间，与会各方将就加强规则标准"软联通"进行深入探讨，有利于推进更高质量的协调合作，让物流更畅通、交往更便捷，更好地促进联动发展。

共建"一带一路"是实现可持续发展的"加速器"。共建"一带一路"聚焦发展这个根本性问题，努力打破发展瓶颈、缩小南北发展差距、摆脱发展困局，为世界各国铺就了共同发展繁荣之路，展现了中国的大国责任和担当。在日前发布

的《共建"一带一路"：构建人类命运共同体的重大实践》白皮书中，"发展"一词出现200多次，成为最高频关键词。当前，百年变局加速演进、全球性挑战交织叠加，发展中国家如期实现可持续发展目标困难重重。共建"一带一路"对接联合国2030年可持续发展议程，努力消除制约发展的根源和障碍，增强了共建国家自主发展的内生动力，有利于各国实现持久、包容和可持续的经济增长。来自140多个国家、30多个国际组织的代表已确认参加本届高峰论坛，他们是为合作而来，为推动共同发展而来，将共同提振全球发展信心，为全球增长注入新动能，为国际社会如期实现可持续发展目标带来新希望。

共建"一带一路"坚持以人民为中心，聚焦消除贫困、增加就业、改善民生，让合作成果更好惠及全体人民。建起一座座工厂，解决人们就业难题；修建一条条道路，方便工农业产品运输；建设一座座桥梁，解决居民出行难题；打出一眼眼水井，满足村民饮水需求……从亚洲到非洲，从大洋洲到拉丁美洲，一个个民生工程、民心工程，帮助共建国家民众解了燃眉之急、改善了生活条件，为各国人民带来实实在在的获得感、幸福感、安全感。本届高峰论坛将明确下阶段推进高质量共建"一带一路"的合作方向及重点领域，发布有关合作项目清单，为增进各国民生福祉作出新贡献。

10年实践充分证明，共建"一带一路"顺潮流、惠民生、得民心、利天下，不仅开辟繁荣之路，更点亮希望之光，是各方共商共建共享的和平之路、繁荣之路、开放之路、创新之路、文明之路。再过几天，"一带一路"合作伙伴将相聚北京，共同总结共建"一带一路"成就和经验，共同擘画高质量共建"一带一路"新蓝图。相信高质量共建"一带一路"将不断取得新成果，助力各方共同迈向和平、发展、合作、共赢的光明未来。

（2023年10月14日）

共建"一带一路"走的是人间正道
——推动共建"一带一路"进入高质量发展的新阶段①

> 10年的历程证明，共建"一带一路"站在了历史正确一边，符合时代进步的逻辑，走的是人间正道。共建"一带一路"给世界带来的，永远是稳定性，永远是正能量

"共建'一带一路'坚持共商共建共享，跨越不同文明、文化、社会制度、发展阶段差异，开辟了各国交往的新路径，搭建起国际合作的新框架，汇集着人类共同发展的最大公约数。"10月18日，习近平主席在第三届"一带一路"国际合作高峰论坛开幕式上发表主旨演讲，回顾共建"一带一路"10年成就，总结成功经验，宣布中国支持高质量共建"一带一路"八项行动，为深化"一带一路"国际合作明确了新方向、开辟了新愿景、注入了新动力。

十年栉风沐雨，十年春华秋实。从亚欧大陆延伸到非洲和拉美，从"大写意"进入"工笔画"阶段，从硬联通扩展到软联通……10年来，中国与共建"一带一路"国家坚守初心、携手同行，推动"一带一路"国际合作从无到有，蓬勃发展，取得丰硕成果，为建设开放包容、互联互通、共同发展的世界提供了重要平台，积累了宝贵经验。出席本届高峰论坛的俄罗斯总统普京表示，"一带一路"倡议旨在推动构建一个更加公正的多极世界，是面向未来的重要全球性计划。

"一带一路"国际合作充分证明，人类是相互依存的命运共同体。正如印度尼西亚媒体日前刊文指出的，自共建"一带一路"倡议提出以来，构建人类命运共同体的愿望已经从概念发展为具体行动，从富有远见的理想发展为实实在在的成

就。通过共建"一带一路",中国对外开放的大门越开越大,中国市场同世界市场的联系更加紧密。中国已经是140多个国家和地区的主要贸易伙伴,是越来越多国家的主要投资来源国。无论是中国对外投资,还是外国对华投资,都彰显了友谊和合作,体现着信心和希望。率庞大政府代表团来华出席本届高峰论坛的塞尔维亚总统武契奇表示,中国的帮助和合作,使塞尔维亚经济保持了良好发展,给人民带来巨大福祉。

"一带一路"国际合作充分证明,只有合作共赢才能办成事、办好事、办大事。习近平主席深刻指出:"只要各国有合作的愿望、协调的行动,天堑可以变通途,'陆锁国'可以变成'陆联国',发展的洼地可以变成繁荣的高地。"10年来,中国同各方合作伙伴一道,致力于构建以经济走廊为引领,以大通道和信息高速公路为骨架,以铁路、公路、机场、港口、管网为依托,涵盖陆、海、天、网的全球互联互通网络,有效促进了各国商品、资金、技术、人员的大流通,推动绵亘千年的古丝绸之路在新时代焕发新活力。"为帮助发展中国家实现可持续发展提供了非常重要和有效的途径,树立了南南合作的典范""已经成为世界各国开展互利合作的重要平台和实现共同发展的重要机遇"……外国政要高度评价共建"一带一路"取得的丰硕成果。

"一带一路"国际合作充分证明,和平合作、开放包容、互学互鉴、互利共赢的丝路精神,是共建"一带一路"最重要的力量源泉。共建"一带一路"注重的是众人拾柴火焰高、互帮互助走得远,崇尚的是自己过得好、也让别人过得好,践行的是互联互通、互利互惠,谋求的是共同发展、合作共赢。国际人士指出,共建"一带一路"吸引越来越多国家参与其中,正是因为面对当今世界存在激烈地缘政治竞争和局部冲突风险,共建"一带一路"秉持的丝路精神得到国际社会广泛认可。

10年的历程证明,共建"一带一路"站在了历史正确一边,符合时代进步的逻辑,走的是人间正道。共建"一带一路"给世界带来的,永远是稳定性,永远是正能量。怀着乱云飞渡仍从容的定力，本着对历史、对人民、对世界负责的态度，中国将继续与各方携手应对各种全球性风险和挑战，为子孙后代创造和平、发展、合作、共赢的美好未来。

（2023年10月20日）

实现和平发展、互利合作、共同繁荣的世界现代化

——推动共建"一带一路"进入高质量发展的新阶段②

"一带一路"打造了共同发展的合作平台，助力许多发展中国家加快了迈向现代化的步伐，将以更高质量、更高水平的新发展描绘各国共同实现现代化的宏伟画卷

在第三届"一带一路"国际合作高峰论坛开幕式上，习近平主席首次提出，各国应当携起手来，实现和平发展、互利合作、共同繁荣的世界现代化。这一宏伟愿景同构建人类命运共同体理念一脉相承，为高质量共建"一带一路"明确了努力方向。"一带一路"打造了共同发展的合作平台，助力许多发展中国家加快了迈向现代化的步伐，将以更高质量、更高水平的新发展描绘各国共同实现现代化的宏伟画卷。

"中国正在以中国式现代化全面推进强国建设、民族复兴伟业。我们追求的不是中国独善其身的现代化，而是期待同广大发展中国家在内的各国一道，共同实现现代化。"习近平主席的讲话，道出"中国好，世界会更好"的深刻内涵，揭示了中国推动共建"一带一路"谋求的是合作共赢、共同发展。实现现代化是世界各国人民的共同梦想，任何一个国家都不应在世界现代化进程中掉队。共建"一带一路"以构建人类命运共同体为最高目标，是各国共同走向现代化之路，也是人类通向美好未来的希望之路。通过共建"一带一路"，各国可以探索符合本国国情的现代化道路，可以分享中国式现代化的机遇。正如英国学者马丁·雅克所言，中国式现代化本质上是向世界开放机会，特别是向发展中国家开放机会。

共建"一带一路"为实现世界现代化愿景注入发展动能。10年来，"一带一路"

合作从无到有，从规划图转化为实景图，开展了数千个务实合作项目，收获了实打实、沉甸甸的成果。从激活共建国家发展动力的大批基础设施建设项目，到通过"授人以渔"增强共建国家减贫能力的众多产业合作项目，"一带一路"合作着力破解制约共建国家发展的瓶颈，为各国共同走向现代化作出了贡献。在本届高峰论坛开幕式上，习近平主席宣布了中方支持高质量共建"一带一路"的八项行动，既有具体举措，也有长效机制，以高效务实的行动导向为世界现代化进程注入新动能。"共建'一带一路'有力促进了埃及经济发展""共建'一带一路'等重要倡议为发展中国家创造了重要机遇""高质量共建'一带一路'八项行动能够进一步助力非洲实现工业化、农业现代化和经济一体化"……外国政要高度评价"一带一路"合作为本国发展带来的机遇，期待高质量共建"一带一路"持续为本国现代化进程提供动力。

共建"一带一路"为实现世界现代化愿景提供实践路径。任何国家追求现代化，都应该秉持团结合作、共同发展的理念，走共建共享共赢之路。共建"一带一路"始终秉持共商共建共享原则，搭建起国际合作的新框架，为推进和平发展、互利合作、共同繁荣的世界现代化开辟了重要实践路径。本届高峰论坛期间，各方共形成458项成果，进一步拓展了"一带一路"合作领域。中方还宣布将以项目合作促进当地就业，实施1000个小型民生援助项目。这些重要举措的落实，必将为世界各国的现代化拓展更广空间。巴基斯坦智库全球丝绸之路研究联盟创始主席泽米尔·阿万认为，共建"一带一路"倡议强调包容性和开放性，有助于全球南方国家实现经济社会增长目标和可持续增长，帮助发展中国家加快迈向现代化的步伐。

共建"一带一路"追求的是发展，崇尚的是共赢，传递的是希望。推进这样一项造福共建国家人民的大事业，必须坚持目标导向、行动导向，咬定青山不放松，一张蓝图绘到底。中方将同各方不断深化"一带一路"合作伙伴关系，持续推动共建"一带一路"高质量发展，为实现世界各国的现代化作出不懈努力。

（2023年10月23日）

坚定做高质量共建"一带一路"的行动派

——推动共建"一带一路"进入高质量发展的新阶段③

　　共建"一带一路"既要凝聚合作理念，更要采取实际行动。习近平主席在第三届"一带一路"国际合作高峰论坛开幕式上发表主旨演讲，宣布中国支持高质量共建"一带一路"的八项行动，为深化"一带一路"合作明确了新方向、开辟了新愿景、注入了新动力，再次证明中国既是共建"一带一路"倡议的提出者，也是共建"一带一路"的行动派。

　　"构建'一带一路'立体互联互通网络""支持建设开放型世界经济""开展务实合作""促进绿色发展""推动科技创新""支持民间交往""建设廉洁之路""完善'一带一路'国际合作机制"……习近平主席宣布的中国支持高质量共建"一带一路"的八项行动既有具体目标，也有重要合作倡议和制度性安排，为共同开创繁荣发展前景注入了信心和力量。"振奋人心，鼓舞着每一名共建'一带一路'的参与者和建设者""充分感受到中国对务实合作的坚持、对共享机遇的承诺""为深化'一带一路'国际合作提供了思想和路径指引"……八项行动符合推动共建"一带一路"高质量发展的需要，符合共建国家可持续发展的需要，引起各方的强烈共鸣。

　　八项行动凝聚高质量共建"一带一路"的合力。共建国家通过开展"一带一路"国际合作，形成政策协调、规划对接的合力，努力实现高标准、惠民生、可持续目标，让共建"一带一路"成果更好惠及全体人民，为共建国家经济社会发展作出实实在在的贡献。加快推进中欧班列高质量发展，积极推进"丝路海运"港航贸一体化发展；创建"丝路电商"合作先行区，同更多国家商签自由贸易协定、投资保护协定；全面取消制造业领域外资准入限制措施，将每年举办"全球数字贸易博览会"；中方将统筹推进标志性工程和"小而美"民生项目；中方将举办"良渚论坛"，深化同共建"一带一路"国家的文明对话……践行互联互通、互利互惠，谋求共同发展、合作共赢，共建"一带一路"不断汇聚发展的正能量。国际人士表示，这些举措将进一步促进国际贸易投资，为全球经济增长开辟新空间，为完善全球经济治理作出新贡献。

八项行动聚焦高质量共建"一带一路"的新发展。坚持开放、绿色、廉洁理念，是推动共建"一带一路"高质量发展的必然要求。中方将持续深化绿色基建、绿色能源、绿色交通等领域合作，加大对"一带一路"绿色发展国际联盟的支持；落实"一带一路"绿色投资原则；继续实施"一带一路"科技创新行动计划，举办首届"一带一路"科技交流大会，未来5年把同各方共建的联合实验室扩大到100家；提出全球人工智能治理倡议，愿同各国加强交流和对话，共同促进全球人工智能健康有序安全发展；会同合作伙伴发布《"一带一路"廉洁建设成效与展望》，推出《"一带一路"廉洁建设高级原则》。国际舆论认为，共建"一带一路"合作在数字、绿色等领域的发展为各国经济增长、合作共赢和共同繁荣描绘了"一幅充满希望的图景"。

八项行动完善高质量共建"一带一路"国际合作机制。中方将同共建"一带一路"各国加强能源、税收、金融、绿色发展、减灾、反腐败、智库、媒体、文化等领域的多边合作平台建设；继续举办"一带一路"国际合作高峰论坛，并成立高峰论坛秘书处。《第三届"一带一路"国际合作高峰论坛主席声明》显示，中国已与合作伙伴在20多个领域建立了多边对话合作平台。这些举措将为推动机制建设和项目落地发挥重要作用。俄罗斯科学院中国与现代亚洲研究所所长基里尔·巴巴耶夫表示，习近平主席宣布中国支持高质量共建"一带一路"的八项行动，将令"共建'一带一路'未来成绩单更加亮眼"。

"共建'一带一路'走过了第一个蓬勃十年，正值风华正茂，务当昂扬奋进，奔向下一个金色十年！"只要各方坚持做行动派，共建"一带一路"必将迎来更高质量、更高水平的新发展，为推动世界经济增长、促进全球共同发展提供源源不断的动能。

（2023年10月24日）

建立利在千秋、福泽万民的长久之功

——推动共建"一带一路"进入高质量发展的新阶段④

共建"一带一路"合作伙伴坚守合作初心，牢记发展使命，不断深化"一带一路"合作伙伴关系，定能建立利在千秋、福泽万民的长久之功

在高质量共建"一带一路"的道路上，每一个共建国家都是平等的参与者、贡献者、受益者。习近平主席在第三届"一带一路"国际合作高峰论坛开幕式上发表主旨演讲，强调中方愿同各方深化"一带一路"合作伙伴关系，推动共建"一带一路"进入高质量发展的新阶段，得到各方积极呼应支持。不断深化"一带一路"合作伙伴关系，实现更高质量的共商、共建、共享，共建"一带一路"必将越来越繁荣、越走越宽广。

在变乱交织的百年变局之中，共建"一带一路"传承和平合作、开放包容、互学互鉴、互利共赢的丝路精神，坚持共商、共建、共享，构建起广泛的"一带一路"合作伙伴关系。10年来，150多个国家、30多个国际组织与中国签署230多份共建"一带一路"合作文件，共建"一带一路"合作伙伴遍布全球。第三届"一带一路"国际合作高峰论坛吸引来自151个国家和41个国际组织的代表来华参会，再次唱响合作共赢、共同发展的主旋律。共建"一带一路"进入高质量发展的新阶段，需要不断深化"一带一路"合作伙伴关系，以更高质量的合作凝聚更大的合力。中国与各方建设更加紧密的卫生合作伙伴关系、互联互通伙伴关系、绿色发展伙伴关系、开放包容伙伴关系、创新合作伙伴关系、廉洁共建伙伴关系，将为高质量共建"一带一路"注入源源不断的动力。

　　不断深化"一带一路"合作伙伴关系有助于凝聚更多合作共识。世界进入新的动荡变革期，全球性挑战层出不穷，世界最需要的是合作。正如习近平主席所指出的，只有合作共赢才能办成事、办好事、办大事。只要大家把彼此视为朋友和伙伴，相互尊重、相互支持、相互成就，赠人玫瑰则手有余香，成就别人也是帮助自己。把别人的发展视为威胁，把经济相互依存视为风险，不会让自己生活得更好、发展得更快。共建"一带一路"给世界带来的，除了实打实、沉甸甸的成果，还有对"合作共赢才能办成事、办好事、办大事"的深刻理解和认同。这种理解和认同正在全世界播撒更多合作的种子，不断巩固"一带一路"合作伙伴关系。智利总统博里奇表示："共建'一带一路'倡议源自中国5000多年传统文化，基于平等和相互尊重原则，已经成为世界各国开展互利合作的重要平台和实现共同发展的重要机遇，智方高度评价并将继续积极参与。"

　　不断深化"一带一路"合作伙伴关系有助于汇聚更大发展动能。共建"一带一路"跨越不同文明、文化、社会制度、发展阶段差异，开辟了各国交往的新路径，搭建起国际合作的新框架，汇集着人类共同发展的最大公约数。实现共同发展是共建"一带一路"合作伙伴走到一起的初衷。在联合国2030年可持续发展议程落实进程受阻、南北鸿沟继续拉大的关键时刻，共建"一带一路"合作伙伴继续践行互联互通、互利互惠，谋求共同发展、合作共赢，有助于开创普惠平衡、协调包容、合作共赢、共同繁荣的发展格局，助力更多国家实现可持续发展目标。联合国秘书长古特雷斯表示，在共建"一带一路"倡议推动下，各国在基础设施领域获得更多机遇，加速落实可持续发展目标，"这为数十亿民众以及我们共享的地球带来希望和进步"。

　　第三届"一带一路"国际合作高峰论坛巩固了共建"一带一路"的国际共识，丰富了共建"一带一路"的合作成果，拓展了共建"一带一路"的光明前景，在共建"一带一路"进程中树立起又一个重要里程碑。展望未来，和平、发展、合作、共赢的历史潮流不可阻挡，人民对美好生活的向往不可阻挡，各国实现共同发展繁荣的愿望不可阻挡。共建"一带一路"合作伙伴坚守合作初心，牢记发展使命，不断深化"一带一路"合作伙伴关系，定能建立利在千秋、福泽万民的长久之功。

（2023年10月27日）

中方愿同各方一道落实全球安全倡议，坚持通过对话协商化解国家间分歧矛盾，推动政治解决国际和地区热点问题，筑牢地区安全屏障。

构建网络空间命运共同体既是回答时代课题的必然选择，也是国际社会的共同呼声。我们要深化交流、务实合作，共同推动构建网络空间命运共同体迈向新阶段。

我们将坚定站在历史正确的一边、站在人类文明进步的一边，高举和平、发展、合作、共赢旗帜，弘扬全人类共同价值，推动落实全球发展倡议、全球安全倡议、全球文明倡议，推动构建持久和平、普遍安全、共同繁荣、开放包容、清洁美丽的世界。

05

共同迈向持久和平、
普遍安全的美好明天

关键时刻更见大国担当

日前，土耳其南部靠近叙利亚边境地区发生强烈地震，给土叙两国造成重大人员伤亡。习近平主席在地震发生当天分别向土耳其总统埃尔多安、叙利亚总统巴沙尔致慰问电，代表中国政府和人民，向遇难者表示沉痛哀悼，向遇难者家属和受伤人员表示诚挚慰问。连日来 中国秉持人类命运共同体理念，持续通过各种方式帮助土叙两国抗震救灾，充分展现了大国担当。

危难之中见真情。从第一时间表示愿向土耳其和叙利亚提供紧急人道主义援助，到第一时间启动紧急人道主义爰助机制，决定分别向土耳其和叙利亚提供紧急援助，从派出救援队紧急驰援灾区，迄今已救出20余名幸存者，到援助的救灾物资迅速抵达两国……中国坚定弘扬国际人道主义精神，迅速行动。土叙两国政府和人民感谢中方提供的紧急人道主义援助，表示中国率先伸出援手，雪中送炭，为抗震救灾发挥重要作用，将铭记中国人民的深情厚谊。

每个民族、每个国家的前途命运都紧紧联系在一起，应该风雨同舟、荣辱与共。中国政府援助叙利亚物资包装外面，贴着中文和阿拉伯文字样"瑰香千里 患难有情"，寄托着中国政府和人民对叙利亚地震灾区人民的深深情义；地震发生不到两天，中国各界人士就向叙利亚驻华大使馆提供数千笔爱心捐款；在叙中资机构和华侨华人等自发组织救灾……这样的行动，展现了中华民族"天下一家"的情怀。在土耳其，当地居民给中国救援人员送来食物，并用中文写着"谢谢你们"；当地一位大姐在与中国女救援队员握手时发现她双手冰冷，便把她的手捂在胸前的衣服里取暖……这样的故事，展现了人类风雨同舟的力量。"中国在这艰难的时刻来帮助我们，真的要说声感谢""患难见真情，在艰难时刻，中国总是与需要帮助的朋友站在一起"……土叙两国各界人士高度评价中国的无私义举。

今年是习近平主席面向世界提出构建人类命运共同体理念10周年。10年来，中国始终以实际行动践行构建人类命运共同体理念，在面对自然灾害时尤为如此。2015年，尼泊尔发生8.1级地震，中国派出的国际救援队是第一支抵达尼泊尔的重型国际救援队，为协助尼泊尔开展搜救工作发挥了积极作用；2016年，厄瓜多尔发生7.8级地震，中国第一时间提供紧急人道主义援助，援助物资由5架包机不远万里运往厄瓜多尔首都基多；2019年，"伊代"飓风席卷东南部非洲，中国向津巴布韦、莫桑比克、马拉维紧急提供人道主义物资援助，并向莫桑比克派出国际救援队；2022年，阿富汗发生严重地震，中国在两周左右时间内动用多架次运—20运输机和商业包机将援助物资运往阿富汗，成为向阿富汗抗震救灾提供援助最多、最实、最快的国家之一……中国一次次紧急驰援，向世界传递中国温度，更展现命运与共、共克时艰的情谊。

纵观历史，人类正是在战胜一次次考验中成长、在克服一场场危机中发展。只要坚持同舟共济、团结合作，人类一定能够战胜前进道路上的各种困难和挑战。中方将继续秉持人类命运共同体理念，与国际社会一道，积极支持、帮助土耳其和叙利亚人民早日克服灾害影响，重建美好家园。

（2023年02月16日）

共同迈向持久和平、普遍安全的美好明天

全球安全倡议服务的是全世界人民的利益，维护的是全世界人民的安宁，需要国际社会团结合作，共同推进。《全球安全倡议概念文件》的发布，展现了中国维护世界和平的责任担当、守护全球安全的坚定决心

2月21日，中方正式发布《全球安全倡议概念文件》，阐释全球安全倡议的核心理念与原则，明确重点合作方向和平台机制，是推动落实习近平主席提出的全球安全倡议的重要举措，展现了中国维护世界和平的责任担当、守护全球安全的坚定决心。

当前，世界之变、时代之变、历史之变正以前所未有的方式展开。地区安全热点问题此起彼伏、局部冲突和动荡频发，"世界需要什么样的安全理念、各国怎样实现共同安全"，成为摆在所有人面前的时代课题。站在全人类福祉的高度，习近平主席于2022年4月郑重提出全球安全倡议，倡导以团结精神适应深刻调整的国际格局，以共赢思维应对复杂交织的安全挑战，旨在消弭国际冲突根源、完善全球安全治理，推动国际社会携手为动荡变化的时代注入更多稳定性和确定性，实现世界持久和平与发展。倡议体现了人类命运共同体理念的核心要义，已得到全球80多个国家和地区组织的赞赏支持。斯洛文尼亚前总统图尔克认为，全球安全倡议为开展全球安全对话与合作是供了强有力的理念框架。

全球安全倡议为应对国际安全挑战提供了中国智慧和中国方案。倡议植根于以和为贵的中华优秀传统文化，来源于独立自主的和平外交政策与实践。倡议以

"六个坚持"为核心要义,彼此联系、相互呼应,是辩证统一的有机整体。坚持共同、综合、合作、可持续的安全观是理念指引,坚持尊重各国主权、领土完整是基本前提,坚持遵守联合国宪章宗旨和原则是根本遵循,坚持重视各国合理安全关切是重要原则,坚持通过对话协商以和平方式解决国家间的分歧和争端是必由之路,坚持统筹维护传统领域和非传统领域安全是应有之义。泰国前副总理素拉杰·沙田泰评价,全球安全倡议体现了中国一贯秉持的共商共建共享的全球治理观,极大地完善全球安全治理体系,有利于促进世界和平稳定,推动各国合作与发展。

中方发布《全球安全倡议概念文件》,充分彰显中国不仅是维护世界和平安宁的倡导者,更是行动派。《概念文件》具有鲜明的行动导向,即坚定支持联合国安全治理核心作用、努力促进大国协调和良性互动、积极推动对话和平解决热点问题、有效应对传统与非传统安全挑战、不断加强全球安全治理体系和能力建设。《概念文件》列出20项全球发展倡议重点合作方向,从国际层面到地区层面,从传统安全领域到非传统安全领域,回应了当前最突出最紧迫的国际安全关切。中方还将在全球安全倡议框架下开展与世界各国和国际、地区组织的双多边安全合作,积极推进安全理念对接和利益共融。中国始终高举和平、发展、合作、共赢的旗帜,在维护全球和平与安全方面既有顶层设计的宏观思维,又有解决实际问题的微观视角,展现了大国担当。

安全是世界各国的权利,不是某些国家独享的专利,更不应由个别国家说了算。中国坚决反对一切形式的霸权主义和强权政治,坚决反对冷战思维和阵营对抗,坚决反对任何外部势力干涉中国内政,坚决维护国家主权、安全、发展利益和国际公平正义。中国人民正在中国共产党带领下,以中国式现代化全面推进中华民族伟大复兴,将不断以中国新发展为世界提供新机遇,为世界和平与发展作出更大贡献。

全球安全倡议服务的是全世界人民的利益,维护的是全世界人民的安宁,需要国际社会团结合作，共同推进。中国愿同世界上所有爱好和平、追求幸福的国家和人民携手同行，协力应对各种传统和非传统安全挑战，并肩守护地球家园的和平安宁，共同迈向持久和平、普遍安全的美好明天。

（2023年02月22日）

继续为和平解决
乌克兰危机发挥建设性作用

中方始终站在和平一边、站在历史正确一边，积极劝和促谈，为政治解决乌克兰危机提供中国智慧和中国方案。中方的公正立场和建设性努力有目共睹，得到了国际社会的理解和支持

乌克兰危机全面升级已经一年，局势走向备受国际关注。2月24日，中方发布《关于政治解决乌克兰危机的中国立场》文件，重申中方一贯主张，吸纳各国合理关切，展现了中方始终站在和平一边、站在历史正确一边，积极劝和促谈，为政治解决乌克兰危机提供中国智慧和中国方案，为动荡的世界注入更多稳定性和确定性的大国担当。

乌克兰危机爆发以来，习近平主席提出了"四个应该""四个共同"和"三点思考"，为推动政治解决乌克兰危机指明了正确的方向。习近平主席明确指出，冲突战争没有赢家，复杂问题没有简单解决办法，大国对抗必须避免。在乌克兰问题上，中方始终认为，各国主权、领土完整都应该得到尊重，联合国宪章宗旨和原则都应该得到遵守，各国合理安全关切都应该得到重视，一切有利于和平解决危机的努力都应该得到支持。中方始终秉持客观公正立场，从事情本身的是非曲直出发，独立自主作出判断，与国际社会一道共同推动对话协商，解决各方关切，谋求共同安全。中方的公正立场和建设性努力有目共睹，得到了国际社会的理解和支持。

对话谈判是解决乌克兰危机的唯一可行出路。乌克兰问题有着复杂历史经纬和来龙去脉，既是欧洲安全矛盾长期积累的爆发，也是冷战思维和集团对抗造成的结果。解决乌克兰危机，乌克兰的主权安全应当得到维护，俄罗斯的合理安全关切同样应当得到尊重，欧洲的和平稳定值得捍卫，其他国家的和平稳定同样值得守护。中国坚定倡导维护国际法和公认的国际关系基本准则，坚持按照联合国宪章宗旨和原则办事，既不拉偏架，也不火上浇油，更不趁机牟利。国际社会应坚持劝和促谈正确方向，帮助冲突各方尽快打开政治解决危机的大门，为重启谈判创造条件和提供平台。在《关于政治解决乌克兰危机的中国立场》文件中，中方重申要尊重各国主权，摒弃冷战思维，停火止战，启动和谈，并表示中方愿继续为启动和谈发挥建设性作用。

形势越是复杂，越要保持清醒冷静；危机越是延宕，越不能放弃争取和平的努力。中国主张应坚持共同、综合、合作、可持续的安全观，着眼世界长治久安，推动构建均衡、有效、可持续的欧洲安全架构，共同维护亚欧大陆和平稳定。习近平主席郑重提出全球安全倡议，为破解全球安全治理难题、消弭国际冲突根源、实现世界长治久安贡献了中国方案，得到国际社会积极响应，目前已有80多个国家和地区组织表示赞赏支持。中方日前发布《全球安全倡议概念文件》，为解决全球安全难题提供更系统的思路、更可行的举措，其中提出了"支持通过对话谈判政治解决乌克兰危机等热点问题"的具体路径。在《关于政治解决乌克兰危机的中国立场》文件中，中方就解决人道危机、保护平民和战俘、维护核电站安全、减少战略风险、保障粮食外运、停止单边制裁、确保产业链供应链稳定、推动战后重建等各方关心的具体问题阐明立场、提出建议，为化解危机提供了重要指引。

乌克兰危机再次给世人敲响警钟：迷信实力地位，扩张军事联盟，以牺牲别国安全谋求自身安全，必然会陷入安全困境。时代发展到今天，不能再用冷战思维来构建世界和地区安全框架。一国的安全不能以损害他国安全为代价，地区安全不能以强化甚至扩张军事集团来保障。任何国家都没有特权在世界上我行我素，任何霸权霸道霸凌行径都将得到各国人民的一致抵制。国际社会要共同反对霸权主义和强权政治，构建相互尊重、公平正义、合作共赢的新型国际关系，树立休戚相关、安危与共的共同体意识，让和平的阳光照亮世界。

　　建设一个更加安全的世界，是各国人民的强烈愿望，是世界各国的共同责任，更是时代前进发展的正确方向。在乌克兰问题上，中方将继续秉持客观公正立场，推动国际社会形成合力，为和平解决乌克兰危机发挥建设性作用。

（2023年02月25日）

中国外交有足够的厚道与善意

为响应习近平主席关于中国支持沙特同伊朗发展睦邻友好关系的积极倡议，沙特、伊朗两国代表团日前在北京举行对话。中沙伊三方发表联合声明，宣布沙伊同意恢复外交关系。这是和平的胜利，为当前动荡不安的世界提供了重大利好消息，国际社会感谢中国促成沙伊对话并取得重要成果。沙伊北京对话的成功，充分展现了中国特色大国外交的魅力，也让国际社会对中国外交的厚道与善意有了更加深刻的认识。

中国外交的厚道与善意，体现在统筹拓展全方位外交布局，推动构建新型国际关系。中国以伙伴关系为依托，促进大国协调和良性互动，同各国发展友好合作，推动构建新型国际关系，让中国的朋友圈越来越广，新朋友越来越多，老朋友越来越铁。中国过去没有，今后也不会侵略、欺负他人，不会称王称霸。中国将以维护核心利益为使命，坚决反对一切形式的霸权主义和强权政治，坚决反对冷战思维、阵营对抗和遏制打压，坚决捍卫国家主权、安全、发展利益。中国致力于推动大国外交行稳致远，让国际社会看到了一个更加自信从容的中国。

中国外交的厚道与善意，体现在不断以自身高质量发展促进全球共同发展繁荣。近来，中国式现代化成为国际社会热议的话题。中国式现代化破解了人类社会发展的诸多难题，打破了"现代化＝西方化"的迷思，创造了人类文明新形态，也给世界各国特别是广大发展中国家带来重要的启示。中国希望也相信，世界上越来越多的国家走上现代化道路，将使人类命运共同体的梦想成为现实。中国的发展惠及世界，中国的发展离不开世界。在保护主义、单边主义抬头的国际背景下，中国将扎实推进高水平对外开放，既用好全球广场和资源发展自己，又推动世界共同发展。

　　中国外交的厚道与善意，体现在坚定维护并践行多边主义，积极推动完善全球治理。新时代十年，习近平主席相继提出了一系列重大倡议和主张，包括构建人类命运共同体、共建"一带一路"、全人类共同价值、全球发展倡议、全球安全倡议等，这些理念的核心，就是世界各国相互依存，人类命运与共，国际社会要团结合作。中方主张，全球治理要守法，要遵循联合国宪章所体现的国际法精神；要秉持公平公理，反对霸权私利；要坚持同舟共济，不搞分裂对抗。中方认为，发展中国家的人民有过上更好日子的权利，发展中国家在世界事务中应该享有更大的代表性和发言权。中国以多边主义为路径，推动构建人类命运共同体，推进国际关系民主化，推动全球治理朝着更加公正合理的方向发展，能够为解决人类面临的共同挑战贡献更多、更好的中国智慧、中国方案。

　　今年，中国将以元首外交为引领，全力办好首次"中国+中亚五国"元首峰会和第三届"一带一路"国际合作高峰论坛两大主场外交，不断展现中国外交的独特风范。举办首次"中国+中亚五国"元首峰会，将是中国推动构建更加紧密的中国—中亚命运共同体的最新实践。"一带一路"倡议提出十年来，铺就了共同发展的康庄大道，留下了一个个"国家地标""民生工程""合作丰碑"，拉动近万亿美元投资规模，形成3000多个合作项目，为沿线国家创造42万个工作岗位，让将近4000万人摆脱贫困，极大增进了共建国家的民生福祉。在全球发展面临严峻挑战之际，中国举办第三届"一带一路"国际合作高峰论坛，推动共建"一带一路"高质量发展，将为构建全球发展共同体注入新动力。

　　新征程上的中国外交，是充满光荣和梦想的远征，是穿越惊涛骇浪的远航。中国将坚定奉行独立自主的和平外交政策，坚定奉行互利共赢的开放战略，始终做世界和平的建设者、全球发展的贡献者、国际秩序的维护者，不断书写新时代中国特色大国外交新篇章。

（2023年03月14日）

为破解人类安全困境贡献中国力量

全球安全倡议服务的是全世界人民的利益，维护的是全世界人民的安宁，只要国际社会团结合作、共同努力，就能够不断推动倡议落地生根、开花结果

"沙特和伊朗在中国斡旋下达成具有历史意义的协议，这是中国践行全球安全倡议的典型例子，为解决世界各地的冲突确立了一种新的、更加有效的替代方案""中国维护世界和平的意愿在全球安全倡议中得到了最好的体现"……近期，国际社会持续关注中方促成沙伊关系改善，认为这为倡导全球安全倡议、构建人类命运共同体提供了精彩实践，充分展现了中国维护世界和平、守护全球安全的诚意和担当。

当今世界，冷战思维、霸权主义、强权政治逆流涌动，传统安全和非传统安全威胁交织叠加，人类社会陷入前所未有的多重安全困境。2022年4月21日，习近平主席在博鳌亚洲论坛2022年年会开幕式上郑重提出全球安全倡议，系统阐释中方促进世界安危与共、维护世界和平安宁的立场主张，倡导走出一条对话而不对抗、结伴而不结盟、共赢而非零和的新型安全之路。这一重大倡议回应当前最突出最紧迫的国际安全关切，符合各国对加强全球安全合作的期待，为破解人类安全困境贡献了中国智慧、中国方案、中国力量。

全球安全倡议超越西方地缘安全理论与零和博弈逻辑，秉持安全共同体理念，坚持共同、综合、合作、可持续的新安全观，顺应各国人民求和平、谋发展、促合作的期待，得到国际社会广泛赞誉和积极响应。目前，已有80多个国家和地区组织对全球安全倡议表示赞赏支持，倡议明确写入20多份中国同有关国家和组织交往的双边、多边文件。国际人士称赞，"全球安全倡议的提出，展现出中国作为一个大国，致力于推动建设更安全世界的责任感和长远眼光"，"全球安全倡议为动荡变化的时代注入更多稳定性和确定性，是国际社会携手维护世界和平安宁的重要指引"，"全球安全倡议能够推动世界绘制出一条构建可持续的和平、稳定以及促进可持续发展的新道路"。

倡议的生命力在于落实。在推动落实全球安全倡议的过程中，中国坚持"相互尊重、开放包容、多边主义、互利共赢、统筹兼顾"五大原则，主动开展与世界各国及国际、地区组织的双多边安全合作，积极寻求最大公约数，探索实现可持续安全的治本之策、长远之道。今年2月，中方接连发布《全球安全倡议概念文件》《关于政治解决乌克兰危机的中国立场》两份重要文件，为解决当下和未来全球安全难题提供系统思路和可行举措；3月，中方推动沙特和伊朗达成"北京协议"、同意恢复外交关系，这是和平的胜利，也是运用全球安全倡议推动解决分歧争端的成功范例；4月，中方发布《关于阿富汗问题的中国立场》文件，多国人士指出，中方立场文件符合阿富汗人民利益和国际社会期待，将帮助阿富汗早日走上稳定发展道路，为维护地区繁荣稳定发挥积极建设性作用。事实证明，全球安全倡议服务的是全世界人民的利益，维护的是全世界人民的安宁，只要国际社会团结合作、共同努力，就能够不断推动倡议落地生根、开花结果。

一个团结而非分裂、和平而非动荡的世界符合全人类共同利益。中国将同所有爱好和平、致力发展的国际社会成员一道，共同丰富全球安全倡议的内涵和实践，协力应对各类安全挑战，不断为维护世界和平稳定作出新贡献。

（2023年04月21日）

中国将继续为政治解决
乌克兰危机发挥建设性作用

作为联合国安理会常任理事国和负责任大国，中国既不会隔岸观火，也不会拱火浇油，更不干趁机牟利的事。中方的主张旗帜鲜明、一以贯之，在和平与战争之间，选择和平；在对话和制裁之间，选择对话；在降温和拱火之间，选择降温

4月26日下午，习近平主席应约同乌克兰总统泽连斯基通电话。双方就中乌关系和乌克兰危机交换了意见。国际社会高度关注此次通话，充分肯定中方在乌克兰危机问题上始终秉持客观公正立场，积极劝和促谈。

"中方发展中乌关系的意愿是一贯的、明确的。无论国际风云如何变幻，中方愿同乌方一道，把两国互利合作向前推进。"习近平主席在通话中指出。关于乌克兰危机问题，习近平主席强调中方始终站在和平一边，核心立场就是劝和促谈，并表示中方将派中国政府欧亚事务特别代表赴乌克兰等国访问，就政治解决乌克兰危机同各方进行深入沟通。泽连斯基总统感谢中方为乌克兰提供的人道主义援助，欢迎中方为恢复和平、通过外交手段解决危机发挥重要作用。

乌克兰危机全面升级以来，中方一直在为和平发声、为和谈尽力。习近平主席相继提出了"四个应该"、"四个共同"和"三点思考"。中方还在此基础上发布了《关于政治解决乌克兰危机的中国立场》文件，提出尊重各国主权、摒弃冷战思维、停火止战、启动和谈、停止单边制裁等12条主张。中方劝和促谈的努力得到国际社会广泛理解和认同。今年3月，习近平主席成功对俄罗斯进行国事访问，同普京总统就乌克兰危机进行了坦诚、深入的交流。两国元首会谈后签署联合声明，强调负责任的对话是稳步解决问题的最佳途径。俄方高度评价中方秉持客观、公正和平衡立场，表示俄方认真研究了中方立场文件，对和谈持开放态度，欢迎中方为此发挥建设性作用。中方的客观公正立场、劝和促谈行动得到俄乌双方认同和支持。

乌克兰危机延宕下去对各方都不利，尽快停火止战符合有关各方和整个世界利益，政治解决是唯一正确出路。今年4月，习近平主席在北京同法国总统马克龙举行会谈，同马克龙总统、欧盟委员会主席冯德莱恩举行中法欧三方会晤时，重申中国始终根据事情本身的是非曲直独立自主决定立场，强调中方在乌克兰问题上的方针归结为一句话，就是劝和促谈。欧方赞赏中方为推动政治解决乌克兰危机所做努力，期待中方发挥更加重要作用，愿同中方合作，找到劝和促谈的办法。习近平主席在北京同巴西总统卢拉举行会谈时，双方也就乌克兰危机问题交换了意见。两国元首呼吁更多国家为推动乌克兰危机政治解决发挥建设性作用，决定就此保持沟通。中方努力推动国际社会抓住各方理性的思考和声音在增加的契机，为危机的政治解决积累有利条件。

中国不是乌克兰危机的制造者，也不是当事方。作为联合国安理会常任理事国和负责任大国，中国既不会隔岸观火，也不会拱火浇油，更不干趁机牟利的事。中方的主张旗帜鲜明、一以贯之，在和平与战争之间，选择和平；在对话和制裁之间，选择对话；在降温和拱火之间，选择降温。在乌克兰危机问题上，中国光明正大，没有政治私利，不搞地缘操弄，真心诚意致力于劝和促谈，推动停火止战。然而，就在中方为和平尽力之时，个别国家处心积虑阻挠和谈，甚至炮制各种谣言谬论，攻击抹黑中国，试图将中国拉下水，这完全是出于地缘政治私利，完全违逆历史潮流。谁在劝和促谈，谁在火上浇油，世人有目共睹。

历史上看，冲突最后都需要通过对话和谈判解决。越是困难重重，越要为和平留下空间；越是矛盾尖锐，越不能放弃对话努力。只要各方秉持共同、综合、合作、可持续的安全观，坚持平等、理性、务实对话协商，就一定能找到解决乌克兰危机的合理途径。中国将继续坚定站在和平一边，站在对话一边，站在历史正确一边，同国际社会一道继续为推动政治解决乌克兰危机发挥建设性作用。

（2023年04月28日）

推进美丽中国建设　引领全球环境治理

中国以更高站位、更宽视野、更大力度来谋划和推进新征程生态环境保护工作，将为推动建设清洁美丽的世界、构建人类命运共同体注入新动力

"习近平主席的重要讲话为中国加快推进人与自然和谐共生的现代化指明了方向，为促进人类社会可持续发展贡献了中国智慧""中国在生态文明建设和绿色发展领域为世界作出了表率，为其他发展中国家提供了有益借鉴"……国际人士高度关注近日在北京召开的全国生态环境保护大会，称赞中国生态文明建设取得举世瞩目的成就，并从这次大会看到了新征程上中国全面推进美丽中国建设、继续引领全球环境治理的坚定决心。

党的十八大以来，中国把生态文明建设作为关系中华民族永续发展的根本大计，开展了一系列开创性工作，决心之大、力度之大、成效之大前所未有，生态文明建设从理论到实践都发生了历史性、转折性、全局性变化，美丽中国建设迈出重大步伐。在习近平生态文明思想的科学指引下，全党全国人民坚持绿水青山就是金山银山的理念，全方位、全地域、全过程加强生态环境保护，实现由重点整治到系统治理的重大转变、由被动应对到主动作为的重大转变、由全球环境治理参与者到引领者的重大转变、由实践探索到科学理论指导的重大转变。许多到访中国的国际人士都认为，中国天更蓝、地更绿、水更清，万里河山更加多姿多彩。

作为世界上最大的发展中国家，中国生态文明建设取得举世瞩目的成就鼓舞了世界，也为全球生态文明建设贡献了中国智慧、中国方案。国际社会重视中国生态文明建设经验，认识到推进生态文明建设既需要科学理论指导，也需要坚定不移的实践。中国加快推动发展方式绿色低碳转型，坚持把绿色低碳发展作为解决生态环境问题的治本之策，加快形成绿色生产方式和生活方式，厚植高质量发展的绿色底色，如今已建成世界最大的清洁发电体系，水电、风电、太阳能发电装机容量均居世界第一。中国站在人与自然和谐共生的高度谋划发展，通过高水平环境保护，不断塑造发展的新动能、新优势，让同样面临实现发展和保护生态环境双重任务的国家看到了希望。

中国紧跟时代、放眼世界，承担大国责任、展现大国担当，成为全球环境治理的引领者。中国积极开展国际合作，深化与"一带一路"沿线国家和地区在生态环境保护、可持续发展等领域的合作，设立中国气候变化南南合作基金，成立昆明生物多样性基金，将绿色发展工程纳入中非共同实施的"九项工程"……联合国环境规划署前执行主任埃里克·索尔海姆表示，中国践行的生态文明理念，展现出一种积极的、立志于为所有人创造更美好世界的思考。埃塞俄比亚亚的斯亚贝巴大学教授科斯坦蒂诺斯·贝尔胡特斯法认为，中国在应对气候变化、推动共同发展等方面的举措很好诠释了构建人类命运共同体的愿景，具有示范和带动效应。

中国经济社会发展已进入加快绿色化、低碳化的高质量发展阶段，生态文明建设仍处于压力叠加、负重前行的关键期。习近平总书记的重要讲话系统部署了全面推进美丽中国建设的战略任务和重大举措，为进一步加强生态环境保护、推进生态文明建设提供了方向指引和根本遵循。在全球环境治理仍面临诸多挑战之际，中国以更高站位、更宽视野、更大力度来谋划和推进新征程生态环境保护工作，将为推动建设清洁美丽的世界、构建人类命运共同体注入新动力。中国承诺的"双碳"目标是确定不移的，但达到这一目标的路径和方式、节奏和力度则应该而且必须由中国自己作主，决不受他人左右。全球气候治理要践行多边主义，坚持《联合国气候变化框架公约》及其《巴黎协定》确定的目标和原则，遵守共同但有区别的责任原则。中国将在落实好碳达峰碳中和"1+N"政策体系的同时，继续向其他发展中国家提供力所能及的帮助。

建设美丽中国是全面建设社会主义现代化国家的重要目标。中国将坚定不移走生产发展、生活富裕、生态良好的文明发展道路，实现中华民族永续发展。中国将继续以自身生态文明建设新成就助力全球生态文明建设，携手各国为共建清洁美丽的世界作出更大贡献。

（2023年07月20日）

为全球生物安全治理贡献中国力量

中国坚持系统治理，在不断筑牢自身生物安全防线的同时，深入参与全球生物安全治理，积极贡献中国智慧、提供中国方案

8月7日，加强《禁止生物武器公约》（以下简称《公约》）工作组会将在瑞士日内瓦举行。工作组的设立是去年《公约》第九次审议大会的成果之一，旨在进一步加强《公约》的有效性，促进全面遵约。

生物安全事关全人类的共同利益。当前，全球生物安全治理既面临新挑战，也蕴藏着重要机遇。一方面，生物科技的进步推动生产力发展，增进人类福祉；另一方面，随着生物安全的内涵和外延更加丰富，传统生物安全问题和新型生物安全风险相互叠加，全球生物安全形势更趋复杂。如何加强全球生物安全治理，更好地统筹安全与发展，成为国际社会面临的共同课题。

面对生物安全领域新形势新挑战新课题，中国坚持系统治理，在不断筑牢自身生物安全防线的同时，深入参与全球生物安全治理，积极贡献中国智慧、提供中国方案。中方郑重提出全球安全倡议并正式发布《全球安全倡议概念文件》，明确指出要坚持统筹维护传统领域和非传统领域安全，倡导各国践行共商共建共享的全球治理观，共同应对包括生物安全在内的全球性问题。

《公约》是全球生物安全治理的重要基石，开放签署50多年来，在防范生物安全威胁、促进生物科技和平利用等方面发挥了重要作用。中方旗帜鲜明主张加强《公约》，大力推动通过多边谈判建立核查机制，从根本上确保遵约。中国一贯主张全面禁止和彻底销毁包括生物武器在内的所有大规模杀伤性武器，坚决反对生物武器及其技术的扩散。中国坚定支持《公约》的宗旨和目标，全面、严格履行公约义务，积极参与并支持加强公约有效性的多边进程。2021年4月，《中华人民共和国生物安全法》正式施行，为中国履行《公约》提供了更加强有力的法律和机制保障。中方还积极倡导谈判制定"打击生化恐怖主义行为国际公约"，进一步补齐国际法短板。

近年来，生物科技滥用、误用的风险引发高度关注。中国支持《公约》缔约国紧跟时代步伐，胸怀人类普遍安全和共同发展愿景，加强公约框架下对生物科技发展的审议，推广负责任的生物科研，制定必要的自愿性行为准则。基于上述立场，中国同各国开展深入研讨，于2021年7月达成《科学家生物安全行为准则天津指南》，提出坚守道德基准、遵守法律规范、倡导科研诚信、加强风险管理、强化科研监管、促进国际合作等十大准则，涵盖了生物科研的全流程、全链条，充分体现了国际社会的共识，为推动全球生物科技健康、有序发展作出了重要贡献。在《公约》第九次审议大会、缔约国大会期间，《科学家生物安全行为准则天津指南》广受关注与好评。《科学家生物安全行为准则天津指南》始于中国倡议，属于全世界，充分体现了国际科学界进一步规范生物科研活动的决心，也充分表明基于科学、具有广泛代表性的国际进程可成为加强全球生物安全治理和相关国际合作的有效途径。

针对广大发展中国家要求在生物等领域共享科技发展红利的呼声，中国提出"在国际安全领域促进和平利用国际合作"决议，在联大框架下开启了开放、包容的对话进程，对构建更加公正、合理的出口管制秩序，维护各国和平利用科技的合法权益，应对科技发展带来的安全挑战具有重要意义。这份决议已连续两年在联大通过，受到国际社会广泛欢迎。

道阻且长，行则将至。中国将继续高举人类命运共同体旗帜，同国际社会一道推进全球生物安全治理，为实现普遍安全、共同发展作出更大贡献。

（2023年08月07日）

引领全球人工智能治理的中国强音

中国提出的全球人工智能治理倡议将有力推动各方增进对话合作、凝聚共识，共同构建开放、公正、有效的治理机制，促进人工智能造福全人类

在第三届"一带一路"国际合作高峰论坛开幕式上发表主旨演讲时，习近平主席宣布中方提出全球人工智能治理倡议，发出了引领全球人工智能治理的中国强音。

近年来，人工智能技术快速发展，应用日益广泛。作为最具颠覆性的新兴技术之一，人工智能给人类社会经济发展带来巨大红利，也伴生诸多现实危害和风险挑战。国际社会高度关注人工智能技术引发的法律、伦理和人道主义层面的关切，以及给国际政治、经济、军事、社会等领域带来的复杂深远影响。

面对人工智能技术带来的难以预知的风险挑战，国际社会迫切需要加强人工智能治理，做到趋利避害、扬长避短，推动人工智能朝着科技向善的方向发展。正如联合国秘书长古特雷斯所指出的，要带着"一种紧迫感、一种全球视野和一种学习者的心态"来应对这项技术，各国应展开协调并设定红线，争分夺秒推动人工智能造福人类。

作为负责任的人工智能大国，中国一贯高度重视人工智能治理。中国坚持发展和安全并重，不断加强人工智能相关法律、伦理、道德及社会问题研究，本着审慎包容、坚守底线的原则，逐步建立健全相关法律法规和制度体系，为人工智能健康、有序、安全发展保驾护航，为全球人工智能发展注入正能量。

　　全球人工智能治理倡议围绕人工智能发展、安全、治理三方面系统清晰地阐述了中国路径和中国方案，坚持发展与安全并重的系统思维，倡导以人为本、智能向善的普遍共识，弘扬平等互利、尊重人类权益的价值理念，反对以意识形态划线或构建排他性集团，恶意阻挠他国人工智能发展，呼吁努力弥合"智能鸿沟"，确保"智能红利"惠及各国，引导人工智能朝着有利于人类文明进步的方向发展。

　　倡议强调安全可控、隐私保护、公平和非歧视，集中反映了各方对人工智能安全的主要关切，同时有针对性地提出了协同共治、智能治理等具体目标和举措，既符合技术发展的需要，也有助于及时防范化解潜在安全风险，让人工智能技术真正助力全球发展事业，赋能人类美好生活。

　　倡议呼吁增强发展中国家的代表性和发言权，确保各国人工智能发展与治理的权利平等、机会平等、规则平等，开展面向发展中国家的国际合作与援助，主张在充分尊重各国政策和实践差异性基础上，形成具有广泛共识的全球人工智能治理框架和标准规范，代表发展中国家发出了获得公平机会的强烈声音，展现出中国推动完善全球治理的大国担当。

　　倡议就各方普遍关切的人工智能发展与治理问题提供了建设性解决思路，为相关国际讨论和规则制定提供了蓝本，是中方践行人类命运共同体理念，落实全球发展倡议、全球安全倡议、全球文明倡议的又一行动。与一些西方国家处心积虑搞"小院高墙"、制造"智能鸿沟"的政策主张比较，倡议反映出中国在人工智能领域成熟的治理经验，彰显出中国胸怀天下、大公无私的大国胸襟。

　　在当前全球人工智能治理的重要十字路口，中国提出的倡议将有力推动各方增进对话合作、凝聚共识，共同构建开放、公正、有效的治理机制，促进人工智能造福全人类。

（2023年10月28日）

构筑共同安全　建设持久和平

10月31日，以"共同安全、持久和平"为主题的第十届北京香山论坛闭幕。本届论坛规模和层级创下历史新高，与会各方广泛深入交流甚至交锋，体现了平等、开放、包容、互鉴的理念，达到了集聚智慧、扩大共识、增进互信的效果。北京香山论坛的影响力不断扩大，反映出国际社会对和平与安全问题的重视，体现出各方对中方推动落实全球安全倡议、引领推动全球安全合作的信任和支持。

当前，安全问题联动性、跨国性、多样性更加突出，地区安全热点问题此起彼伏，局部冲突和动荡频发，各种传统和非传统安全威胁交织叠加。面临全球安全挑战、破解安全困境，必须加强沟通与合作。从大国关系到亚太安全，从人工智能到核风险管控，从中东安全新架构到欧洲和平机制……本届论坛一系列对话、研讨议题回应全球安全热点，展现引领性和包容性，为各方提供了广阔的交流平台。与会嘉宾坦诚交流，共同探索全球和平安全之道，在当前国际形势下具有重要积极意义。斯里兰卡前海军司令德西尔瓦表示："通过沟通合作，可以为解决安全问题寻找切实出路，北京香山论坛正是这样的重要交流平台。"

尊重彼此合理安全关切、确保所有国家都有平等表达安全诉求的权利，是构筑和维护共同安全、持久和平的重要前提。本届论坛在全体会议环节专门设置"发展中国家在全球安全中的作用"议题，在平行分组会议和小型研讨会环节设置"全球南方"与全球安全治理、金砖国家扩员的意义、发展中国家对全球化的期待等议题，在会议发言安排上，中小国家代表都占有相当大的比例，受到发展中国家普遍欢迎。"中国所作的一个重要贡献，就是让许多过去不被国际社会听到的声音，现在变得越来越响亮。"坦桑尼亚坦中友好促进会秘书长约瑟夫·卡哈玛表示，越来越多的全球南方国家对中国充满信任，因为中国可以帮助相关国家在全球舞台上发出自己的声音。

北京香山论坛是中方践行全球安全倡议的重要务实举措。全球安全倡议倡导以团结精神适应深刻调整的国际格局，以共赢思维应对各种传统安全和非传统安全风险挑战，走出一条对话而不对抗、结伴而不结盟、共赢而非零和的新型安全之路，为各国维护和实现共同安全、普遍安全注入了信心，必将继续助力建设更加和平与安全的世界。今年2月，中方发布《全球安全倡议概念文件》，在倡议框架下提出了20个重点合作方向，并就倡议合作平台和机制提出建议设想。出席本届论坛的多国国防部长高度肯定中国在维护世界和平、推动区域发展领域作出的贡献。白俄罗斯国防部长赫列宁表示，希望国际社会共同努力，推动落实全球安全倡议，实现各国和平共处。

中国坚定奉行独立自主的和平外交政策，始终根据事情本身的是非曲直决定自己的立场和政策，维护国际关系基本准则，维护国际公平正义。中国在坚定维护世界和平与发展中谋求自身发展，又以自身发展更好维护世界和平与发展。积极参与促进多边安全合作，积极开展斡旋外交，为推动热点问题政治解决不懈努力，积极致力于同各方开展反恐、网络、粮食、气候变化等非传统安全领域合作，积极推动完善国际安全对话交流平台机制……中国与各方共商共建、携手同行，推动全球安全倡议走深走实、行稳致远，充分展现负责任大国担当。

各国紧密相连，人类命运与共，和平、发展、合作、共赢的时代潮流不可阻挡。中方将继续秉持共同、综合、合作、可持续的安全观，与所有爱好和平、致力发展的国际社会成员一道，积极推动落实全球安全倡议，共同丰富倡议内涵和实践，共同为促进人类共同安全、世界持久和平作出新的贡献。

（2023年11月02日）

让更多国家和人民共享互联网发展成果

加强全球互联网治理，目的在于让网络空间更加普惠繁荣，关键在于让网络空间更加和平安全，出路在于让网络空间更加平等包容

信息革命时代潮流浩荡前行，网络空间承载着人类对美好未来的无限憧憬。11月8日，习近平主席向2023年世界互联网大会乌镇峰会开幕式发表视频致辞，深刻把握信息时代人类社会发展规律，科学分析全球互联网发展治理面临的新形势新要求，强调倡导发展优先、安危与共、文明互鉴，构建更加普惠繁荣、和平安全、平等包容的网络空间，为携手推动构建网络空间命运共同体提供了重要指引。

世界互联网大会乌镇峰会是在中国举办的规模最大、层次最高的互联网大会，也是世界互联网领域盛况空前的高峰会议。2015年，习近平主席在第二届世界互联网大会开幕式上提出了全球互联网发展治理的"四项原则""五点主张"，倡导构建网络空间命运共同体，得到国际社会广泛认同和积极响应。本届峰会以"建设包容、普惠、有韧性的数字世界——携手构建网络空间命运共同体"为主题，围绕全球发展倡议数字合作、数字化绿色化协同转型、人工智能等议题举办20场分论坛，来自120多个国家和地区的1800多名嘉宾以线上线下方式参会，展现出各方深化交流、务实合作的积极意愿。

加强全球互联网治理，目的在于让网络空间更加普惠繁荣。只有不断深化数字领域国际交流合作，发挥互联网和数字技术在改善民生、消除贫困等方面作用，才能让数字世界更好增进人类共同福祉。近年来，中国举办中国国际数字产品博

览会、世界机器人大会、世界人工智能大会等国际交流活动，与世界互联网大会一起，为共建网络空间命运共同体搭建协作平台，以实际行动让数字世界更好促进人类发展进步。中国携手各方高质量共建"数字丝绸之路"、积极发展"丝路电商"、持续深化网络空间国际交流合作，推动各国共同搭乘互联网和数字经济发展的快车，展现直面全球数字发展挑战的大国责任担当。

加强全球互联网治理，关键在于让网络空间更加和平安全。网络空间的未来应由各国共同开创，网络空间的安全也应由各国共同维护。只有尊重各国网络主权，遵守网络空间国际规则，深化网络安全务实合作，才能携手应对网络空间安全挑战。中国发布《网络空间国际合作战略》、提出《全球数据安全倡议》等，持续为完善全球数字治理体系贡献力量。今年10月，中国提出全球人工智能治理倡议，围绕人工智能发展、安全、治理三方面系统阐述人工智能治理的中国方案，坚持发展与安全并重的系统思维，倡导以人为本、智能向善的普遍共识，弘扬平等互利、尊重人类权益的价值理念，发出了引领全球人工智能治理的中国强音。

加强全球互联网治理，出路在于让网络空间更加平等包容。网络的生命在于互联，核心在于开放。网络空间应当是百花齐放的"大舞台"，而不是搞数字铁幕的"新战场"。只有不断加强网上交流对话，促进各国人民相知相亲，推动不同文明包容共生，更好弘扬全人类共同价值，才能让数字世界更好推动文明互鉴。构建多语种"丝绸之路数字遗产与旅游信息服务平台"，举办"全球博物馆珍藏展示在线接力"项目……近年来，中国秉持开放包容理念，推动不同文明在网上对话沟通、互学互鉴，让互联网成为展示世界多彩文明的重要平台。

互联网日益成为推动发展的新动能、维护安全的新疆域、文明互鉴的新平台，构建网络空间命运共同体既是回答时代课题的必然选择，也是国际社会的共同呼声。中国将与世界各国一道深化合作，共同推动构建网络空间命运共同体迈向新阶段，让更多国家和人民共享互联网发展成果。

（2023年11月10日）

正义之声　和平之声

本轮巴以冲突爆发以来，中方积极劝和促谈，推动停火止战。中方主张契合绝大多数国家的共同愿望，反映了全世界所有爱好和平人民的一致呼声

11月21日晚，习近平主席出席金砖国家领导人巴以问题特别视频峰会并发表重要讲话，重点阐释了中方关于巴以问题的立场主张，指出当务之急是立即停火止战、保障人道主义救援通道安全畅通、防止冲突扩大，强调解决巴以冲突循环往复的根本出路是落实"两国方案"。习近平主席的讲话兼顾当前和长远，为有效解决巴以问题明确了方向。

本次峰会是金砖扩员后的首场领导人会晤，也是金砖国家在巴以冲突升级的关键时刻举行的一次重要会议。作为新兴市场国家和发展中国家加强团结合作、维护共同利益的重要平台，金砖合作机制始终聚焦促进世界和平与发展。金砖国家在重大国际问题上坚持从事情本身的是非曲直出发，说公道话、办公道事，为世界注入了更多确定性、稳定性、正能量。正如习近平主席所指出的，当前形势下，金砖国家就巴以问题发出正义之声、和平之声，非常及时、非常必要。

此次峰会上，习近平主席提出三个"当务之急"，即"冲突各方要立即停火止战，停止一切针对平民的暴力和袭击，释放被扣押平民，避免更为严重的生灵涂炭""要保障人道主义救援通道安全畅通，向加沙民众提供更多人道主义援助，停止强制迁移、断水断电断油等针对加沙民众的集体惩罚""国际社会要拿出实际举措，防止冲突扩大、影响整个中东地区稳定"。中方主张具有很强的针对性和建设性，契合绝大多数国家的共同愿望，反映了全世界所有爱好和平人民的一致呼声。

巴勒斯坦问题始终是中东问题的核心。不公正解决巴勒斯坦问题，中东就没有持久的和平稳定。习近平主席多次强调，解决巴以冲突循环往复的根本出路是落实"两国方案"，恢复巴勒斯坦民族合法权利，建立独立的巴勒斯坦国。巴以局势发展到今天，根本原因是巴勒斯坦人民的建国权、生存权、回归权长期遭到漠视。巴勒斯坦人民遭遇的历史不公不能无限期延续，合法民族权利不能交易，独立建国诉求不容否决。中方呼吁尽快召开更具权威性的国际和会，凝聚国际促和共识，推动巴勒斯坦问题早日得到全面、公正、持久解决。

本轮巴以冲突爆发以来，中方积极劝和促谈，推动停火止战。近日，阿拉伯、伊斯兰国家外长联合代表团将中国作为国际斡旋的第一站，表明对中国的高度信任，体现了双方相互理解、相互支持的优良传统。作为本月联合国安理会轮值主席，中国推动安理会通过相关决议，要求延长人道主义暂停和人道主义走廊的期限，保护平民，开展人道主义援助等。国际社会高度评价中方在巴勒斯坦问题上长期秉持公正立场，赞赏中国作为联合国安理会轮值主席推动出台本轮巴以冲突以来首份安理会决议。为缓解加沙人道主义局势，中国通过巴勒斯坦民族权力机构和联合国机构提供了200万美元紧急人道主义援助，通过埃及向加沙地带提供了价值1500万元人民币的食品、药品等紧急人道主义物资，并将根据加沙人民需要，继续提供物资援助。

金砖国家就巴以问题协调立场、采取行动，为扩员后的"大金砖合作"开了个好头。作为联合国安理会常任理事国和负责任大国，中国将继续同有关各方保持密切沟通，为保护平民、缓和局势、重启和谈、实现和平付出最大努力。

（2023年11月24日）

中国是推进全球气候治理的行动派

作为负责任的发展中大国，中国将积极应对气候变化作为实现自身可持续发展的内在要求，为全球气候治理贡献了智慧和力量

11月30日，《联合国气候变化框架公约》第二十八次缔约方大会（COP28）在阿联酋迪拜开幕。在此次会议上，各方将首次对实现《巴黎协定》目标取得的进展进行全球盘点，对全球气候治理进程具有重要阶段性意义。国际社会期待各缔约方恪守气候变化公约体系的制度、原则和目标，发出聚焦行动、加强合作的积极信号。

COP28主题是"团结、行动、落实"，体现了团结合作应对气候变化的愿望。根据《联合国气候变化框架公约》秘书处的最新报告，各国当前的气候行动计划无法实现《巴黎协定》目标。联合国秘书长古特雷斯表示，COP28必须成为各国弥合气候雄心差距的地方，发达国家必须兑现其资金承诺，重建信任。

中国是推进全球气候治理的行动派。今年以来，中国与各方保持密切沟通，以推动COP28取得成功，促进《巴黎协定》全面有效实施。不久前，习近平主席在旧金山同美国总统拜登举行会晤。两国元首强调在当下关键十年中美加快努力应对气候危机的重要性，欢迎两国气候特使近期开展的积极讨论，包括：2020年代国内减排行动，共同推动COP28成功，启动中美"21世纪20年代强化气候行动工作组"以加快具体气候行动。世界气象组织秘书长塔拉斯认为这呼应了全球合作精神，对全球应对气候变化挑战具有积极影响。习近平主席日前在同法国总统马克龙通电话时强调，中方愿同法方一道，对外发出中法携手应对气候变化的有力信号，推动联合国气候变化迪拜大会取得成功。

作为负责任的发展中大国，中国将积极应对气候变化作为实现自身可持续发展的内在要求，为全球气候治理贡献了智慧和力量。实施积极应对气候变化国家战略，宣布碳达峰碳中和目标，构建完成碳达峰碳中和"1+N"政策体系，推动产业、能源、交通运输结构调整，采取节能提高能效、建立完善市场机制、增加森林碳汇……中国坚持减缓和适应并重，应对气候变化取得积极进展。2022年中国碳排放强度比2005年下降超过51%。"中国对全球应对气候变化贡献颇多，是全球可再生能源发展的引领者。"COP28主席苏尔坦·贾比尔表示。

中国深入开展气候变化南南合作，积极参与气候多边进程，展现出大国责任担当。日前，由中企总承包的阿联酋艾尔达芙拉光伏电站全面竣工，这是目前世界上最大的单体光伏电站，可供20万户居民用电，每年减少碳排放240万吨。截至2023年9月，中国已与数十个发展中国家签署48份气候变化南南合作谅解备忘录，累计合作建设4个低碳示范区，开展75个减缓和适应气候变化项目，为120多个发展中国家培训2300余名气候变化领域的官员和技术人员。推动实施"中欧绿色行动"、建设中欧碳中和研究中心、启动中法碳中和中心、举办全球可持续交通高峰论坛……中国以实际行动凝聚全球气候治理共识，提振了全球应对气候变化的信心。

应对气候变化是全人类的共同事业。各方要始终维护《联合国气候变化框架公约》在全球气候治理中的主渠道地位，坚持公平、共同但有区别的责任和各自能力原则，全面有效落实《巴黎协定》目标。中国将同各方一道，以全球盘点为契机，聚焦落实行动，强化支持手段，推动构建公平合理、合作共赢的全球气候治理体系。

（2023年12月01日）

坚持多边主义，携手应对气候变化挑战

经过两周的艰难谈判，《联合国气候变化框架公约》第二十八次缔约方大会（COP28）近日在阿联酋迪拜落下帷幕。大会完成了《巴黎协定》生效以来的首次全球盘点，总结了成绩和缺口，为《巴黎协定》深入实施指明方向，特别是进一步巩固了全球绿色低碳转型大势，具有重要里程碑意义。此次大会再次表明，践行真正的多边主义，加强团结合作，才能更好应对气候变化挑战。

确保全球气候治理沿着正确轨道前行，各方必须坚持《联合国气候变化框架公约》及其《巴黎协定》的目标、原则及制度安排。此次大会就《巴黎协定》首次全球盘点、减缓、适应、资金、损失与损害等多项议题达成"阿联酋共识"；130多个国家签署关于粮食、农业和气候行动的宣言，在解决全球温室气体排放问题的同时，保护受气候变化影响最大地区的农民的生命和生计；世界银行集团宣布将加大应对气候变化融资支持力度，大幅提高下一财政年度融资总额中用于应对气候变化项目的比例……大会取得的一系列成果展现了国际社会携手应对气候变化的努力，也反映了各方愿意坚持多边主义，积极展现更多灵活性、建设性的趋势。正如联合国秘书长古特雷斯所言，"在我们这个四分五裂的世界，COP28可以表明，多边主义仍是人类应对全球挑战的最大希望"。

构建公平合理、合作共赢的全球气候治理体系，是在应对气候变化领域践行真正的多边主义必然要求。发展中国家是气候变化的最大受害者，但在全球气候治理进程中，广大发展中国家的很多合理关切尚未得到充分的重视和解决。首次全球盘点显示，全球在实现《巴黎协定》目标方面取得了实质性进展，但距离目标仍有差距，特别是对气候变化负有最大责任的发达国家在履行减排义务并向发展中国家提供资金、技术及能力建设支持等方面还存在严重缺口，为履行气候责任和义务所付出的实际行动还严重不足，有关国家产业、贸易等单边措施进一步增加了全球气候目标实现难度。《联合国气候变化框架公约》执行秘书西蒙·斯蒂尔指出，全球盘点清楚表明，全球气候行动还不够快，国际社会必须全面落实《巴黎协定》。

共同但有区别的责任原则是全球气候治理的基石，关乎国际公平正义。此次大会期间，多方再次强调了"共同但有区别的责任"原则的重要性。在减排行动方面，《巴黎协定》极大推动了全球低碳转型，但一些发达国家能源政策出现倒退，化石能源消费和碳排放不减反增，使已经十分脆弱的全球减排前景岌岌可危。一些发达国家长期不正视其责任，迟迟不兑现有关承诺，致使发展中国家气候行动所需支持严重不足。国际社会期待发达国家切实履行率先减排和向发展中国家提供资金、技术及能力建设支持义务，推动《巴黎协定》全面、平衡、有效实施。

应对气候变化必须雄心与务实兼备，在可持续发展框架下，充分立足各国国情和能力，推进绿色公正转型。负责任地应对气候变化必须采取积极且务实的态度，空喊口号、脱离实际和"一刀切"，看似富有雄心，实则有损气候变化多边进程。各方应共同促进应对气候变化和消除贫困、能源安全、创造就业、发展经济等需求有效协调，务实推动全球向绿色低碳、气候韧性社会的公正转型。

中国将积极应对气候变化作为实现自身可持续发展的内在要求，深入开展气候变化南南合作，积极参与气候变化多边进程，充分展现大国责任担当。此次大会期间，中方全面深入参与各议题磋商，与主席国阿联酋及其他各方密切协调，坚定维护发展中国家共同利益，并就谈判关键问题提供解决方案，推动各方聚同化异，为会议取得积极成果作出重要贡献，是中方践行真正的多边主义的体现。

　　气候变化关乎全人类福祉和未来。应对气候变化，需要各方以行动化愿景为现实。作为负责任发展中大国，中国将同各方加强合作，携手应对气候变化，完善全球气候治理，保护人类共同的地球家园。

（2023年12月19日）

我们要促进人类社会发展、共同构建人类命运共同体，就必须深入了解和把握各种文明的悠久起源和丰富内容，让一切文明的精华造福当今、造福人类。

"一花独放不是春，百花齐放春满园。"在各国前途命运紧密相连的今天，不同文明包容共存、交流互鉴，在推动人类社会现代化进程、繁荣世界文明百花园中具有不可替代的作用。

我们愿同国际社会一道，努力开创世界各国人文交流、文化交融、民心相通新局面，让世界文明百花园姹紫嫣红、生机盎然。

中国坚持人民至上，坚持走顺应时代潮流、适合本国国情的人权发展道路，在推进中国式现代化的进程中不断提升人权保障水平，促进人的自由全面发展。

06

让世界文明百花园
姹紫嫣红、生机盎然

让一切文明的精华造福当今、造福人类

　　中国将继续与各国携手，弘扬平等、互鉴、对话、包容的文明观，让文明交流互鉴成为增进各国人民友谊的桥梁、推动人类社会进步的动力、维护世界和平的纽带，为推动构建人类命运共同体贡献文明力量

　　"我们要促进人类社会发展、共同构建人类命运共同体，就必须深入了解和把握各种文明的悠久起源和丰富内容，让一切文明的精华造福当今、造福人类。"近日，习近平主席复信雅典大学维尔维达基斯教授等希腊学者，祝贺中希文明互鉴中心成立。习近平主席的复信高度评价了中希建立文明互鉴中心的重大意义，再次倡导各文明加强交流互鉴，用好一切文明的精华，化解人类文明面临的突出矛盾和问题，必将有力引领百年变局下多元文明共生，推动构建人类命运共同体。

　　中华文明源远流长，古希腊文明影响深远。纵观历史，中希两大文明始终相互欣赏、相互借鉴，向世界展示了伟大古老文明的和合之美。中希文明蕴含的价值观、世界观、宇宙观、人生观、科学观、文化观等博大精深、历久弥新，为人类破解时代难题、推动构建人类命运共同体提供了重要的精神指引。希腊教育和宗教事务部副部长安吉洛斯·西里戈斯在中希文明互鉴中心成立仪式上表示，尽管希中两国相距数千公里，但两国之间的友谊纽带以及文明和历史的紧密联系众所周知。

　　多样性是世界的基本特征，也是人类文明的魅力所在。习近平主席强调，在人类历史的漫长进程中，各民族创造了具有自身特点和标识的文明，共同构成人类文明绚丽多彩的百花园。文明因多样而交流，因交流而互鉴，因互鉴而发展。中方主张树立平等、互鉴、对话、包容的文明观，以文明交流超越文明隔阂、文明互鉴超越文明冲突、文明共存超越文明优越，为人类文明发展进步指明了方向，为推动构建人类命运共同体汇聚起重要力量。"我非常赞赏构建人类命运共同体理念以及中国为此付出的重要努力。"希腊前总理乔治·帕潘德里欧表示，"君子和而不同"等观点表明，寻求在和谐中为实现共同目标而携手努力的观念早已深深植根于中华文明之中。

当今世界正面临百年未有之大变局，化解人类面临的突出矛盾和问题，需要依靠物质的手段攻坚克难，也需要依靠精神的力量诚意正心。面对"世界怎么了，我们怎么办"的时代之问，从人类一切优秀文化和智慧中汲取营养，比以往任何时候都更为迫切、更为重要。从提出坚守和弘扬和平、发展、公平、正义、民主、自由的全人类共同价值，为国际社会加强团结提供共同价值纽带，到践行和平合作、开放包容、互学互鉴、互利共赢的丝路精神，努力把"一带一路"建设成文明之路；从倡导各国秉持共同、综合、合作、可持续的安全观，推动构建均衡、有效、可持续的安全架构，到提出"生态兴则文明兴，生态衰则文明衰"重要论断，积极推动建设全球生态文明……和衷共济的中国智慧、和合共生的中国方案为破解时代难题提供了智慧之钥。

对待不同文明，需要比天空更宽阔的胸怀。历史已经充分证明，各文明都是平等的，都是人类文明创造的成果。只有彼此交流互鉴、取长补短、共同进步，才能为人类文明进步、世界和平发展提供强大动力。在和平赤字、发展赤字、安全赤字、治理赤字加重的当下，个别国家的一些人鼓噪"文明优越""文明冲突"，这种二元对立的错误思维是对其他文明的不尊重，只会阻碍人类文明进步。个别国家炮制"民主对抗威权"虚假叙事，拼凑所谓"价值观联盟"，只会给世界埋下冲突对抗的种子。

　　天下为公，正道致远。展望未来，中国将继续与各国携手，弘扬平等、互鉴、对话、包容的文明观，让文明交流互鉴成为增进各国人民友谊的桥梁、推动人类社会进步的动力、维护世界和平的纽带，为推动构建人类命运共同体贡献文明力量。

（2023年02月23日）

让世界文明百花园姹紫嫣红、生机盎然

3月15日，中共中央总书记、国家主席习近平出席中国共产党与世界政党高层对话会并发表主旨讲话，郑重提出全球文明倡议，系统阐释推动不同文明包容共存、交流互鉴的中国方案。这是继全球发展倡议、全球安全倡议后，新时代中国为国际社会提供的又一重要公共产品，将为推动人类现代化进程、推动构建人类命运共同体注入强大正能量。

人类文明多样性是世界的基本特征，也是人类进步的源泉。习近平总书记科学把握各国前途命运紧密相连的现实，首次提出全球文明倡议，强调要共同倡导尊重世界文明多样性、共同倡导弘扬全人类共同价值、共同倡导重视文明传承和创新、共同倡导加强国际人文交流合作。全球文明倡议意蕴深刻、内涵丰富、体系完整，为推动文明交流互鉴、促进人类文明进步贡献了中国智慧。"习近平总书记提出的全球文明倡议，尊重时代现实、尊重不同文明""全球文明倡议有助于推动世界合力应对急切的全球性挑战，减少冲突和对抗，通过平等互鉴对话实现人类和谐相处""中国共产党的努力对于促进世界和平与发展，创造具有包容性的人类文明新形态发挥了建设性作用"……全球文明倡议一经提出，就引发国际社会积极反响。

不同文明包容共存、交流互鉴，在推动人类社会现代化进程、繁荣世界文明百花园中具有不可替代的作用。国际上一些人对人类文明的认识总是跟不上时代潮流，甚至蓄意渲染文明冲突、文明优越，制造文明隔阂。近年来，个别国家妄图组建所谓"价值观联盟"，通过编织虚假的"民主对抗威权"叙事，在全球挑起意识形态对立，严重背离历史发展大势，在国际社会引起广泛担忧。全球文明倡议强调坚持文明平等、互鉴、对话、包容，以文明交流超越文明隔阂、文明互鉴超越文明冲突、文明包容超越文明优越，强调要以宽广胸怀理解不同文明对价值内涵的认识，不将自己的价值观和模式强加于人，不搞意识形态对抗，强调推动各国优秀传统文化在现代化进程中实现创造性转化、创新性发展，强调促进各国人民相知相亲，共同推动人类文明发展进步，具有鲜明的创新性和独特的时代价值。

全球文明倡议的核心理念和精神内涵充分体现于新时代中国推动不同文明交流互鉴的积极实践之中。10年来，习近平总书记在不同场合深入阐释平等、互鉴、对话、包容的文明观，为深刻演变的世界带来重要启迪。举办中国共产党与世界政党高层对话会、中国共产党与世界政党领导人峰会，开展治党治国经验交流；举办亚洲文明对话大会，搭建亚洲乃至世界文明交流互鉴的重要平台；携手各方弘扬和平合作、开放包容、互学互鉴、互利共赢的丝路精神，致力于把"一带一路"建设成文明之路……新时代中国立足中华文明开放包容的文明特质，着眼于当今世界开放包容、多元互鉴的主基调，坚持弘扬和平、发展、公平、正义、民主、自由的全人类共同价值，多层面促进和而不同、兼收并蓄的文明交流，同各方一道搭建了众多对话合作平台和渠道，有力促进了人类文明在交流互鉴中实现共同进步。

习近平总书记先后提出全球发展倡议、全球安全倡议、全球文明倡议，充分展现中国共产党人积极应对全球性挑战的政治勇气和责任担当。作为一个坚持胸怀天下的百年大党，中国共产党将携手各方积极践行全球文明倡议，努力开创世界各国人文交流、文化交融、民心相通新局面，让世界文明百花园姹紫嫣红、生机盎然。

（2023年03月18日）

读懂中国之治的"密码"

中国全国两会是全过程人民民主的生动实践。全国人大代表、全国政协委员有广泛的代表性，能够真实体现人民的意志、利益和愿望，让"民之所盼"直通"施政所向"，让"国之大者"与民生"小事"紧密相连。正如欧洲《现代外交》网站文章所指出的，"选举民主与协商民主相辅相成，人大代表和政协委员畅所欲言，并代表全国人民在关系国计民生的事务上行使民主权利"。这些充分表明，中国全过程人民民主是最广泛、最真实、最管用的民主。

中国的民主，真正把发展为了人民、发展依靠人民、发展成果由人民共享落到实处，充分调动起人民的主观能动性，这是中国之治的"密码"，是中国民主的力量。十四届全国人大一次会议表决通过关于修改立法法的决定，增加"立法应当坚持和发展全过程人民民主"的规定，确保立法活动和立法各个环节都能听到来自人民的声音、都能了解来自基层的情况，积极回应人民群众新要求新期待。古巴国际政治研究中心中国问题专家爱德华多·雷加拉多表示，此举体现出中国将全过程人民民主制度化、规范化、法律化，明确将人民利益置于国家立法工作的中心位置，确保立法工作各个环节都能听到人民的声音，从而在立法过程中回应人民的诉求。

民主的发展与国家治理的现代化相伴相生，相互作用，相互促进。绝无国家治理"失灵""低效"，国内问题成堆，民主却是"世界样板"的荒谬现象。中国的现代化，没有走西方老路，而是创造了中国式现代化道路；没有照搬照抄西方民主模式，而是创造了中国式民主。中国如期打赢脱贫攻坚战、全面建成小康社会，让世界看到了中国式现代化走得通、行得稳，中国式民主行之有效。有数据显示，近年来，中国人民对中国政府的满意度每年都保持在90%以上，这是中国民主具有强大生命力最真实的反映。国际人士指出："中国民主实践解决实际的民生问题，为人民提供发展机会　人民不断为经济社会发展作出积极贡献，这正是民主本质的体现。"

民主是多样的，实现民主旳道路并非只有一条。中国基于本国国情发展全过程人民民主，既有着鲜明的中国特色，也体现了全人类对民主的共同追求；既推动了中国的发展与中华民族的复兴，也丰富了人类政治文明形态。从全球视野来看，占世界人口近1/5的14亿多中国人民真正实现当家作主，享有广泛权利和自由，提振了发展中国家发展民主旳信心，为人类民主事业发展探索了新的路径。越来越多国际人士认为，中国旳全过程人民民主为其他国家，尤其是广大发展中国家提供了有益借鉴。

民主是全人类的共同价值，是中国共产党和中国人民始终不渝坚持的重要理念。中国将坚定不移走中国特色社会主义政治发展道路，不断发展全过程人民民主，为以中国式现代化全面推进中华民族伟大复兴汇聚磅礴力量，为人类政治文明进步贡献中国智慧。

（2023年03月18日）

共同推动全球人权事业健康发展

中国倡导推动人权领域国际合作，反对将人权问题政治化，以实际行动推动全球人权治理朝着更加公平公正合理包容的方向发展，为推动全球人权事业发展作出重要贡献

日前，联合国人权理事会第五十二届会议在瑞士日内瓦闭幕。会议期间，中国代表团通过国家发言、共同发言、举办边会等多种形式，全面宣介中国人权理念和成就，强调共同推动全球人权事业健康发展，获得与会国家代表广泛欢迎和支持。中国倡导推动人权领域国际合作，反对将人权问题政治化，以实际行动推动全球人权治理朝着更加公平公正合理包容的方向发展，为推动全球人权事业发展作出重要贡献。

今年是《世界人权宣言》通过75周年、《维也纳宣言和行动纲领》通过30周年。这两份纲领性文件所载的人人生而自由、权利平等的价值观念和宗旨原则是人类共同的美好追求。在联合国人权理事会第五十二届会议上，中国代表70多个国家作共同发言，就进一步落实《世界人权宣言》提出重要主张。中国代表近80个国家作共同发言，呼吁加强国际合作，重振《维也纳宣言和行动纲领》精神，推动实现高质量发展。共同发言对国际社会更好促进和保护人权、加强和改进全球人权治理具有积极意义，反映了国际社会特别是广大发展中国家的强烈心声。

中国奉行以人民为中心的人权理念，人民性是中国人权发展道路最显著的特征。无论是历史性地解决了绝对贫困问题，在中华大地上全面建成小康社会，还是着力推进全体人民共同富裕的现代化，中国政府始终把14亿多人民的幸福生活作为最大的人权，把14亿多人民的切身利益作为一切工作的出发点和落脚点，让14亿多人民成为人权事业的最重要参与者、促进者和受益者，不断增强人民的获得感、幸福感、安全感。中国将"国家尊重和保障人权"写入宪法，不断发展全过程人民民主，推进人权法治保障，维护社会公平正义，中国人民享有更加广泛、更加充分、更加全面的民主权利。葡萄牙智库"中国观察"主席鲁伊·洛里多认为，中国将人权真正落实到了人民的生活中。

中国人权事业取得历史性成就充分说明，尊重和保障人权必须在坚持人权普遍性原则基础上，走符合本国国情的人权发展道路。各国历史文化传统、具体国情、人民诉求千差万别，世界上不存在定于一尊的人权保障模式。照搬照抄别国模式只会水土不服，强加于人更会贻害无穷。各国自主选择人权发展道路的权利必须得到尊重。荷兰乌特勒支大学跨文化人权研究中心主任汤姆·茨瓦特认为，中国倡导构建人类命运共同体，主张尊重文化多元性、促进文明互学互鉴，这有助于将人权议题置于一个新的可持续的国际语境中。

任何国家都没有资格当人权"判官"，人权不能成为干涉别国内政、遏制别国发展的借口。2019年以来，美国连续4次纠集一些国家借人权问题在联合国大会第三委员会会议上攻击抹黑中国，遭到了绝大多数国家坚决反对，均以失败告终。近百个国家连续在联合国人权理事会会议上发出正义声音，以不同方式表达对中国正当立场的理解和支持，反对将人权问题政治化和奉行双重标准，反对借人权问题干涉中国内政。这些正义之声充分说明公道自在人心。

那些抹黑中国人权状况的国家最应该做的，是采取切实行动解决本国存在的严重侵犯人权问题，深刻检讨自身给他国制造的人权灾难。在联合国人权理事会第五十二届会议上，粮食权问题特别报告员法赫里表示，一些国家使用单边强制措施侵犯人权，使遭受单边强制措施的国家应对粮食危机的能力减弱。联合国单边强制措施对人权负面影响问题特别报告员阿莱娜·杜晗也发表声明，关切美国对域外个人和实体实施禁止入境、冻结资产等单边强制措施，侵犯了有关个人和实体的劳动权、行动自由权等基本人权。

当前，全球性问题层出不穷，国际人权事业发展面临严峻挑战。中方愿同各方一道，秉持和平、发展、公平、正义、民主、自由的全人类共同价值，在平等和相互尊重基础上开展人权交流与合作，积极参与全球人权治理，推动人权事业全面发展，推动构建人类命运共同体。

（2023年04月10日）

以安全守护人权　以发展促进人权 以合作推进人权

习近平主席向全球人权治理高端论坛致贺信，强调以安全守护人权、以发展促进人权、以合作推进人权，展现了中国积极参与全球人权治理、促进世界人权事业进步的使命担当

6月14日，习近平主席向全球人权治理高端论坛致贺信。习近平主席在贺信中提出完善全球人权治理的中国主张，强调以安全守护人权、以发展促进人权、以合作推进人权，展现了中国积极参与全球人权治理、促进世界人权事业进步的使命担当。

今年是《维也纳宣言和行动纲领》通过30周年。《维也纳宣言和行动纲领》在世界人权事业发展史上发挥了重要作用，强调人权的平等性和不可分割性相统一，强调国际社会应促进有效的国际合作，实现发展权利，消除发展障碍，反映了占世界人口绝大多数的广大发展中国家的意愿，为各国开展国际合作、实现《联合国宪章》所规定的保护人权和基本自由的目标奠定了基础。当前，人类又一次站在历史的十字路口，全球人权治理面临严峻挑战。人权领域对抗和分化正在加剧，人权问题政治化、工具化严重毒害世界人权事业健康发展。践行《维也纳宣言和行动纲领》精神，推动全球人权治理朝着更加公平公正合理包容的方向发展，是完善全球人权治理的应有之义。

安全是人类最基本的要求，没有和平稳定，人权无从谈起。只有以安全守护人权，尊重各国主权和领土完整，同走和平发展道路，践行全球安全倡议，才能为实现人权创造安宁的环境。冷战思维只会破坏全球和平框架，霸权主义和强权政治只会危害世界和平，集团对抗只会加剧21世纪安全挑战。习近平主席提出全球安全倡议，强调人类是不可分割的安全共同体，为弥补安全赤字、破解全球安全困境提供了中国方案，为全球人权治理贡献了中国智慧。国际社会要坚持共同、综合、合作、可持续的安全观，共同维护世界和平和安全，更好地保护和促进人权。

发展权是一项普遍的、不可分割的权利，是基本人权的一个组成部分。当前全球发展依然不平衡、不协调、不充分，对各国特别是发展中国家人民充分享有人权造成消极影响。中方主张以发展促进人权，践行全球发展倡议，提高发展的包容性、普惠性和可持续性，以各具特色的现代化之路保障各国人民公平享有人权。习近平主席提出全球发展倡议，强调坚持以人民为中心，在发展中保障和改善民生，保护和促进人权。全球发展倡议得到广泛响应和支持，有力推动国际社会重新聚焦发展、加快落实联合国2030年可持续发展议程，成为保障各国人民公平享有人权的重要国际公共产品。

只有坚持团结合作精神，在人权领域真诚沟通、深入交流，努力寻找共识、管控分歧，才能不断提高各国人权保障水平，携手推进世界人权事业发展。中方主张以合作推进人权，相互尊重，平等相待，践行全球文明倡议，加强文明交流互鉴，通过对话凝聚共识，共同推动人权文明发展进步。习近平主席提出全球文明倡议，倡导在平等和相互尊重的基础上，进一步加强对话与交流，尊重各国根据本国国情自主选择的人权发展道路，有利于共同推动世界人权事业健康发展。

中国既是《维也纳宣言和行动纲领》的积极参与者、倡导者，也是其精神的坚定维护者、践行者。中国坚持人民至上，坚持走顺应时代潮流、适合本国国情的人权发展道路，在推进中国式现代化的进程中不断提升人权保障水平，促进人的自由全面发展。中国积极参与全球人权治理，提出的以发展促进人权等重要理念日益深入人心，为推动世界人权事业发展作出重要贡献。

享有人权是世界各国人民的共同愿望，保护和促进人权是全人类的事业。中方愿同各方一道，弘扬全人类共同价值，坚持平等互信、包容互鉴、合作共赢、共同发展的理念，为推动世界人权事业健康发展不断注入正能量。

（2023年06月15日）

为实现人权创造安宁的环境

实现世界持久和平，让每一个国家享有和平稳定的外部环境，让每一个国家的人民都能安居乐业，人民权利得到充分保障，这是中国的鲜明主张。中国践行全球安全倡议，展现保护和促进人权的大国担当

"我们主张以安全守护人权，尊重各国主权和领土完整，同走和平发展道路，践行全球安全倡议，为实现人权创造安宁的环境。"在日前向全球人权治理高端论坛致贺信时，习近平主席深刻阐释了安全与人权的关系，强调践行全球安全倡议对实现人权的重要意义，为维护人权保障的安全环境提供了中国方案。

《世界人权宣言》指出："人人有权享有生命、自由和人身安全。"和平与安全是保护和促进人权的基本前提。没有和平与安全，人权无从谈起。当前，全球人权治理面临严峻挑战，突出特征之一是世界和平与安全面临的威胁在上升。地区安全热点问题此起彼伏，局部冲突动荡频频发生，传统和非传统安全威胁交织叠加。战争和冲突给阿富汗、叙利亚、利比亚等国造成的人道主义危机仍在持续，个别国家又执意挑起对抗、制造矛盾、激化冲突，给世界带来新的安全威胁。

"安全是发展的前提，人类是不可分割的安全共同体。"2022年4月，从全人类前途命运出发，习近平主席在博鳌亚洲论坛年会开幕式上郑重提出全球安全倡议，坚持共同、综合、合作、可持续的安全观，倡导走出一条对话而不对抗、结伴而不结盟、共赢而非零和的新型安全之路，得到国际社会广泛认同和支持。今年2月，中方正式发布《全球安全倡议概念文件》，系统阐释全球安全倡议的核心理念与原则，明确重点合作方向和平台机制。全球安全倡议为解决全球安全难题提供了系统

思路，展现了通过维护世界和平稳定推动完善全球人权治理的中国智慧。马来西亚新亚洲战略研究中心主席翁诗杰认为，人权这一普遍、神圣不可侵犯的价值观在当今全球治理中经受着无休止的严峻考验，全球安全倡议既能解决传统安全问题，也能解决非传统安全问题，它的及时提出为构建新的安全架构奠定了基础。

实现世界持久和平，让每一个国家享有和平稳定的外部环境，让每一个国家的人民都能安居乐业，人民权利得到充分保障，这是中国的鲜明主张。中国推动落实全球安全倡议，推动构建均衡、有效、可持续的安全架构，为世界营造更加和平安全的环境，为各类人权的保护和实现提供了现实基础。在乌克兰危机问题上，中方始终站在和平一边，坚持劝和促谈，强调共同改善危机地区的人道主义状况，并提供了多批人道主义援助；斡旋沙特阿拉伯和伊朗恢复外交关系，带动中东掀起"和解潮"，为缓解叙利亚、也门等国的人道主义危机提供了难得契机；支持阿富汗和平重建，为阿富汗重建发展提供力所能及的帮助，协助解决阿富汗人道和难民问题……中国维护世界和平稳定的切实行动，展现保护和促进人权的大国担当。

一个团结而非分裂、和平而非动荡的世界符合全人类共同利益，有助于保护和促进人权。实现国际和平与安全、经济和社会进步与发展、尊重人权，是《联合国宪章》规定的联合国三大使命。中国始终坚持以《联合国宪章》宗旨和原则为根本遵循，尊重各国主权和领土完整，不干涉别国内政，主张各国根据本国国情独自选择人权发展道路，坚决反对动辄对他国实施封锁、制裁等霸凌行径。中国始终认为，人权不能成为干涉别国内政、遏制别国发展的借口，人权问题不能被政治化、武器化、工具化，不能打着人权的幌子破坏和平稳定。

安全问题事关各国人民的福祉，事关世界和平与发展的崇高事业，事关人类的前途命运。中国将坚持走和平发展道路，并同各方一道践行全球安全倡议，携手建设一个远离恐惧、普遍安全的世界，不断为保护和促进人权作出贡献。

（2023年06月19日）

践行全球发展倡议，
厚植人权保障的物质基础

全球发展倡议是对全球发展合作的"再动员"，是对以人民为中心这一核心人权理念的"再确认"，推动实现发展为了人民、发展依靠人民、发展成果由人民共享，是有利于促进国际人权事业发展的重要公共产品

"以发展促进人权，践行全球发展倡议，提高发展的包容性、普惠性和可持续性，以各具特色的现代化之路保障各国人民公平享有人权"。习近平主席日前向全球人权治理高端论坛致贺信，深刻阐明发展对实现人权的重要作用，强调践行全球发展倡议，提高发展的包容性、普惠性和可持续性，为厚植人权保障的物质基础指明了前进方向。

发展是人类社会永恒的主题，为实现各项人权创造了条件。联合国《发展权利宣言》确认发展权利是一项不可剥夺的人权。当前，人类社会面临的发展赤字有增无减，国际人权事业发展面临严峻挑战。新冠疫情吞噬全球多年发展成果，联合国2030年可持续发展议程落实进程受阻。个别国家将发展议题政治化、边缘化，沉迷于遏制打压他国、滥施单边制裁，侵害他国民众基本人权。面对重重挑战和道道难关，国际社会必须加强团结合作，攥紧发展这把钥匙，夯实发展之基，让发展成果更多更公平惠及各国人民。

"发展是实现人民幸福的关键。"2021年9月，习近平主席在第七十六届联合国大会一般性辩论上提出全球发展倡议，强调坚持发展优先，坚持以人民为中心，坚持普惠包容，坚持创新驱动，坚持人与自然和谐共生，坚持行动导向，强调在发展中保障和改善民生，保护和促进人权。全球发展倡议是对全球发展合作的"再动员"，是对以人民为中心这一核心人权理念的"再确认"，推动实现发展为了人民、发展依靠人民、发展成果由人民共享，是有利于促进国际人权事业发展的重要公共产品。赞比亚中国友好协会秘书长弗雷德里克·姆泰萨指出，全球发展倡议为国际社会尤其是发展中国家实现发展权提供了有效路径。

中国共产党坚持从国情出发，创造性地提出"生存权、发展权是首要的基本人权"的人权观，构建起了中国人权事业不断发展进步的"密码"。经过长期不懈奋斗，中国人民实现了从翻身解放到解决温饱、从基本小康到全面小康，并正在向共同富裕目标迈进。中国在减贫事业上取得的巨大成就，不仅改写了中国人权事业发展史，也创造了世界人权保障新奇迹。中国正以中国式现代化全面推进中华民族伟大复兴，实现全体人民共同富裕是中国式现代化的本质要求。在推进中国式现代化的进程中，中国必将不断提升人权保障水平，促进人的自由全面发展。

世界上所有国家、所有民族都应该享有平等的发展机会和权利，各国和各国人民应该共同享受发展成果。联合国大家庭193个成员中，有150多个是发展中国家。对于广大发展中国家来说，生存权、发展权是首要人权。更加重视发展中国家面临的人权挑战，更多关注发展中国家的人权诉求，是落实《维也纳宣言和行动纲领》精神的应有之义。每个国家在谋求自身发展的同时，都应积极促进各国共同发展。那种以邻为壑、转嫁危机、损人利己的做法只会破坏共同发展的根基，既不道德，也难以持久。在全球化时代，世界长期发展不可能建立在一些国家越来越富裕，而其他国家却长期贫穷落后的基础之上。只有从根本上消除发展不平等、不充分、不平衡问题，实现各国共同发展，才能更好地保护和促进人权。

坚持人民至上，把人民对美好生活的向往作为奋斗目标，是时代赋予世界各国的责任。中方愿同各方携手努力，践行全球发展倡议，共同推动全球发展迈向平衡协调包容新阶段，努力为各国特别是发展中国家人民共享发展成果创造条件和机会。

（2023年06月20日）

坚持平等相待，丰富发展人权文明多样性

　　人权是人类文明进步的标志。习近平主席日前向全球人权治理高端论坛致贺信时指出，以合作推进人权，相互尊重，平等相待，践行全球文明倡议，加强文明交流互鉴，通过对话凝聚共识，共同推动人权文明发展进步。习近平主席将人权文明置于人类文明的宽广视野中，强调践行全球文明倡议对推动人权文明发展进步的重要意义，为丰富发展人权文明多样性、推动完善全球人权治理提供了新思路。

　　当前，全球人权治理面临严峻挑战。一些国家自认为在人权问题上是十全十美的"理想国"，总想当对别国颐指气使的"教师爷"，沉迷于把人权问题政治化、工具化，大搞双重标准，甚至打着所谓"普世人权""人权高于主权"等旗号大肆干涉他国内政。这些对抗性做法是国际人权事业发展的障碍。完善全球人权治理，当务之急是树立正确的人权观，在相互尊重、平等相待的基础上开展对话和合作，扩大共识、减少分歧，相互借鉴、共同进步。

　　将人权文明置于人类文明的宽广视野中，践行全球文明倡议，有助于厘清全球人权治理领域的迷雾，切实做到尊重各国人权发展道路。世界是丰富多彩的，多样性是人类文明的魅力所在。习近平主席提出全球文明倡议，强调要共同倡导尊重世界文明多样性、共同倡导弘扬全人类共同价值、共同倡导重视文明传承和创新、共同倡导加强国际人文交流合作。全球文明倡议倡导以宽广胸怀理解不同文明对价值内涵的认识，不将自己的价值观和模式强加于人，不搞意识形态对抗，有利于推动在全球人权治理领域树立平等、互鉴、对话、包容理念，摒弃将人权问题政治化、工具化的错误做法，推动全球人权治理朝着更加公平公正合理包容

的方向发展。

人权是历史的、具体的、现实的，各国国情不同，历史文化、社会制度、经济社会发展水平存在差异，必须也只能从本国实际和人民需求出发，探索适合自己的人权发展道路。必须坚持人权普遍性与各国实际相结合，尊重各国自主选择的人权发展道路。中国在推进人权事业发展的实践中，把马克思主义人权观同中国具体实际相结合、同中华优秀传统文化相结合，总结中国共产党团结带领人民尊重和保障人权的成功经验，借鉴人类优秀文明成果，走出了一条顺应时代潮流、适合本国国情的人权发展道路。中国始终尊重他国人权发展道路，反对脱离社会政治条件和历史文化传统空谈人权，反对以人权之名行霸权霸道霸凌之实。

推进国际人权事业健康发展，需要的是团结而非分裂，是合作而非对抗。长期以来，中国积极开展人权对话交流和合作，同20多个国家和地区组织建立人权对话或磋商机制，密切与联合国人权理事会、人权高专办等多边人权机构合作，积极搭建"北京人权论坛""南南人权论坛"等交流平台，积极分享人权事业发展的经验，推动将构建人类命运共同体、发展促进人权、在人权领域促进合作共赢等重要理念写入有关决议，丰富了国际人权话语体系。中国始终秉持公平正义，致力于推进人权治理体系民主化。中国支持发展中国家维护自身利益，多次代表观点相近国家在联合国人权理事会上作共同发言，揭批一些西方国家侵犯人权问题，坚决反对动辄对他国采取封锁、制裁等霸凌行径。巴基斯坦伊斯兰堡南亚与国际研究中心主任马哈茂德·哈桑·汗表示，中国一直是人权的捍卫者，促进了更公平、更好的合作。

促进和保护人权是全人类的事业，需要大家共同努力。中国将与各方一道，坚持践行全球文明倡议，坚持相互尊重、平等相待，共同推进国际人权事业，造福各国人民。

（2023年06月22日）

为推动国际人权事业
健康发展作出更大贡献

中国将以此次当选人权理事会成员为契机，继续积极参与全球人权治理，同各国广泛开展人权交流与合作，为推动国际人权事业健康发展、推动构建人类命运共同体作出更大贡献

日前，第七十八届联合国大会投票选举2024年度至2026年度人权理事会成员，中国成功连任。这是中国第六次担任联合国人权理事会成员，是当选次数最多的国家之一，充分说明国际社会对中国人权事业发展成就和积极参与国际人权交流与合作的肯定，以及对中国在国际人权事业中发挥重要作用的高度认可。

作为联合国创始成员国和安理会常任理事国，中国始终以负责任态度参与联合国人权事务，积极融入全球人权治理体系，努力促进国际人权事业的健康发展。中国遵循联合国宪章和《世界人权宣言》精神，认真履行国际人权义务，先后批准或加入了包括6项联合国核心人权条约在内的29项国际人权文书，通过联合国人权理事会三轮国别人权审议，被称为"履约典范"，同联合国人权事务高级专员及其办事处、人权理事会特别机制等积极拓展合作，展现出负责任大国形象。

中国奉行以人民为中心的人权理念，坚持人民幸福生活是最大的人权，走出一条顺应时代潮流、适合本国国情的人权发展道路，人权事业取得历史性成就。从全面建成小康社会，到建成世界上规模最大的教育体系、社会保障体系、医疗卫生体系；从不断发展全过程人民民主，到完善对少数民族、妇女、儿童、老年人、残疾人等特定群体权益的平等保障和特殊保护；从让天更蓝、山更绿、水更清，到让百姓的获得感、幸福感、安全感成色更足……中国的人权实践把增进人民福祉、保障人民当家作主、促进人的全面发展作为发展的出发点和落脚点，确保人民依法享有广泛充分、真实具体、有效管用的人权。有欧洲媒体人士指出，每一个国家都可以走适合本国国情的人权道路，实现人民对美好生活的向往，同时也让人民对未来发展充满信心，"中国在这方面作出了非常好的示范"。

中国始终重视参与全球人权治理体系变革，为广大发展中国家争取话语权，推动全球人权治理朝着更加公平公正合理包容的方向发展。中国积极参与联合国人权专门机制的改革工作，在设立联合国人权理事会的磋商和最后表决过程中发挥了积极作用，提出的一系列主张得到绝大多数国家认同；支持联合国人权理事会设立发展权、粮食权、单边强制措施问题等专题性特别机制；倡导召开关于粮食安全、国际金融危机的特别会议，积极推动完善国际人权机制；推动联合国人权理事会通过"发展对享有所有人权的贡献""在人权领域促进合作共赢""消除不平等背景下促进和保护经社文权利"等决议。肯尼亚国际问题学者卡文斯·阿德希尔表示，中国在维护发展中国家的利益和正当权利方面始终走在前列。

中国践行真正的多边主义，弘扬和平、发展、公平、正义、民主、自由的全人类共同价值，推动构建人类命运共同体，为包括人权治理在内的全球治理提供了新思路。中国提出的构建人类命运共同体理念被10余次纳入联合国人权理事会决议，成为国际人权话语体系的重要组成部分，外国学者评价该理念"为困境中的全球人权治理带来了希望"。中国提出全球发展倡议、全球安全倡议、全球文明倡议，为以发展促进人权、以安全守护人权、以合作推进人权，实现"人人得享人权"的世界愿景贡献了智慧与方案。

人权是人类文明进步的标志，实现人民充分享有人权是人类社会的共同奋斗目标。中国将以此次当选人权理事会成员为契机，继续积极参与全球人权治理，同各国广泛开展人权交流与合作，为推动国际人权事业健康发展、推动构建人类命运共同体作出更大贡献。

（2023年10月16日）

推动世界人权事业取得更大发展

中国积极践行《世界人权宣言》精神，积极参与全球人权治理，为世界人权事业发展作出了中国贡献、提供了中国方案

12月5日，"纪念《世界人权宣言》发表75周年"国际研讨会在北京举行。中外嘉宾深入探讨《世界人权宣言》的历史作用和时代价值，倡导加强团结协作，以安全守护人权、以发展促进人权、以合作推进人权，为世界人权事业发展注入更多正能量。

《世界人权宣言》在人类文明发展史上具有重大意义，对世界人权事业发展产生深刻影响。1948年12月10日，联合国大会通过《世界人权宣言》。75年来，国际社会为实现《世界人权宣言》的目标携手努力，促进保护人权深入人心，国际人权体系日臻完善，各国人权保障更加有力。与会嘉宾表示，应以纪念《世界人权宣言》发表75周年为契机，践行《世界人权宣言》精神，加强对话合作，不断凝聚共识，推动世界人权事业健康发展。

中国是《世界人权宣言》精神的积极倡导者。中国共产党和中国政府始终把促进和保护人权放在重要位置，坚持将人权的普遍性原则同中国实际相结合，走出了一条顺应时代潮流、适合本国国情的人权发展道路。特别是进入新时代以来，以习近平同志为核心的党中央把尊重和保障人权作为治国理政的重要工作，推动中国人权事业取得一系列新的历史性成就。历史性解决绝对贫困问题，建成世界上规模最大的教育体系、社会保障体系、医疗卫生体系；深入推进社会主义民主政治建设，不断发展全过程人民民主，民主形式更加丰富，渠道不断拓宽；法律制度不断完善，妇女、儿童、老人、残疾人的权利得到全方位保障……中国坚持以人民为中心，在发展中保障和改善民生，保护和促进人权，做到发展为了人民、发展依靠人民、发展成果由人民共享，不断增强民众的获得感、幸福感、安全感，实现人的全面发展。布隆迪外交与发展合作部部长助理西尔迪·马尼雷雷卡纳在研讨会上表示，中国的人权发展为全球人权治理提供了很好的借鉴与经验。

中国积极参与全球人权治理，为世界人权事业发展作出了中国贡献、提供了中国方案。当前，全球人权治理面临着严峻挑战，少数国家在人权问题上奉行双重标准，将人权问题政治化、工具化、武器化，严重阻碍世界人权事业健康发展。中国始终遵循联合国宪章和《世界人权宣言》精神，深入参与联合国人权理事会等多边人权机构工作，推动达成一系列重要国际人权公约、宣言，构建人类命运共同体纳入人权理事会决议，为国际人权保护注入中国理念。中国同联合国人权机制以及30多个国家和地区开展交流合作，为推动世界人权事业发展贡献中国力量。委内瑞拉新兴经济体发展高等研究中心学术研究主任路易斯·德尔加罗认为，中国提出的一系列理念和倡议倡导各国共同努力，推动全球人权治理朝着更加公平公正合理包容的方向发展，将为实现更加公正和可持续的全球人权治理作出积极贡献。

世界上没有放之四海而皆准的人权发展道路。各国都有权利自主选择人权发展道路，不同文明、不同国家应该相互尊重、相互包容、相互交流、相互借鉴。达成《世界人权宣言》确立的目标，是国际社会共同肩负的历史责任。各方应倡导共同安全，为实现人权创造更加安宁的国际环境；坚持发展优先，为实现人权提供更加坚实的物质基础；促进交流互鉴，为实现人权提供更加丰富的路径选择；秉持公平正义，为实现人权提供更加有效的合作平台。中方愿意在平等和相互尊重基础上，同各方积极开展人权对话和合作，扩大共识、减少分歧、相互借鉴、共同进步，共同推进国际人权事业，造福各国人民。

人人充分享有人权，是人类社会的伟大梦想。中国将坚定不移地促进和保护人权，积极参与全球人权治理，践行《世界人权宣言》精神，弘扬和平、发展、公平、正义、民主、自由的全人类共同价值，推动世界人权事业取得更大发展。

（2023年12月06日）

10年来，和平、发展、公平、正义、民主、自由的全人类共同价值日益深入人心，建设持久和平、普遍安全、共同繁荣、开放包容、清洁美丽的世界，成为越来越多国家的共同追求。国际社会清楚地认识到，世界上不存在高人一等的国家，不存在放之四海而皆准的国家治理模式，不存在由某个国家说了算的国际秩序。一个团结而非分裂、和平而非动荡的世界符合全人类共同利益。

当今世界是一荣俱荣、一损俱损的命运共同体。各国人民企盼的，不是"新冷战"，不是"小圈子"，而是一个持久和平、普遍安全的世界，一个共同繁荣、开放包容、清洁美丽的世界。这是历史前进的逻辑、时代发展的潮流。

无论今后发展到哪一步，我们都永远不称霸、不扩张，不强加于人，不谋求势力范围，不同任何国家打冷战热战。中国将坚持对话而不对抗、结伴而不结盟，继续奉行合作共赢的开放战略。

07

为世界提供更多稳定性 为发展提供更多推动力

共同开启中柬命运共同体建设新时代

无论国际风云如何变幻，中柬双方将坚定不移地深化亲密无间的"铁杆"友谊，坚定不移地开展互利共赢的务实合作，坚定不移地推动构建人类命运共同体

习近平主席日前在北京会见来华进行正式访问的柬埔寨首相洪森，就构建新时代中柬命运共同体及共同关心的国际和地区问题深入交换意见，为中柬关系未来发展指明了方向。双方一致同意携手构建高质量、高水平、高标准的新时代中柬命运共同体，着力打造中柬"钻石六边"合作架构，让中柬"铁杆"友谊这一两国人民共同的宝贵财富代代相传。

中柬是高度互信的好朋友、肝胆相照的好伙伴、休戚相关的命运共同体。2019年4月，中柬率先签署构建命运共同体行动计划。在两国领导人战略引领下，中柬关系日益焕发新的生机活力，中柬命运共同体建设取得丰硕成果，为两国人民带来了实实在在的利益，也为地区乃至世界的和平与发展作出了贡献。面对当今世界之变、时代之变、历史之变，中柬关系的战略意义更加凸显。

在涉及彼此核心利益问题上相互支持是中柬命运共同体的核心要义。中方重申坚定支持柬埔寨人民自主选择符合本国国情的发展道路，坚定支持柬埔寨维护国家独立、主权、安全和发展利益，坚定支持柬埔寨平稳推进重大国内政治议程，坚决反对外部势力干涉柬埔寨内政。柬方重申恪守一个中国原则，强调台湾问题是中国内政，任何外部势力无权干涉，并坚决反对借涉疆问题干涉中国内政。双方一致认为，必须从本国实际出发，探索符合人民需求的人权发展道路，坚决反对将人权问题政治化、工具化，搞双重标准，坚决反对任何国家滥用民主价值，借口维护民主、人权，干涉主权国家内政，挑动世界分裂对抗，将自身意志强加于他国。

中柬从政治、产能、农业、能源、安全、人文六大领域入手，打造"钻石六边"合作架构，将为构建新时代中柬命运共同体注入重要动力。政治上，双方将深化战略沟通，加强治国理政经验交流，深化各渠道交往；产能上，双方同意深化中国"一带一路"倡议同柬埔寨"四角战略"对接合作，并发挥好中柬产能与投资合作机制作用，着眼柬建成西哈努克省多功能经济示范区愿景，探讨打造"工业发展走廊"，开展更多投资合作；农业上，双方同意探讨打造以柬西北部和洞里萨湖区为中心的"鱼米走廊"，发展临湖现代化生态农业；能源上，双方同意加大水电、光伏等清洁能源合作，探讨绿色环保、稳定可靠的能源合作方案；安全上，双方同意加强两军各层级交往，密切多边安全事务协调配合，加强两国执法官员情报交换与分享合作，深化打击跨境犯罪等领域合作；人文上，双方同意加强旅游、科技创新、教育、卫生等领域合作，开展文化遗产保护和修复工作。两国着力打造"钻石六边"合作架构，必将让中柬全面战略合作伙伴关系更加璀璨夺目。

中柬致力于构建新型国际关系，深化拓展平等、开放、合作的全球伙伴关系，携手推动构建人类命运共同体。双方认同和平、发展、公平、正义、民主、自由的全人类共同价值，同意坚持真正的多边主义，反对霸权主义和强权政治，反对一切形式的单边主义，反对搞针对特定国家的阵营化和排他性小圈子。习近平主席强调，发展不是少数国家的权利，搞意识形态对抗，把经贸科技交流政治化、武器化，强推"脱钩断链"，遏制打压别国发展，要求地区国家选边站队，是强权霸权行径，不得人心。中方站在历史正确的一边，将坚决维护国家主权、安全、发展利益，维护国际公平正义。洪森首相表示，中方提出的共建"一带一路"倡议、全球发展倡议和全球安全倡议，对维护世界和平、促进共同发展意义重大，柬方积极支持并参与。

无论国际风云如何变幻，中柬双方将坚定不移地深化亲密无间的"铁杆"友谊，坚定不移地开展互利共赢的务实合作，坚定不移地推动构建人类命运共同体，为两国人民带来更多福祉，为地区和平稳定发展贡献更多正能量。

（2023年02月14日）

坚守合作初心　保持战略定力

在两国元首战略引领下，中俄新时代全面战略协作伙伴关系更加成熟坚韧，两国合作的内生动力进一步显现。世界越是动荡不安，中俄关系越应稳步向前

应俄罗斯联邦总统普京邀请，国家主席习近平将于3月20日至22日对俄罗斯进行国事访问。这是双方延续多年来良好传统，继续保持高层交往、深化战略协作的重要举措，有利于维护两国共同利益，也有利于维护全球战略稳定、促进世界发展进步。

元首交往是中俄关系的指南针和定盘星。在两国元首战略引领下，中俄新时代全面战略协作伙伴关系更加成熟坚韧，两国合作的内生动力进一步显现。去年底，习近平主席同普京总统举行视频会晤，就今年双边关系发展作出规划部署。在国际形势复杂多变的当下，中俄双方坚守合作初心，保持战略定力，加强战略协作，是双方作为最大邻国，努力增进两国人民福祉的应有之义，也是双方作为联合国安理会常任理事国，推进世界多极化进程的责任担当。

中俄关系有着坚实的政治、经济和文明基础，有着总结历史经验后的从容和清醒。中俄发展新时代全面战略协作伙伴关系，是双方作出的长远战略选择。中俄关系建立在不结盟、不对抗、不针对第三方基础上，既不对世界上任何国家构成威胁，也不受任何第三方的干扰和挑拨，成功走出了一条大国战略互信、邻里友好的相处之道，树立了新型国际关系的典范。中俄不搞封闭排他的集团政治，是坦坦荡荡的君子之交。

面对加速演变的国际形势，中俄关系始终保持健康发展势头。两国经贸合作稳步推进，能源、投资、互联互通等领域合作取得新成果，跨境电商、数字经济、生物医药、绿色低碳等新兴领域合作势头强劲。2022年双边贸易额增长29.3%，达到1902.71亿美元，中国连续13年稳居俄罗斯第一大贸易伙伴国。双方将继续推动两国经贸、能源、金融、农业等领域务实合作取得积极进展。双方将发挥传统优势，推动人文交流继续深化，办好中俄体育交流年，打造两国人文合作新品牌，让双方友好的社会民意基础更加稳固。

当前，世界又一次站在历史的十字路口。是重拾冷战思维，挑动分裂对立、集团对抗，还是从人类共同福祉出发，践行平等互尊、合作共赢，这两种取向考验大国政治家的智慧，也考验全人类的理性。中俄双方共同支持的世界多极化和国际关系民主化符合时代发展潮流，符合大多数国家愿望。中俄携手，世界多极化和国际关系民主化就有了动力，全球战略平衡与稳定就有了保障。中方愿同俄方一道，把新时代中俄关系不断推向前进，共同推动全球治理朝着更加公正合理的方向发展。双方将继续在国际事务中密切协调配合，维护联合国权威和国际法地位，维护真正的多边主义。双方将加强在上海合作组织、亚信、金砖国家等多边框架内的协调和配合，推动各方增进团结互信，拓展务实合作，维护本地区安全利益，维护广大发展中国家和新兴市场国家共同利益。

世界越是动荡不安，中俄关系越应稳步向前。中方愿同俄方一道努力，体现大国担当，发挥引领作用，为两国人民创造更多福祉，为世界发展进步作出更大贡献。

（2023年03月19日）

以宽广视野、长远眼光看待和把握中俄关系

中俄坚定不移推进世界多极化和国际关系民主化，这是维护国际公平正义的需要，是构建人类命运共同体的应有之义，代表着时代进步和历史发展的正确方向，具有超越双边关系范畴的世界意义

3月22日晚，习近平主席在结束对俄罗斯联邦国事访问后回到北京。习近平主席此访是一次世界瞩目的友谊、合作、和平之旅，体现了中国坚持独立自主和平外交政策的凛然风骨和促进世界和平的宏阔胸怀。国际舆论普遍认为，此次访问是全球地缘政治中影响深远的大事，展现了中国作为"和平建设者"的国际形象，彰显了中国的大国作用和担当，将为错综复杂的国际形势注入更多稳定性，有助于推进世界多极化和国际关系民主化。

当前，百年变局加速演进，国际力量对比深刻演变。作为世界主要大国和联合国安理会常任理事国，中俄关系如何发展关乎全球战略稳定与安全，关乎未来世界格局演变。面对甚嚣尘上的单边主义和霸权主义，中俄巩固和加强战略协作更加弥足珍贵。中俄坚定不移推进世界多极化和国际关系民主化，这是维护国际公平正义的需要，是构建人类命运共同体的应有之义，代表着时代进步和历史发展的正确方向，具有超越双边关系范畴的世界意义。

访问之际，习近平主席和普京总统分别发表署名文章，不约而同将中俄战略协作称为维护国际和平与安全的"中流砥柱"。访问期间，双方一致认为，各国应该弘扬和平、发展、公平、正义、民主、自由的全人类共同价值，对话而不对抗、

包容而不排他，和睦相处，合作共赢，促进世界和平发展。双方将以宽广视野、长远眼光看待和把握中俄关系，坚定维护以联合国为核心的国际体系、以国际法为基础的国际秩序、以联合国宪章宗旨和原则为基础的国际关系基本准则，坚持真正的多边主义，推动世界多极化和国际关系民主化。俄方支持中方提出的全球发展倡议、全球安全倡议、全球文明倡议，愿同中方进一步密切国际协作。中俄共同努力，必将引导和推动全球治理朝着符合国际社会期待的方向前进。

中俄关系发展到今天，有其深刻的历史逻辑。作为最大邻国和全面战略协作伙伴，中俄关系在各自外交全局和对外政策中都占据优先地位。两国元首定向把舵，引领中俄关系稳步向前。此访期间，两国元首共同签署《中俄关于深化新时代全面战略协作伙伴关系的联合声明》和《2030年前中俄经济合作重点方向发展规划的联合声明》，对下阶段两国关系发展和各领域合作作出规划和部署。双方重申在涉及彼此核心利益问题上继续相互支持，共同抵御外部势力干涉内政图谋。俄方表示，反对任何形式的"台独"，坚定支持中方维护本国主权和领土完整的举措。中俄关系发展有着坚实的政治基础和强大的内生动力，有着历经岁月洗礼的清醒和从容。中俄关系是光明坦荡的君子之交，与那些封闭排他、自私狭隘的集团政治形成鲜明对比。

访问期间，习近平主席同普京总统就乌克兰危机进行了坦诚、深入的交流。习近平主席指出，历史上看，冲突最后都需要通过对话和谈判解决。越是困难重重，越要为和平留下空间；越是矛盾尖锐，越不能放弃对话努力。只要各方秉持共同、综合、合作、可持续的安全观，坚持平等、理性、务实对话协商，就一定能找到解决乌克兰危机的合理途径。俄方高度评价中方秉持客观、公正和平衡立场，表示俄方认真研究了中方立场文件，对和谈持开放态度，欢迎中方为此发挥建设性作用。两国元首会谈后签署联合声明再次强调，联合国宪章宗旨和原则必须得到遵守，国际法必须得到尊重。俄方重申致力于尽快重启和谈，欢迎中方愿为通过政治外交途径解决乌克兰危机发挥积极作用。世界清晰看到，在乌克兰危机问题上，中国始终坚定站在和平一边，站在对话一边，站在历史正确一边。

10年前，习近平主席在莫斯科国际关系学院发表演讲时首次提出构建人类命运共同体理念。10年来，国际形势演变一再证明，各国唯有命运与共、团结协作，才有可能解决人类共同面临的全球性挑战。中俄双方将继往开来，共同努力，不断丰富中俄新时代全面战略协作伙伴关系内涵，为两国发展振兴注入更强动力，为推动构建人类命运共同体作出更大贡献。

（2023年03月24日）

推动中法关系乘风破浪、行稳致远

中法两国元首保持密切战略沟通，不仅有利于推动中法全面战略伙伴关系提升至新高度，也有利于为中国—欧盟关系寻求新动能，为变乱交织的世界注入更多稳定性和确定性

4月5日至7日，应国家主席习近平邀请，法国总统马克龙对中国进行国事访问。两国元首在北京和广州进行了深入、高质量交流，增进了了解和互信，为今后中法两国在双边和国际层面的合作明确了方向。中法是联合国安理会常任理事国和具有独立自主传统的大国，也是世界多极化、国际关系民主化的坚定推动者，两国元首保持密切战略沟通，不仅有利于推动中法全面战略伙伴关系提升至新高度，也有利于为中国—欧盟关系寻求新动能，为变乱交织的世界注入更多稳定性和确定性。

法国是第一个同中国建立正式外交关系的西方大国，"独立自主、相互理解、高瞻远瞩、互利共赢"的中法建交精神引领两国关系始终走在中国与西方大国关系前列。稳定性是中法关系的突出特征和宝贵财富。近年来，在双方共同努力下，中法关系保持积极稳健发展势头。两国元首通过线上线下各种方式保持高密度、高质量战略沟通。马克龙总统访华期间，双方同意今年年内举行中法战略、经济财金、人文交流三大高级别对话机制新一次会议，尽快重启立法机构、军队等实体交往。双方重申愿在相互尊重彼此主权与领土完整和重大利益基础上，推动紧密持久的中法全面战略伙伴关系不断发展。

中法利益契合点多，互补性强，两国坚持自由贸易和经济全球化正确方向，极大增强了双边经贸合作的韧性和活力。近年来，双边贸易额和相互直接投资稳步增长，大项目合作深入推进，绿色消费、绿色能源、科技创新等新兴领域合作不断拓展。中方支持法国企业有效利用中国国际进口博览会、中国国际服务贸易交易会、中国国际消费品博览会等重大对外开放平台，在中国市场展现更大作为。法方明确表示反对"脱钩断链"，希望打造更加稳健开放的供应链。两国元首共同见证双方签署一系列重要协议，展现了中法在深化互利合作方面的共同雄心。不断走深走实的中法经贸合作不仅助推两国经济发展、增进民生福祉，也为世界经济复苏增强了信心、稳定了预期。

中法是东西方两大文明的代表，人文交流是两国关系发展的重要支撑。在广州市松园，两国元首临水而坐，观景品茗，纵论古今，为两大文明的交流互鉴再添佳话。为在全球推动保护和促进文化表现形式多样性，中法两国支持深化文化作品创作与利用方面的合作，将积极推动重启文化和旅游领域的交流合作。明年是中法建交60周年暨中法文化旅游年，法国将举办巴黎奥运会和残奥会。双方将以此为契机，按下人文交流"快进键"，以丰富多彩的文化体育活动，推动中法关系迈上新台阶。

当今世界正在经历深刻的历史之变，中法有能力、有责任超越分歧和束缚，坚持稳定、互惠、开拓、向上的中法全面战略伙伴关系大方向，践行真正的多边主义，维护世界和平、稳定、繁荣。两国共同致力于为国际安全和稳定面临的挑战和威胁寻求基于国际法的建设性解决方案，认为应通过对话协商和平解决国家间分歧和争端，寻求在多极世界里强化以联合国为核心的多边国际体系。马克龙总统表示，法方坚持独立自主外交，主张欧洲战略自主，反对搞对立分裂，反对搞阵营对抗。法国不会选边站队，而是主张团结合作，大国关系保持稳定。法方赞赏中方为政治解决乌克兰危机发挥的重要作用，表示希望同中方加强沟通，为和平做出共同努力。

　　今年是中国同欧盟建立全面战略伙伴关系20周年。中欧是推动世界多极化的两大力量，有着广泛战略共识、共同利益以及深厚合作基础，中欧合作直接关乎亚欧大陆繁荣和全球格局稳定。中方愿同欧方一道，把握好中欧关系发展大方向和主基调，全面重启各层级交往，激活各领域互利合作，为中欧关系发展和世界和平、稳定、繁荣注入新动力。法方表示愿积极推动欧中关系发展。中法加强在中欧层面的协调合作，有助于增强中欧关系的稳定性，推动中欧开展平等互利合作，共同应对全球性挑战。

　　中法是特殊的朋友，共赢的伙伴。面对动荡不安的国际形势，面对后疫情时代的风险挑战，中法双方将继续密切各层级交往，把握历史机遇，合作应对挑战，增进战略互信，推动双边关系乘风破浪、行稳致远，为促进世界和平、稳定、繁荣作出新的更大贡献。

（2023年04月09日）

开辟新时代中巴关系新未来

在两国元首战略引领下，中巴共同深化以开放包容、合作共赢为特征的中巴全面战略伙伴关系，必将给两国人民带来更多福祉，为推动构建人类命运共同体作出更大贡献

近日，习近平主席同来华进行国事访问的巴西总统卢拉举行会谈。两国元首就中巴关系、两国各领域合作以及共同关心的国际和地区问题交换意见，达成广泛共识，不仅为开辟新时代中巴关系新未来指明方向，也为地区乃至世界的和平稳定和繁荣发展发挥积极重要作用。

"中国是当今世界政治、经贸、科技等各领域不可或缺的重要力量，为促进世界和平与发展发挥着至关重要的作用。"卢拉总统表示，这是他这次就任总统以来首次出访美洲之外的国家，"体现了巴方对中国的热爱以及对发展巴中关系的重视"。卢拉总统访华代表团规模大、规格高，充分表明全面加强对华关系是"巴西立法机构和社会各界的共同强烈愿望"。

巴西是第一个同中国建立战略伙伴关系的发展中国家和第一个同中国建立全面战略伙伴关系的拉美国家。在双方共同努力下，两国关系持续深入发展，日益成熟活跃，已成为发展中大国团结合作、携手发展的典范。中方始终从战略高度和长远角度看待和发展同巴西关系，将中巴关系置于外交优先位置。巴方强调，巴西从推动建立公正合理的国际秩序的战略高度致力于同中国发展更紧密的关系。巴方重申坚定奉行一个中国原则，中华人民共和国政府是代表全中国的唯一合法政府，台湾是中国领土不可分割的一部分。双方认为应以今年中巴建立战略伙伴关系30周年及2024年两国建交50周年为契机，继续推动两国政府间互访和各部门对话交流，增进政治互信，巩固双边关系政治基础，共同深化以开放包容、合作共赢为特征的中巴全面战略伙伴关系。

当前，中国和巴西均处于关键发展阶段。中国正在推动高质量发展和高水平对外开放，以中国式现代化全面推进中华民族伟大复兴。巴西正积极推进"再工业化"，促进经济发展转型升级，为推动国家现代化建设而努力。中巴合作潜力巨大，前景十分广阔。双方稳步推进现有重大合作项目，深挖农业、能源、基础设施建设、航空航天、科技创新等领域合作潜力，探索加强绿色经济、数字经济、清洁能源等合作，积极探讨共建"一带一路"同巴西"再工业化"战略对接，将为彼此发展振兴注入重要动力。中巴双方签署并达成了一系列协议和谅解备忘录，涵盖减贫、抗击饥饿、粮食安全、科技创新、航天、信息通信、投资、海关检验检疫、财金、数字经济、贸易便利化、电视制作、媒体等合作领域。巴西各界为这次"行李箱装满合作计划"的访问感到欣喜，认为中国是真正带来机遇、值得信赖的合作伙伴。

中国和巴西分别是东西半球最大的发展中国家和重要新兴市场国家，在世界百年未有之大变局加速演进的背景下，中巴关系的全局性、战略性、全球性影响日益突出。双方积极评价两国在国际组织和多边机制中的对话和协调，并将继续加强在联合国、世贸组织、国际货币基金组织、世界银行等多边组织及二十国集团、金砖国家、"基础四国"等多边机制下交流。巴方欢迎中方提出的全球发展倡议，关注中方提出的全球文明倡议。中巴双方呼吁更多国家为推动乌克兰危机政治解决发挥建设性作用。双方发表《中国—巴西应对气候变化联合声明》，强调将紧急气候响应和保护自然相结合以实现可持续发展目标。双方同意同其他拉美和加勒比伙伴一道，加强在中国—拉美和加勒比国家共同体论坛框架内合作，共同推动平等、互利、创新、开放、惠民的中拉关系深入发展。双方共同站在历史正确一边，践行真正的多边主义，弘扬全人类共同价值，推动全球治理体系朝着更加公正合理的方向发展，有利于维护广大发展中国家共同利益和国际公平正义。

志合者，不以山海为远。在两国元首战略引领下，中巴共同深化以开放包容、合作共赢为特征的中巴全面战略伙伴关系，必将给两国人民带来更多福祉，为推动构建人类命运共同体作出更大贡献。

（2023年04月17日）

推动中非经贸合作再上新台阶

中非是风雨同舟、守望相助的好朋友、好伙伴、好兄弟。双方积极探索合作新路径，开辟合作增长点，必将推动中非经贸合作再上新台阶，助力构建新时代中非命运共同体

贝宁展馆内，花色多样的棉花引人驻足；马达加斯加展馆内，香草荚、可可等让观众品味到非洲岛国的"味道"；刚果（金）展馆内，精美绝伦的铜雕、栩栩如生的木雕等让人目不暇接……在近日举行的第三届中国—非洲经贸博览会现场，众多非洲国家特产同台亮相，展现了中非经贸合作的蓬勃生机和活力。

设立中国—非洲经贸博览会，是习近平主席亲自批准的重大对非合作举措。作为中非合作论坛框架下最大的经贸合作平台，中非经贸博览会自2019年以来每两年举办一届，助推并见证中非经贸合作取得丰硕成果。本届博览会参展商和展品数量较上届均大幅增长，平台影响力更大，合作动能更足。美国外交学者网站日前发表文章指出，中非贸易的独特之处在于中国促进贸易的方式，一个关键的例子就是中非经贸博览会。

中非经贸博览会的影响力不断扩大，是中非合作互利共赢的真实写照。中非合作的必由之路是发挥各自优势，把中国发展同助力非洲发展紧密结合，实现合作共赢、共同发展。本届博览会期间，中国海关总署首次发布中国—非洲贸易指数。数据显示，2000年至2022年，中国对非洲进出口值由不足1000亿元人民币攀升至1.88万亿元人民币，累计增长超20倍，年均增速达17.7%。中国连续14

年稳居非洲最大贸易伙伴国地位，双方经贸合作领域向数字、绿色、航空航天、金融等新兴领域不断延伸。中非经贸合作不断提质升级，关键在于以互利共赢为动力。

中非经贸合作高质量发展的基础，在于中非关系的高水平发展。今年是习近平主席提出真实亲诚对非政策理念和正确义利观10周年。10年来，中非双方始终同舟共济、团结合作，中非新型战略伙伴关系提升为全面战略合作伙伴关系，新时代中非命运共同体建设不断走深走实。从"十大合作计划"到"八大行动"再到"九项工程"，中非合作与时俱进，不断找到新的契合点和增长点。在对非合作中，中国坚持真诚友好、平等相待，坚持义利相兼、以义为先，坚持发展为民、务实高效，坚持开放包容、兼收并蓄，赢得非洲国家和非洲人民的充分信任。

"中国所做的不是授人以鱼，而是授人以渔。"出席第三届中非经贸博览会的马拉维总统查克维拉指出。本届博览会首次设立中非高质量共建"一带一路"成果展，集中展示共建"一带一路"倡议提出10年来中非双方在农业合作、加工制造等领域的众多合作项目。高质量共建"一带一路"有效提升了非洲自主发展能力，增进了当地人民福祉。在阿尔及利亚，光伏电站项目将源源不断的清洁能源输送到千家万户；在加纳，农村通信及数字网络覆盖项目为300多万人提供高速稳定的信息通信服务；在埃塞俄比亚，一座座工厂拔地而起，为当地提供大量就业机会……"共建'一带一路'倡议建立在合作、互利、共赢的基础上，为非洲发展作出巨大贡献。"喀麦隆雅温得第二大学经济学家罗尼·恩根奎表示。

当今世界，多重挑战和危机交织叠加，发展鸿沟不断拉大。非洲国家更加需要平等互利的合作、真诚无私的帮助。在全面推进中国式现代化的进程中，中国坚持扩大高水平对外开放，推动构建开放型世界经济，将不断为非洲发展提供新机遇。中非合作不断向全方位、多层次、高质量发展，在南南合作和国际对非合作中发挥着重要引领作用。"非洲的命运与中国的经济发展息息相关。"尼日尔商业部长阿哈达·阿卡奇指出。

　　中非是风雨同舟、守望相助的好朋友、好伙伴、好兄弟。双方积极探索合作新路径，开辟合作增长点，必将推动中非经贸合作再上新台阶，助力构建新时代中非命运共同体。

（2023年07月03日）

"四个充分尊重"彰显中国外交风范

　　7月10日，习近平主席在会见来华进行正式访问的所罗门群岛总理索加瓦雷时指出，中国的太平洋岛国政策秉持"四个充分尊重"，即充分尊重岛国主权和独立，坚持大小国家一律平等；充分尊重岛国意愿，坚持共商、共建、共享、共赢；充分尊重岛国民族文化传统，坚持和而不同、美美与共；充分尊重岛国联合自强，支持岛国落实《蓝色太平洋2050战略》，为建设一个和平、和谐、安全、包容、繁荣的蓝色太平洋作出贡献。"四个充分尊重"展现中方推动中国同岛国关系不断向前发展的真诚意愿，彰显中国致力于同广大发展中国家团结合作、携手发展的坚定决心。

　　充分尊重岛国主权和独立，坚持大小国家一律平等，有利于不断深化政治互信。相互尊重是中国发展同岛国关系的基本原则。中方始终尊重岛国的主权和领土完整，尊重岛国人民探索符合自身国情的发展道路，不干涉岛国的内政。中国同岛国的合作公开透明、光明磊落，不附加任何政治条件，不做强加于人的事情，不针对任何第三方，不谋求所谓"势力范围"，得到了岛国的真诚欢迎。汤加王国公主图伊塔表示，中国对所有国家——无论大小或远近都视为平等相待的朋友，坚持相互尊重，从不干涉他国内政。斐济总理府顾问维拉姆认为，中国始终在大小国家一律平等的原则基础上处理与各国关系，共享发展成果。

　　充分尊重岛国意愿，坚持共商、共建、共享、共赢，有利于实现共同繁荣。共同发展是中国开展同岛国合作的根本目标。中国秉持正确义利观和真实亲诚理念发展同岛国友好关系，不断深化同岛国各领域务实合作，真诚帮助岛国发展经济、改善民生，同岛国人民共享中国发展红利。岛国期望发展加工业，提高产品附加值，加快工业化进程，中方对此完全理解，全力支持。岛国有广阔的专属经济区，海洋和渔业资源丰富，发展蓝色经济潜力巨大。中方表示愿在保护好海洋生态前提下，根据岛国意愿，帮助其合理开发利用海洋。岛国信息通信基础设施落后，中方表示愿为岛国发展信息技术、数字经济等提供支持，帮助其加快技术进步和工业化进程，创造更多就业，提高经济竞争力。真诚帮助和支持岛国，已成为中国发展同岛国关系的鲜明底色。

充分尊重岛国民族文化传统，坚持和而不同、美美与共，有利于增进人民友谊。中国同岛国友好交往源远流长。近年来，在教育、文化、卫生、体育等各领域，双方进一步加强交流合作，人民友谊更加深厚。中方支持岛国人才培养和能力建设，扩大汉语教学和人员往来，加强各界交流，鼓励更多地方省市同岛国开展交流合作。根据《中国关于同太平洋岛国相互尊重、共同发展的立场文件》，2020年至2025年，中方将向岛国提供2500个政府奖学金名额、3000个人力资源培训名额。正如索加瓦雷总理所指出的，"中国对我们的帮助触到了每一个所罗门群岛人的心，也将进一步增进所中两国人民之间的关系"。

充分尊重岛国联合自强，支持岛国落实《蓝色太平洋2050战略》，为建设一个和平、和谐、安全、包容、繁荣的蓝色太平洋作出贡献，有利于维护国际公平正义。岛国不应沦为"世界的看客"，更不应被落在后面，而应与世界齐头并进。中国与岛国同为发展中国家，充分理解岛国的处境、需求和关切。在维护亚太地区和平稳定、维护国际公平正义、推动实现可持续韧性发展等方面，中国同岛国拥有广泛共同利益。中方愿同岛国加强在国际和地区事务中的协调配合，坚持真正的多边主义，维护国际关系基本准则，共同弘扬和平、发展、公平、正义、民主、自由的全人类共同价值。中国高度重视岛国在气候变化问题上的特殊处境和关切，为帮助岛国提升应对气候变化能力作出了积极贡献。岛国普遍赞赏中国在国际舞台上为维护岛国正当权益主持公道，在应对气候变化等全球性事务中仗义执言。

无论国际风云如何变幻，中国对岛国的友好政策始终如一，对岛国的合作承诺坚定不移。展望未来，中方将致力于同岛国更加团结地并肩前行，更加坚定地相互支持，更加务实地互利合作，为促进岛国地区的发展振兴与和平安宁作出新的贡献，推动构建更加紧密的中国—太平洋岛国命运共同体。

（2023年07月12日）

携手构建高水平中南命运共同体

习近平主席提出中南要做高度互信的战略伙伴、共同进步的发展伙伴、相知相亲的友好伙伴、维护正义的全球伙伴，为进一步发展中南关系指明了方向，提供了遵循

当地时间 8 月 22 日上午，正在南非进行国事访问的国家主席习近平在比勒陀利亚总统府同南非总统拉马福萨会谈。两国元首就新时代中南关系发展以及共同关心的国际和地区问题深入交换意见，达成重要共识，为推动中南全面战略伙伴关系在新时代实现更大发展，携手构建高水平中南命运共同体注入强劲动力。

建交 25 年来，中南关系实现从伙伴关系、战略伙伴关系到全面战略伙伴关系的跨越式发展，成为发展中国家最具活力的双边关系之一。特别是过去 10 年来，中南关系蓬勃发展，已经步入"黄金时代"。新形势下如何不断深化中南全面战略伙伴关系，是双方共同思考的问题。

"中南关系之所以好、中南友谊之所以深，关键在于两国两党在各自发展道路上休戚与共，结下了深厚友谊。"习近平主席在同拉马福萨总统会谈时提出，中南要做高度互信的战略伙伴、共同进步的发展伙伴、相知相亲的友好伙伴、维护正义的全球伙伴，为进一步发展中南关系指明了方向，提供了遵循。南非中国问题专家谭哲理表示，习近平主席每次访问南非，总会推动南非与中国关系发展，这是无形的、意义非凡的礼物。

"同志加兄弟"是中南关系的本色。两国"同志加兄弟"的特殊情谊跨越时间长河、跨越山海阻隔。习近平主席在南非媒体发表署名文章指出："每次来到南非，我都有不同的感受，但印象最深的是两国亲如兄弟的友好情谊。"拉马福萨总统在会谈中表示，中国在南非争取民族独立解放、实现国家发展进程中给予南非宝贵支持，在新冠疫情等艰难时刻雪中送炭，是南非真诚的兄弟、朋友和伙伴。这种特殊情谊是双方的宝贵财富，也是新时代中南关系不断向前发展的重要基础。此访期间，双方重申尊重并支持各自选择的社会经济可持续发展道路和公正转型，南方承诺在涉及中方核心利益和重大关切问题上继续予以支持，中方重申尊重和支持南非为维护国家利益、促进经济社会发展和民生改善所作的努力，充分表明中南是高度互信的战略伙伴。

互利共赢是中南合作的鲜明底色。南非是第一个同中国签署共建"一带一路"合作文件的非洲国家，连续13年成为中国在非洲第一大贸易伙伴，是中国在非洲投资存量最多的国家之一。习近平主席提出双方要以推进共建"一带一路"、落实中非合作论坛"九项工程"和《中南十年合作战略规划》为主线，巩固优势领域合作，培育合作新增长点。民心相通是两国友好的生动体现。习近平主席提出加强两国职业教育、促进青年就业方面交流合作，以及加强旅游合作，支持科研机构和企业加强技术合作和联合研究等。两国元首共同见证签署两国关于共建"一带一路"、新能源电力、农产品、经济特区和工业园区、蓝色经济、科技创新、高等教育等领域多项双边合作文件。中南做共同进步的发展伙伴、相知相亲的友好伙伴，将进一步造福两国和两国人民。

中南关系已经超越双边范畴，具有越来越重要的全球影响。世界进入新的动荡变革期，中南作为"全球南方"天然成员，更要团结一致。双方承诺继续支持金砖国家在三大支柱领域的合作发展，同其他金砖成员共同努力，深化各领域务实合作，推动金砖扩员取得进展；双方一致同意，继续加强在国际事务和多边机构中的合作，共同维护以联合国为核心的国际体系、以国际法为基础的公平国际秩序、以联合国宪章宗旨和原则为基础的国际关系基本准则，共同维护发展中家权益，尊重国家主权和领土完整……中南加强多边领域团结协作，充分展现做维护正义的全球伙伴的决心，必将为推动构建更加公正合理的全球治理体系作出新贡献。

　　站在新的历史起点上，传承友好、深化合作、加强协作是中南两国的共同愿望，也是时代赋予的重任。在两国元首共同引领下，中南全面战略伙伴关系必将不断迈上新台阶，为促进中非合作和南南合作、构建新时代中非命运共同体和人类命运共同体凝聚更多力量。

（2023年08月24日）

中国坚定支持非洲提升国际地位和话语权

非盟加入二十国集团，是属于"全球南方"的高光时刻。中国率先支持非盟加入二十国集团，是推动构建高水平中非命运共同体的生动实践，展现推动完善全球治理的大国担当

二十国集团成员在近日举行的峰会上达成一致，邀请非洲联盟（非盟）成为正式成员。中国是第一个明确表态支持非盟加入二十国集团的国家。习近平主席去年11月在二十国集团峰会期间强调，中方积极支持非盟加入二十国集团倡议。在不久前举行的中非领导人对话会上，习近平主席再次强调，中方将积极推动非盟成为二十国集团正式成员。中国坚定支持非洲提升国际地位和话语权，充分彰显中非友好合作精神，将不断壮大维护世界和平稳定的进步力量。

非盟加入二十国集团，有助于推动全球治理朝着更加公正合理的方向发展。当前，全球治理体系面临深刻调整，发展中国家的代表性和发言权亟待增强。非洲是发展中国家最集中的大陆，有54个联合国成员国。非盟作为全球最大的地区性政府间组织之一，是引领非洲和平与发展的鲜明旗帜和最重要平台。在维护地区和平与安全上，非盟积极预防并调解非洲热点问题，是非洲和平的坚定守护者。在国际事务中，非盟积极协调各成员，在国际舞台以一个声音说话，受到各方重视，展现了非洲力量。非盟加入二十国集团，有助于非洲在世界舞台响亮地发出声音，为发展中国家争取更多利益，增强"全球南方"追求战略自主的力量。

非盟加入二十国集团，有助于提振全球发展事业。2002年，非盟在其前身非洲统一组织的基础上成立，旨在通过联合自强和一体化建设，实现非洲大陆的发展振兴。近年来，非盟《2063年议程》稳步推进，非洲大陆自由贸易区正式实施，次区域组织相互协作不断加强，非洲的经济活力和市场潜力正进一步释放。支持非洲发展是国际社会的广泛共识和共同责任。二十国集团欢迎非盟成为二十国集团永久成员，将通过《二十国集团（杭州峰会）支持非洲和最不发达国家工业化倡议》等继续支持非洲，有利于推动更具韧性的全球发展。

中国率先支持非盟加入二十国集团，是推动构建高水平中非命运共同体的生动实践。中非从来都是命运共同体。在重大国际和地区问题上密切协调，共同捍卫国际公平正义，是中国发展同非洲国家团结合作的必然选择。中方坚定支持非洲国家和非盟在国际和地区事务中发挥更大作用，在联合国安理会改革问题上支持就优先解决非洲诉求作出特殊安排，呼吁多边金融机构提高非洲国家发言权。中国始终想非洲之所想，急非洲之所急，支持非洲落实联合国2030年可持续发展议程。非盟加入二十国集团，有助于中非双方共同践行真正的多边主义，同心协力推进现代化事业。

中国率先支持非盟加入二十国集团，展现推动完善全球治理的大国担当。面对时代命题，中国始终秉持共商共建共享的全球治理观，积极参与全球治理。中国始终是世界和平的建设者、全球发展的贡献者、国际秩序的维护者，支持扩大发展中国家在国际事务中的代表性和发言权，支持补强全球治理体系中的南方短板，支持汇聚南南合作的力量，推动全球治理体系更加平衡地反映大多数国家特别是发展中国家的意愿和利益。非盟加入二十国集团，将进一步增强全球治理中的南方力量，推动各国权利平等、机会平等、规则平等。

今年是习近平主席提出真实亲诚对非政策理念和正确义利观10周年。10年来，中国对非洲朋友始终以诚相待，真心实意为非洲发展提供支持，中非合作成为南南合作和国际对非合作的典范。中非关系不是一天就发展起来的，更不是什么人赐予的，而是中非风雨同舟、患难与共，一步一个脚印走出来的。国际对非合作关键在于秉持正确的合作观，把非洲看作国际合作的大舞台，而不是大国博弈的竞技场。中国愿同国际合作伙伴一道，支持非洲和平与发展。

二十国集团峰会现场，当非盟代表入席圆桌时，现场响起热烈掌声，这是属于"全球南方"的高光时刻。站在新的历史起点，中国将同非洲进一步密切协作，携手构建新时代中非命运共同体，为世界和平与发展事业贡献更多正能量。

（2023年09月11日）

共同构建平等相待、求同存异、互利合作的中澳关系

"中澳两国应该顺应时代潮流，从两国共同利益出发，共同构建平等相待、求同存异、互利合作的中澳关系，推动中澳全面战略伙伴关系不断向前发展。"11月6日，习近平主席会见来华进行正式访问的澳大利亚总理阿尔巴尼斯，为双边关系改善发展指明方向、作出战略指引。

中澳建交51年来，各领域务实合作取得丰硕成果，给两国人民带来实实在在的福祉，值得双方珍惜。过去几年，中澳关系出现一些曲折，教训值得汲取。两国没有历史恩怨纠葛，没有根本利益冲突，完全可以成为相互信任、相互成就的伙伴。发展中澳关系，关键在于坚持相互尊重、求同存异、互利共赢。中澳关系走向成熟稳定，首先应体现在正确看待彼此的差异和分歧。中澳历史文化、社会制度、发展水平不同，存在分歧很正常，但不应让分歧定义两国关系。

在和平共处中增进相互理解和信任，在互利合作中实现共同发展，是中澳关系行稳致远的必由之路。中澳建交以来，双边贸易额从不足1亿美元跃升至2022年的2209亿美元。中国长期保持澳大利亚第一大贸易伙伴、出口市场和进口来源地。中国奉行互利共赢的开放战略，推动构建新发展格局，以中国式现代化全面推进强国建设、民族复兴伟业，这将为包括澳大利亚在内的世界各国带来前所未有的机遇。阿尔巴尼斯总理率团赴上海出席第六届中国国际进口博览会开幕式，约200家澳大利亚企业参展，说明澳大利亚各界看好、看重中国机遇。中澳充分发挥中澳自由贸易协定潜能，拓展气候变化、绿色经济等新兴领域合作，维护全球和区域自由贸易体系，为两国企业投资经营提供良好营商环境，有助于双方实现

优势互补，建立更加紧密的互利合作关系。

把握中澳关系正确发展方向，需要放眼世界大势的深刻变化。当今世界，各国人民是一个休戚与共的命运共同体。习近平主席强调，从本国优先的角度看，世界是狭小拥挤的，时时都是风险和竞争。从命运与共的角度看，世界是宽广博大的，处处都有机遇和合作。共同构建平等相待、求同存异、互利合作的中澳关系，推动中澳全面战略伙伴关系不断向前发展，符合两国和两国人民的共同利益，符合地区国家的共同期待，也有利于国际社会更好应对世界百年变局带来的各种风险挑战。"小院高墙""脱钩断链"，或者"去风险"，本质上都是保护主义，违背市场规律、科技发展规律，也违背人类社会发展潮流。

携手实现亚太地区和平、稳定、繁荣，是中澳的共同责任。中方愿同澳方在内的地区伙伴一道，坚持真正的多边主义、开放的区域主义，推动亚太成为合作发展的高地，打造更具惠及性的亚太命运共同体。中国在亚太地区不搞排他性小圈子，不搞集团政治，不搞阵营对抗。小圈子解决不了全球面临的大挑战，小集团适应不了当今世界的大变局。对那些把亚太地区搞乱的企图，必须高度警惕、坚决反对。中方愿同澳方开展更多三方、多方合作，支持南太平洋国家增强发展韧性，应对气候变化等挑战，在开放包容中维护亚太地区和平稳定。

在双方共同努力下，中澳两国恢复各领域交流，走上了改善发展关系的正确道路。双方应更多聚焦积极正面议程，理性友善包容地看待对方，奉行积极务实客观的政策，相向而行，妥处分歧，扩大合作，形成不断向上的良性循环，确保中澳关系持续健康稳定发展。

（2023年11月08日）

共同续写新时代中美人民友好的故事

不论形势如何变化，中美和平共处的历史逻辑不会变，两国人民交流合作的根本愿望不会变，世界人民对中美关系稳定发展的普遍期待不会变

"任何一项伟大事业要成功都必须从人民中找到根基、从人民中集聚力量、由人民来共同完成。中美友好就是这样一项伟大事业。"当地时间11月15日晚，习近平主席在美国旧金山出席美国友好团体联合举办的欢迎宴会并发表演讲。新老朋友欢聚一堂，座无虚席。习近平主席同美国各界朋友见面，共叙友情，共话友好，为推进中美友好事业指明方向、汇聚力量。

这是一场连接历史与未来的相聚。38年前，时任河北正定县委书记习近平第一次访问美国，就是从旧金山入境。在演讲中，习近平主席深刻总结人民在中美关系中发挥的重要作用，强调中国愿意同美国做伙伴、做朋友，处理中美关系的根本遵循就是相互尊重、和平共处、合作共赢。不论形势如何变化，中美和平共处的历史逻辑不会变，两国人民交流合作的根本愿望不会变，世界人民对中美关系稳定发展的普遍期待不会变。与会友好人士反响热烈，认为习近平主席的演讲真诚而深刻，向世界释放了中方愿与美方加强沟通合作的积极信号。

人民浇筑了中美关系的根基，打开了中美关系的大门。第二次世界大战时期，中美两国共同为和平和正义而战。中国人民没有忘记美国志愿者奔赴中国战场，组成了著名的飞虎队对日本侵略者作战，建起了向中国运送急需物资的驼峰航线；美国人民也没有忘记殊死营救美国军人的中国人民。尽管两国曾经隔绝对立22年，但时代潮流让中美走向彼此，共同利益让中美超越分歧，人民愿望让两国打破坚冰。习近平主席谈及最近飞虎队老兵来到中国，登上了长城，受到中国人民热烈欢迎，回顾1971年美国乒乓球代表团来到北京，小球转动了大球，现场响起热烈的掌声。让中美两国人民友谊代代相传，是中美两国友好人士共同的心声。

人民书写了中美关系的故事，促进了中美关系的发展。国家关系归根结底是人民之间的关系。从第一次访问美国时住在艾奥瓦州马斯卡廷市的美国友人家中，到多年后回到马斯卡廷市同老朋友重逢，再到时至今日仍对与美国老朋友的交往念念不忘，习近平主席与老朋友的珍贵情谊令人感动。过去几个月，习近平主席在北京分别会见美国比尔及梅琳达·盖茨基金会联席主席比尔·盖茨、美国前国务卿基辛格、美国加利福尼亚州州长纽森等，向"鼓岭缘"中美民间友好论坛致贺信，复信美国华盛顿州"美中青少年学生交流协会"和各界友好人士，复信美中航空遗产基金会主席和飞虎队老兵，向美中关系全国委员会年度颁奖晚宴致贺信，向第五届中美友城大会致信，复信费城交响乐团总裁兼首席执行官马思艺。习近平主席对中美人民友好寄予希望，亲自关心、亲自推动两国民间交往和地方合作。美国友好人士表示，"习近平主席给处于低谷的美中关系带来了新气象"，"习近平主席拉近了两国人民的心灵距离"。

人民将创造中美关系的未来，续写新时代友好篇章。越是困难的时候，越需要拉紧人民的纽带、增进人心的沟通，越需要更多的人站出来为中美关系鼓与呼。正是善意友好的涓滴汇流，让宽广太平洋不再是天堑；正是人民的双向奔赴，让中美关系一次次从低谷重回正轨。习近平主席强调，中美关系希望在人民，基础在民间，未来在青年，活力在地方。习近平主席宣布，为扩大中美两国人民特别是青少年一代交流，中方未来5年愿邀请5万名美国青少年来华交流学习，受到美国友好团体的热烈欢迎。中美元首旧金山会晤达成重要共识，两国将推出更多便利人员往来、促进人文交流的措施，包括增加中美客运直航航班，举办中美旅游高层对话，优化签证申请流程等。两国人民多走动、多来往、多交流，将共同续写新时代两国人民友好的故事。

旧金山见证了中美两国人民百年交往的历史，也见证了中美双方开辟面向未来新愿景的努力。从旧金山再出发，汇聚起两国人民的力量，赓续中美友谊，推进中美关系，努力为促进世界和平和发展作出更大贡献，这是中美两个大国应有的担当，也是世界各国共同的期待。

（2023年11月17日）

为世界提供更多稳定性
为发展提供更多推动力

12月7日，习近平主席会见来华举行第二十四次中国—欧盟领导人会晤的欧洲理事会主席米歇尔和欧盟委员会主席冯德莱恩。双方就中欧关系中的战略性、全球性议题深入交流，为中欧关系指方向、画蓝图、提信心、增动力，发出了共同努力推动中欧关系进一步向前发展的积极信号。

在双方领导人亲自关心和战略引领下，中欧关系呈现全面复苏和稳中向上的良好态势，一系列高级别对话成功举行，达成重要合作共识，体现了中欧关系的韧性和活力，展现了中欧合作的战略意义和全球影响。中欧释放出加强沟通接触、开展对话合作、建设性管控分歧的积极信号并取得积极成效，为动荡不安的国际局势注入了稳定性和正能量。

中欧之间没有根本战略分歧和冲突。中国对欧政策保持长期稳定，始终视欧洲为多极化世界中的独立一极，坚持中欧关系不针对、不依附、也不受制于第三方。中国出台了3份对欧盟政策文件，都将相互尊重作为发展中欧关系的首要原则。中欧全面战略伙伴关系走过20年历程，双方已形成全方位、多层次、宽领域交流合作的格局。总结历史经验，只要中欧双方把握世界大势，坚持全面战略伙伴关系正确定位，坚持以战略视野看待彼此，发挥好领导人会晤和五大高层对话的引领作用，加强战略性沟通，以建设性对话增进理解、妥处分歧，就能确保中欧关系走稳走实走远。

中欧是伙伴不是对手，双方共同利益远大于分歧。习近平主席强调，双方要树立正确认知，增进理解互信，重信守义，一心一意发展关系，不能因为制度不同就视彼此为对手，不能因为出现竞争就减少合作，不能因为存在分歧就进行对抗。中欧经济具有高度互补性，双方应该加强市场、资本、技术优势互补，推进传统产业升级和新兴产业发展，探索合作新模式，打造新的增长点，合力完善产业链供应链，以更深入、更广泛合作拉紧中欧利益共同体的纽带。日前，中方决定对法国、德国、意大利、荷兰、西班牙等国家持普通护照人员试行单方面免签政策，受到有关欧洲国家的普遍欢迎。未来，中欧双方还要加强人文交流，便利人员往来。

习近平主席强调，中国式现代化和欧洲一体化是中欧各自着眼未来作出的战略选择，中欧应该相互尊重，相互支持，加强发展战略对接，实现共同发展。中方愿继续推进高质量共建"一带一路"，包括同欧盟"全球门户"计划对接，一道帮助发展中国家加快发展。中欧班列已通达欧洲25个国家217个城市，带动了沿线国家和地区经济发展和民生改善，促进了亚欧大陆合作共赢。最新数据显示，今年1至11月，中欧班列货物运量已超2022年全年。中国正在推进高质量发展和高水平开放，愿将欧盟作为经贸合作的关键伙伴、科技合作的优先伙伴、产业链供应链合作的可信伙伴，追求互利共赢，实现共同发展。米歇尔和冯德莱恩表示，欧方高度重视同中国的关系，不希望同中国脱钩，期待同中国发展长期稳定、可预测、可持续发展的关系，希望通过此次欧中领导人会晤为未来欧中关系发展注入新的动力。

中欧关系关乎亚欧大陆繁荣和世界格局稳定，需要双方共同维护好、发展好。习近平主席指出，中欧是推动多极化的两大力量、支持全球化的两大市场、倡导多样性的两大文明，在当前动荡加剧的国际形势下，中欧关系具有战略意义和世界影响，关乎世界和平、稳定、繁荣。欧方也认为，欧中对世界和平稳定负有共同责任、拥有共同利益。中欧携手维护多边主义、加强全球治理，将为增进全人类福祉、应对全球性挑战作出重要贡献。

面对当前变乱交织的世界，中欧应该坚持做互利合作的伙伴。中方愿同欧方一道，坚持相互尊重、合作共赢，坚持真正的多边主义，不断深化中欧全面战略伙伴关系，共同为世界提供更多稳定性，为发展提供更多推动力。

（2023年12月8日）

为中越两党两国关系发展开辟新前景

继往开来，中越要不忘传统友好初心，牢记共同理想使命，不断赋予中越全面战略合作新的时代内涵，为两党两国关系和社会主义事业发展注入新动力

应越南共产党中央委员会总书记阮富仲、越南社会主义共和国主席武文赏邀请，中共中央总书记、国家主席习近平将于12月12日至13日对越南进行国事访问。这是习近平总书记、国家主席时隔6年再访越南，此访必将为两党两国关系发展开辟新前景，为人类和平与进步事业作出中越新贡献。

中越两国在争取各自民族解放事业中相互支持，结下了"同志加兄弟"的深厚情谊。两国传统友谊在两国人民长期的和睦相处中生根发芽，在两国携手争取国家独立和民族解放的斗争中得到升华，在双方推进改革和革新的伟大事业中不断深化。近年来，习近平总书记和阮富仲总书记的战略引领，赋予两国传统友谊新的时代内涵，推动中越全面战略合作伙伴关系不断取得新发展。中共二十大闭幕后，习近平总书记、国家主席邀请阮富仲总书记访华，共同为中越全面战略合作伙伴关系发展擘画蓝图。今年以来，双方高层频繁互动，各部门各地方交往密切，各领域合作持续深化，为两国人民带来了切实利益。

中越都在推进各自的社会主义现代化事业，都把中越关系作为各自对外政策的优先方向，都把对方发展视为自身发展机遇。两国都坚持以人民为中心的发展理念，正在推进适合本国国情的兴国之策和强国之路。双方充分发挥地缘相近、产业互补的优势，推动共建"一带一路"倡议和"两廊一圈"对接，推进互联互通等战略领域合作，深化电子商务等新兴领域合作。习近平总书记、国家主席此次访问越南，双方将探讨提升中越关系新定位，聚焦政治、安全、务实合作、民意基础、多边、海上问题六大领域，推动两国全面战略合作走深走实，这有利于两国携手走好具有各自特色的现代化道路，共同丰富发展中国家走向现代化的路径，更好地惠及两国人民。

中越社会制度相同、理想信念相通，两国关系理应走在其他国家前面。面对风高浪急的国际环境和两国各自改革发展稳定任务，双方要始终践行为人民谋幸福、为人类谋进步的目标、理想和使命，坚持从战略高度和长远角度看待和发展双边关系，秉持"长期稳定、面向未来、睦邻友好、全面合作"方针和"好邻居、好朋友、好同志、好伙伴"精神，推动新时代中越关系行稳致远。双方要坚持人民在友好交往中的重要地位，继承和弘扬中越传统友谊，着眼未来、久久为功，增进两国年轻一代相识、相知、相亲。

亲望亲好，邻望邻好。中国周边外交的基本方针，就是坚持与邻为善、以邻为伴，坚持睦邻、安邻、富邻，突出体现亲诚惠容的理念。中方视东盟为周边外交的优先方向和高质量共建"一带一路"的重点地区，重视越南在东盟中的地位和作用，期待同越方携手加快和平、安宁、繁荣、美丽、友好"五大家园"建设，推进东亚区域经济一体化。中越在多边事务中加强沟通协作，在涉及彼此核心利益和重大关切问题上相互支持，共同维护多边主义和国际公平正义，维护国际关系基本准则，对维护地区和世界和平稳定、促进共同发展具有重要意义。

中越传统友谊是两国人民的共同宝贵财富。继往开来，中越要不忘传统友好初心，牢记共同理想使命，不断赋予中越全面战略合作新的时代内涵，为两党两国关系和社会主义事业发展注入新动力。

（2023年12月9日）

携手构建具有战略意义的中越命运共同体

当地时间12月12日下午，中共中央总书记、国家主席习近平在越共中央驻地同越共中央总书记阮富仲举行会谈。双方宣布中越两党两国关系新定位，在深化中越全面战略合作伙伴关系基础上，携手构建具有战略意义的中越命运共同体，释放了两党两国团结友好、坚定携手走社会主义道路、共同迈向现代化的积极信号。相信在双方共同努力下，中越关系将进入政治互信更高、安全合作更实、互利合作更深、民意基础更牢、多边协调配合更紧、分歧管控解决更好的新阶段，中越两国社会主义建设事业将不断取得新成就，并为地区乃至世界稳定、发展、繁荣作出新贡献。

中越两党两国最高领导人建立了牢固政治互信和深厚同志情谊，为两国关系把舵定向，提供了重要战略引领。这是习近平总书记、国家主席同阮富仲总书记的第三轮互访。阮富仲总书记为习近平总书记、国家主席举行隆重欢迎仪式，两党总书记举行会谈、小范围茶叙。越共中央总书记阮富仲夫妇、越南国家主席武文赏夫妇共同为习近平总书记、国家主席和夫人彭丽媛举行盛大欢迎宴会。越共中央政治局委员、书记处书记等高层领导人全部陪同出席。这些充分体现了中越关系的高水平。中越双方就两党两国关系全局性、战略性、方向性问题及共同关心的国际和地区问题深入交换意见，推动双边关系进入新阶段。

中越两国在各自争取国家独立和民族解放斗争中相互支持，在彼此改革开放和革新事业中互学互鉴，"越中情谊深、同志加兄弟"是中越关系最生动写照。不管国际风云如何变幻，中越两党两国共守和平安宁，共谋发展合作，共创繁荣富强，走出一条共建人类命运共同体的阳光大道。当前，世界之变、时代之变、历史之变正以前所未有的方式展开。中越扎实推进命运共同体建设，是从振兴世界社会主义和实现中越两国长治久安出发作出的重大战略决策，深深植根于中越传统友好，符合两国人民共同利益和共同愿望。

构建中越命运共同体，政治上，要把准方向；安全上，要深化互信；务实合作上，要提质升级；民意基础上，要加大投入；国际地区问题上，要密切协作；涉海问题上，要管控分歧。习近平总书记、国家主席提出的几点建议，为构建中越命运共同体指明方向。阮富仲总书记表示，越方愿同中方一道，构建具有战略意义的越中命运共同体，以"六个更"为指引，全面加强政治、经贸、安全、民间等领域合作，打造互利共赢的典范，这符合越中两党、两国政府和人民的共同利益。越方明确表示，坚定恪守一个中国原则，反对任何势力干涉中国内政，坚定支持并愿积极参与习近平主席提出的共建"一带一路"、全球发展倡议、全球安全倡议、全球文明倡议等重要全球倡议。中越双方同意发表《关于进一步深化和提升全面战略合作伙伴关系、构建具有战略意义的中越命运共同体的联合声明》。

中越都在推进各自的社会主义现代化事业，都把中越关系作为各自对外政策的优先方向，都把对方发展视为自身发展机遇。中国正以中国式现代化全面推进强国建设、民族复兴伟业。14亿多中国人民整体迈向现代化是中国带给世界的巨大机遇，中方愿同越南同志分享机遇、共谋发展。此访期间，两党总书记共同见证双方签署的双边合作文件展示，涵盖共建"一带一路"、检验检疫、发展合作、数字经济、绿色发展、交通运输、地方合作、防务和执法安全合作、海上合作等30多个领域。这些具有全局性、稳定性、可持续性的务实合作，将助力双方开启携手迈向现代化的新篇章。

中越构建具有战略意义的命运共同体具有天时、地利、人和的独特优势。双方应该继承老一辈领导人缔结的传统友谊，共同努力构建命运共同体，走好各自的现代化道路，实现互利共赢、美美与共，造福两国人民，也为地区和平与繁荣作出积极贡献。

（2023年12月14日）

筑牢中越命运共同体民意基础

实现各自国家百年奋斗征程和构建具有战略意义的中越命运共同体，呼唤更多中越友好征程的领跑者

"中越友好的根基在人民、未来在青年。"近日，中共中央总书记、国家主席习近平在河内同越共中央总书记阮富仲共同会见中越两国青年和友好人士代表。习近平总书记同他们亲切交流并发表热情洋溢的重要讲话，回顾两国风雨同舟、守望相助的峥嵘岁月，介绍两国初心如磐、合作共赢的成就，展望两国前途相关、命运与共的前景，勉励两国青年同做中越友谊的传承者、争当亚太振兴的参与者、敢为人类进步的开拓者，为构建具有战略意义的中越命运共同体、夯实两党两国关系民意基础指明方向。

中越两国人民在争取国家独立和民族解放斗争中并肩战斗，在社会主义革命和建设事业中相互支持，始终守望相助、风雨同舟，结下了"同志加兄弟"情谊。胡志明主席在中国开展革命活动长达12年，洪水将军投身广州起义，参加中国红军长征；在越南抗法、抗美救国斗争中，1400多名中国将士英勇牺牲；广西桂林南溪山医院救助了5000多名受伤的越南战士，育才学校为越南培养了1万多名学生……习近平总书记深情讲述中越两国人民在追求各自国家独立和民族解放事业进程中结下的深厚情谊，令与会人士深受感动。两国青年和友好人士一致认为，由毛泽东主席、胡志明主席等老一辈领导人亲手缔造和精心培育的"同志加兄弟"传统友谊是两国人民的宝贵财富，必须继承好、维护好、发扬好。

建立全面战略合作伙伴关系15年来，中越两党坚持以人民为中心，大力推进互利合作，给两国人民带来实实在在的利益。新时代以来，中越两党总书记实现三轮互访，有力引领中越关系健康稳定发展。两党总书记亲自关心推动两国民间友好交往，让两国传统友谊不断焕发出新的光彩。中国长期是越南最大贸易伙伴，越南是中国在东盟最大贸易伙伴和全球第四大贸易伙伴国；荔枝、榴莲、火龙果等越南优质农产品大量销往中国；中国企业承建的河内轻轨2号线，已经累计载客近2000万人次；中越德天（板约）瀑布跨境旅游合作区成功试运营；中国全国政协和越南祖国阵线中央暨边境省份友好交流、中越边民大联欢等活动开展得有声有色；中国传统经典名著在越南家喻户晓，中国当代影视作品也深受越南民众喜爱；越南流行歌曲在中国社交媒体传播，越南歌手在中国综艺节目中收获大批中国"粉丝"……富有成效的交往和合作增进了两国民心民意相通，日益密切的人文交流汇聚成中越友好交往的奔涌长河。

中越双方宣布构建具有战略意义的中越命运共同体，开启了中越两党两国关系发展新阶段。这是双方从振兴世界社会主义和实现中越两国长治久安出发作出的重大战略决策，深深植根于中越传统友好，符合两国人民共同利益和共同愿望。习近平总书记对两国青年提出三点希望：同做中越友谊的传承者，为构建具有战略意义的中越命运共同体贡献力量；争当亚太振兴的参与者，为亚太地区长治久安添砖加瓦；敢为人类进步的开拓者，为构建人类命运共同体不懈奋斗。这是着眼实现各自国家百年奋斗征程和构建具有战略意义的中越命运共同体，着眼建设和谐繁荣的亚太地区、推动全球发展进步的殷切期望。中越双方代表表示，两国青年将传承弘扬"同志加兄弟"的传统友谊，密切交往交流，加强互学互鉴，深化互信友谊，实现两位总书记提出的"民意基础更牢"的目标，为构建中越命运共同体作出积极努力和贡献。

中越关系的根基在人民、血脉在人民、力量在人民。实现各自国家百年奋斗征程和构建具有战略意义的中越命运共同体，呼唤更多中越友好征程的领跑者。中越双方赓续传统友谊，加强友好交流，将筑牢中越命运共同体民意基础，为人类和平与进步事业作出更大贡献。

（2023年12月18日）

牢牢把握中尼关系前进方向

中国和尼加拉瓜建立战略伙伴关系，符合两国和两国人民的共同利益，有利于促进两国共同发展和繁荣

12月20日，习近平主席同尼加拉瓜总统奥尔特加通电话，宣布中国和尼加拉瓜正式建立战略伙伴关系。双方认为，此举符合两国和两国人民的共同利益，也有利于促进两国共同发展和繁荣。两国将以宣布建立中尼战略伙伴关系为新起点，推动中尼关系不断取得新成果，打造团结合作、互利共赢的典范。

2021年12月，中国和尼加拉瓜恢复外交关系。复交两年来，双方以时不我待的紧迫感，推动中尼关系实现跨越式发展。事实充分证明，尼加拉瓜政府基于本国利益和人民意愿作出的与中国复交的决定是正确的。在中尼复交两周年之际，双方宣布建立中尼战略伙伴关系，必将成为中尼关系史上的重要里程碑。两国元首达成共识，双方将进一步发挥元首外交的政治引领作用，保持高层交往与对话势头，不断加强战略协作，深化政治互信，牢牢把握中尼关系前进方向。

中尼复交两年来，在政治互信、各领域务实团结合作及多边协作等方面取得积极进展。中尼双方在涉及彼此核心利益和重大关切问题上坚定相互支持。中方愿做尼加拉瓜可以信赖的朋友，将继续坚定支持尼加拉瓜维护国家独立和民族尊严，反对外来干涉。中方也愿同尼方加强在国际事务中团结协作，反对霸权主义、强权政治，推动国际秩序朝着更加公正合理的方向发展，维护发展中国家正当权益。尼方表示高度珍视和伟大的中国兄弟之间的友好关系，坚定恪守一个中国原则，支持中国统一大业，支持习近平主席提出的共建"一带一路"等全球合作倡议。尼方愿同中方不断深化双边友好关系，加强多边协作，反对外部干涉和强权政治，共同推动构建人类命运共同体。

中尼各领域务实合作快速推进，为两国民众带来福祉。2022年，中尼双边贸易额达7.6亿美元。中国是尼第二大贸易伙伴和第二大进口来源国，尼是中国在中美洲地区重要的经贸伙伴，也是共建"一带一路"的重要合作伙伴。今年8月，中尼自贸协定正式签署，将于明年1月1日正式生效，这是两国具有里程碑意义的合作成果。通过实施自贸协定，两国在货物贸易、服务贸易和投资市场准入等领域将实现高水平相互开放，务实合作将不断拓展和深化。尼加拉瓜发展、工业和贸易部部长贝穆德斯指出，尼中自贸协定将带来实实在在的益处，将为中美洲乃至拉美国家对华合作树立典范。

中尼同为发展中国家，共同坚持以人民为中心的发展思想，携手推进各自国家现代化建设。中国愿与包括尼加拉瓜在内的各国共同分享中国式现代化的机遇，携手开创世界现代化更加美好的前景。尼方高度赞赏中国以中国式现代化全面推进中华民族伟大复兴，认为中国式现代化为人类实现现代化提供了新的选择，也为解决人类面临的共同问题提供了中国方案、中国力量。两国将继续增进各部门、各层级交流与合作，加强政策对接和治国理政经验互鉴。

近年来，巴拿马、多米尼加、萨尔瓦多、尼加拉瓜、洪都拉斯等中美洲和加勒比国家相继与中国建交或复交，开展务实合作，实现互利共赢，充分说明同中国建交顺应大势、合乎民心。中尼复交两年即建立战略伙伴关系，将让国际社会更多成员认清大势，作出符合时代潮流的正确决定。

（2023年12月22日）

作为发展中国家、"全球南方"的一员，我们始终同其他发展中国家同呼吸、共命运，坚定维护发展中国家共同利益，推动增加新兴市场国家和发展中国家在全球事务中的代表性和发言权。

中国周边外交的基本方针，就是坚持与邻为善、以邻为伴，坚持睦邻、安邻、富邻，突出体现亲诚惠容的理念。10年来，中国积极践行亲诚惠容理念，全面发展同周边国家的友好合作关系，双方政治互信不断增强，利益融合持续深化，走出了一条睦邻友好、合作共赢的光明大道。

亚太是我们安身立命之所，是全球经济增长动力之源，开放包容、合作共赢才是人间正道。我们要高举亚太共同体旗帜，汇聚更多团结奋进的正能量，共同为建设和谐繁荣的亚太地区作出更大贡献。

08

在合作共赢、共同发展的
道路上结伴前行

开放是世界繁荣发展的必由之路

1月2日，随着区域全面经济伙伴关系协定（RCEP）对印度尼西亚正式生效，RCEP已对15个成员中的14个生效。这充分体现了RCEP的巨大活力和吸引力，将为区域经济一体化注入新动力。

作为世界上参与人口最多、成员结构最多元、发展潜力最大的自贸区，RCEP生效实施一年来，通过削减关税、扩大市场准入等持续释放利好，促进生产要素自由流动和高效集聚，使各成员的贸易投资合作更加密切，助力实现更高质量、更深层次的区域经济一体化，为地区和世界繁荣发展注入强劲正能量，给企业和民众带来了实实在在的好处。有关数据显示，2022年上半年，韩国、新加坡对RCEP其他成员出口分别增长18.7%和19.1%；2022年前9个月，泰国与RCEP其他成员的进出口总值同比增长10.1%。泰国商业部贸易谈判司司长奥拉蒙认为，RCEP生效实施的最明显利好是提振成员之间的贸易，进一步促进了区域经济融合。印尼贸易部部长祖尔基弗利·哈桑表示，RCEP有望通过增加商品和服务的出口，促进区域供应链发展和技术转让。在全球投资波动较大的背景下，大多数RCEP成员利用外商直接投资呈现出快速增长的态势。亚洲开发银行近日调高东南亚地区2022年经济增长预期，一定程度上反映出RCEP对地区国家经济发展的拉动效应。

作为RCEP成员中最大经济体，中国倡导真正的多边主义，坚持开放的区域主义，同有关各方一道全面高质量实施RCEP，让这一全球最大自贸区安排释放更多红利。从促进货物贸易发展、确保优惠原产地规则发挥实效，到高标准实施海关程序和贸易便利化规则、提高服务贸易对外开放水平等，中国携手各方持续推进贸易和投资自由化便利化。2022年前11个月，中国与RCEP其他成员进出口总额达11.8万亿元人民币，同比增长7.9%，占中国外贸进出口总额的30.7%。汇丰银行2022年11月初发布的调查报告显示，93%的RCEP成员受访企业预计将增加对华贸易往来，其中超四成企业预计未来一年中国业务将增长至少30%。

环顾当今世界，单边主义、保护主义明显上升，经济全球化遭遇逆流，世界经济复苏步履维艰。亚太经济进入疫后复苏的关键阶段。各经济体普遍面临供应链紊乱、粮食能源紧张、通胀压力加大等困难。在此背景下，RCEP各成员携手努力，推动这一全面、现代、高质量和互惠的自贸协定落地落实，发出维护多边主义、坚持开放合作、促进自由贸易、实现共同繁荣的积极信号，不仅对各成员共渡难关具有重要意义，也将为经济全球化深入发展提供新动力。正如澳大利亚国立大学东亚经济研究所所长彼得·德赖斯代尔所指出的，生效第一年，RCEP已显现将亚洲贸易红利投射到全球的潜力。

开放是人类文明进步的重要动力，是世界繁荣发展的必由之路。展望未来，中国将继续坚定奉行互利共赢的开放战略，坚持实施更大范围、更宽领域、更深层次对外开放，不断以中国新发展为世界提供新机遇。中方愿继续同有关各方全面高质量实施RCEP，推动建设开放型世界经济，让开放为全球发展带来新的光明前程。

（2023年01月04日）

推动中国同中亚国家关系高水平发展

中国同中亚五国实现"三个全覆盖"——全面战略伙伴关系全覆盖、双边层面践行人类命运共同体全覆盖、签署共建"一带一路"合作文件全覆盖，将为携手构建更加紧密的中国—中亚命运共同体注入重要动力

日前，习近平主席在人民大会堂同来华进行国事访问的土库曼斯坦总统谢尔达尔·别尔德穆哈梅多夫举行会谈。两国元首宣布将中土关系提升为全面战略伙伴关系，就推动构建中土命运共同体达成重要共识，并共同见证签署"一带一路"等领域合作文件。这标志着中国同中亚五国实现了"三个全覆盖"，即全面战略伙伴关系全覆盖、双边层面践行人类命运共同体全覆盖、签署共建"一带一路"合作文件全覆盖。

中土两国理念相通，目标相似，利益相连。在两国元首的战略引领下，中土各领域多层次交流合作取得丰硕成果，友好关系日益巩固。中土建立全面战略伙伴关系，持续深化全方位合作，推动构建中土命运共同体，将使两国关系在更高水平上向前发展。中土构建命运共同体是在彼此尊重、坦诚互信、互利共赢的基础上，更好地深化互利合作、照顾彼此关切、巩固世代友好。双方要在彼此核心利益问题上相互支持，尊重各自走符合本国国情的发展道路；加快发展战略对接，充分发挥中土合作委员会等机制作用，不断拓展合作的广度和深度，用实实在在的合作成果为两国关系提供支撑；深化执法安全、生物安全合作，共同打击"三股势力"，筑牢维护两国发展的安全屏障；加强各领域各层级交流，开展人文合

作，深化人民感情，筑牢两国关系持续健康发展的民意和社会基础。这些有利于两国实现发展振兴，为两国人民创造更多福祉。

中土关系进一步提升，体现了中国同中亚国家关系的高水平发展。31年前，中国率先同中亚国家建交，开启了双方交往和合作的大门。31年来，双方走出了一条睦邻友好、合作共赢的新路，成为构建新型国际关系的典范。习近平主席去年1月在中国同中亚五国建交30周年视频峰会上指出："无论国际风云如何变幻，无论未来中国发展到什么程度，中国都始终是中亚国家值得信任和倚重的好邻居、好伙伴、好朋友、好兄弟。"中国同中亚五国分别建立全面战略伙伴关系，在双边层面践行人类命运共同体，有助于维护地区和平稳定与发展繁荣。作为中国同中亚国家开展合作的新机制，"中国+中亚五国"合作机制公开透明、互利共赢、平等互惠、务实管用，为深化中国同中亚国家全方位合作提供了重要平台。办好首届"中国+中亚五国"峰会，将充分发挥元首外交引领作用，推动中国同中亚国家关系实现新发展，助力双方更好应对共同挑战。

中亚地区是"一带一路"的首倡之地。中国同中亚国家秉持共商共建共享原则，推动"一带一路"倡议在中亚地区开花结果，为地区人民带来了实实在在的福祉。中国—中亚天然气管道是世界上最长的天然气管道，截至2022年6月累计对华输气超4000亿立方米；乌兹别克斯坦"安格连—帕普"铁路隧道贯通，彻底改变了上千万人的出行方式；中哈霍尔果斯国际边境合作中心与中哈连云港物流合作基地成功建成，打开了中亚国家通向太平洋的大门；中吉乌公路正式通车，成为跨越高山、畅通无阻的国际运输大动脉……在"一带一路"倡议与中亚国家发展战略对接框架内，中国同中亚国家合作取得一系列历史性、标志性、突破性成就。双方继续高质量共建"一带一路"，加快发展战略对接，将更好促进本地区经济发展、人民福祉、睦邻互信。

亲望亲好，邻望邻好。中国坚持亲诚惠容和与邻为善、以邻为伴周边外交方针，深化同周边国家友好互信和利益融合。中国与中亚国家赓续友谊、推进合作，携手构建更加紧密的中国—中亚命运共同体，必将为推动构建人类命运共同体作出更大贡献。

（2023年01月10日）

在合作共赢、共同发展的道路上结伴前行

只有真心诚意帮助非洲实现和平与发展，真心诚意帮助非洲争取国际治理议程中更大代表性和发言权的国家，才会得到非洲国家的支持

日前，中国援建的非洲疾控中心总部（一期）项目正式竣工，成为中非友谊和团结协作的又一标志性建筑。非洲疾控中心总部项目是习近平主席在2018年中非合作论坛北京峰会上宣布的对非合作旗舰项目，非洲疾控中心总部大楼及时保质交到非洲朋友手中，体现了中非合作的高标准和高水平，诠释了重信守诺、高效务实的中国风范。

今年是习近平主席2013年首访非洲时提出真实亲诚对非政策理念和正确义利观10周年。10年来，在中非领导人共同引领和推动下，中非关系取得了举世瞩目的历史性成就，迈入了构建高水平中非命运共同体的新时代。中非双方始终坚持真诚友好、平等相待，互利共赢、共同发展，主持公道、捍卫正义，顺应时势、开放包容。无论国际风云如何变幻，中国和非洲国家始终是风雨同舟的好朋友、休戚与共的好伙伴、肝胆相照的好兄弟。

中非在实现经济发展和民族振兴的道路上互帮互助，不断拓展合作新领域。从2015年中非合作论坛约翰内斯堡峰会"十大合作计划"，到2018年中非合作论坛北京峰会"八大行动"，再到2021年中非合作论坛第八届部长级会议"九项工程"，中非合作与时俱进，不断深化。中国连续13年成为非洲第一大贸易伙伴国，2022年中非贸易额预计突破2600亿美元。52个非洲国家和非盟委员会同中方签署"一带一路"合作文件，非盟会议中心、蒙内铁路、亚吉铁路等标志性工程不断涌现，公路、电力、通

信、港口等合作项目遍布非洲。这些成果看得见、摸得着，为促进非洲经济社会发展和民生改善发挥了重要作用，充分展现了中非关系的成色和中非友谊的底色。

中国是最大的发展中国家，非洲是发展中国家最集中的大陆。在世界之变、时代之变、历史之变以前所未有的方式展开的当下，中非加强团结合作的重要性不言而喻。埃塞俄比亚总理阿比表示，埃塞同中国在基础设施、绿色经济、农业、工业园区建设等各领域合作成效显著、具有示范意义，助力埃塞经济增长跻身非洲前列。安哥拉总统洛伦索认为，中国支持建设的机场、水电站、道路、港口等诸多标志性重大项目在安顺利推进，为安战后重建和经济社会发展发挥不可或缺作用。中方率先支持非盟加入二十国集团，支持增强非洲国家在联合国安理会等国际组织中的代表性和发言权，有助于维护广大发展中国家的共同利益，推动全球治理体系朝着更加公正合理的方向发展。非盟委员会主席法基指出："我们珍视中方为非洲一体化、互联互通、自贸区建设提供的强有力支持，期待同中方一道，携手推进新时代中非命运共同体建设。"

一段时间以来，个别国家刻意在非洲挑起阵营对抗，妄图强迫非洲国家选边站队，这种做法违背非洲国家意愿，违逆时代发展大势。非洲应该是国际合作的大舞台，不应是大国博弈的角力场。只有真心诚意帮助非洲实现和平与发展，真心诚意帮助非洲争取国际治理议程中更大代表性和发言权的国家，才会得到非洲国家的支持。南非全球对话研究所不久前发布报告指出，个别国家从未采取务实举措帮助非洲应对发展挑战，只是妄图把非洲国家培养成遏制他国影响力的工具。相较于这种霸凌式外交，中国不干涉内政、互利共赢的立场受到非洲各国热烈欢迎。

中国始终将非洲置于外交优先方向，传承和弘扬中非友谊是中国外交的光荣传统。秉持真实亲诚理念和正确义利观，中国将同非洲国家矢志不渝加强团结合作，在合作共赢、共同发展的道路上结伴前行，携手构建高水平中非命运共同体。

（2023年01月16日）

共同擘画中国中亚关系新蓝图

中国—中亚峰会是今年中国首场重大主场外交活动，也是中国同中亚五国建交 31 年来，六国元首首次以实体形式举办峰会，在中国同中亚国家关系发展史上具有里程碑意义

5 月 18 日至 19 日，习近平主席将在陕西省西安市主持召开中国—中亚峰会，中亚五国元首将来华参会。这是今年中国首场重大主场外交活动，也是中国同中亚五国建交 31 年来，六国元首首次以实体形式举办峰会，在中国同中亚国家关系发展史上具有里程碑意义。中国—中亚峰会将擘画中国中亚关系新蓝图，开启双方合作新时代，为携手构建更加紧密的中国—中亚命运共同体注入新动力，为地区和世界和平稳定、发展繁荣注入正能量。

"无论国际风云如何变幻，无论未来中国发展到什么程度，中国都始终是中亚国家值得信任和倚重的好邻居、好伙伴、好朋友、好兄弟。"习近平主席去年 1 月在中国同中亚五国建交 30 周年视频峰会上指出。过去 10 年，在元首外交的战略引领下，中国同中亚合作取得一系列历史性、突破性成就。去年，六国元首共同宣布打造中国—中亚命运共同体，中国同中亚合作机制应运而生。如今，中国同中亚五国实现了全面战略伙伴关系全覆盖、签署共建"一带一路"合作文件全覆盖。双方战略互信迈上新台阶，互利合作增添新动力，友好往来进入新阶段，中国中亚关系和地区发展呈现出前所未有的勃勃生机。

相互尊重、睦邻友好、同舟共济、互利共赢是中国同中亚五国合作的成功密

码，也是中国同中亚国家关系行稳致远的政治保障和中国同中亚国家友好交往继往开来的力量源泉。中国和中亚五国尊重彼此根据本国国情选择的发展道路，在涉及彼此核心利益问题上相互坚定支持，积极践行共同、综合、合作、可持续的新安全观，联手打击"三股势力"和跨国有组织犯罪、贩毒，坚决反对外部干涉和策动"颜色革命"。中国和中亚五国在重大国际和地区问题上立场相同或相近，在联合国、上海合作组织等多边机制框架下保持密切协作，践行真正的多边主义，为推动全球治理体系改革、构建人类命运共同体作出贡献。对于中方提出的全球发展倡议、全球安全倡议、全球文明倡议等重大倡议，中亚国家是积极的响应者、坚定的支持者。面对复杂多变的国际风云，中国和中亚五国始终深耕睦邻友好的示范田，建设高质量发展的合作带，强化守卫和平的防护盾，构建多元互动的大家庭，维护和平发展的地球村。

中亚是"一带一路"的首倡之地，也是共建"一带一路"集中取得早期收获的主要地区之一。共建"一带一路"倡议提出10年来，中国和中亚五国积极开展发展战略对接，高质量共建"一带一路"取得丰硕成果。中国—中亚天然气管道、中哈原油管道、中吉乌公路、中塔公路等大项目成功建成，途经中亚的中欧货运班列快速发展。中国与中亚初步形成了覆盖公路、铁路、航空、油气管道的全方位、立体化联通网络，既助力中亚各国产业升级、互联互通和民生改善，也为维护亚欧产业链供应链通道畅通奠定坚实基础。中亚国家领导人称赞，面对瞬息万变的国际局势和不断增多的不稳定因素，共建"一带一路"为促进地区发展创造条件。

中国—中亚合作机制是中国同中亚国家开展合作的新机制，公开透明、互利共赢、平等互惠、务实管用。为推动合作走深走实，中方提出将交通、经贸、投资与产业、农业、能源、海关、人文作为七大优先合作领域，逐步建立这些领域的专门对接与合作机制，打造全方位、立体式、多维度的次区域合作格局。这一设想符合中亚各国的需求，顺应区域一体化潮流，得到多方积极响应。中亚五国外长们表示，中亚中国合作为巩固双方战略互信、加快各自发展、促进互联互通、维护共同安全发挥了重要作用，也为各国互利合作树立了典范，期待中国—中亚峰会开启中亚中国关系新篇章，为中亚国家转型发展、提升地区影响带来新机遇。

心合意同，谋无不成。从六国人民共同福祉出发，中国—中亚峰会必将为谱写中国同中亚国家关系更加美好的明天、推动构建人类命运共同体作出新贡献。

（2023年05月09日）

在中国—中亚关系史上树立起新的历史丰碑

首届中国—中亚峰会展现凝聚力、创造力、行动力，为中国同中亚合作搭建了新平台，开辟了新前景，在中国—中亚关系史上树立起一座新的历史丰碑

5月19日，习近平主席在陕西省西安市主持首届中国—中亚峰会并发表主旨讲话。中亚五国元首出席峰会。六国元首回顾了中国中亚友好交往历史，梳理了双方合作成果，总结了成功经验，凝聚了新的共识，擘画了未来中国—中亚关系发展蓝图。面对百年未有之大变局，着眼地区各国人民未来，六国决心携手构建更加紧密的中国—中亚命运共同体，必将为各国人民带来更大福祉，为促进地区和平与发展汇聚更大力量。

中国同中亚国家关系有着深厚的历史渊源、广泛的现实需求、坚实的民意基础，在新时代焕发出勃勃生机和旺盛活力。千百年来，中国同中亚人民互通有无、互学互鉴，创造了古丝绸之路的辉煌。中国同中亚国家建交以来，双方始终相互尊重、睦邻友好、同舟共济、互利共赢，国家关系实现从睦邻友好到战略伙伴，再到命运共同体的历史性跨越。当今世界，百年未有之大变局加速演进，国际和地区形势正在发生深刻复杂变化，机遇和挑战都前所未有。在这个关键历史时刻，推动中国—中亚合作乘势而上实现新发展，符合各国人民的根本利益，有助于各国实现发展振兴梦想。

习近平主席在主旨讲话中就建设一个什么样的中亚提出"四点主张"，就如何建设中国—中亚命运共同体提出"四个坚持"，并就怎样发展中国同中亚国家合作提出"八点建议"。这是新时代以来，中国最高领导人首次完整、集中、系统向国际社会阐述对中亚外交政策，得到了中亚各国元首的高度赞同和热烈响应，也为构建更加紧密的中国—中亚命运共同体提供了根本遵循和行动指南。构建更加紧密的中国—中亚命运共同体是本届峰会最重要的政治成果，向世界昭示了中国和中亚各国续写千年友谊、开辟崭新未来的坚定决心。

习近平主席在主旨讲话中指出，世界需要一个稳定、繁荣、和谐、联通的中亚，强调中亚国家主权、安全、独立、领土完整必须得到维护，中亚人民自主选择的发展道路必须得到尊重，中亚地区致力于和平、和睦、安宁的努力必须得到支持。这些铿锵有力的话语，引发中亚各国领导人强烈共鸣。中亚五国元首在峰会上表示，坚定支持彼此选择符合本国国情的发展道路，坚定维护各国主权、独立、安全、领土完整等核心利益，坚决反对干涉他国内政。中亚国家充分肯定中国式现代化道路对世界发展的重要意义，重申坚定恪守一个中国原则。作为和平正义力量的代表，中国和中亚国家相互理解、携手前行，必将为纷繁复杂、变乱交织的世界注入更多正能量和稳定因素。

峰会期间，中国同中亚五国达成包括《中国—中亚峰会西安宣言》《中国—中亚峰会成果清单》等在内的7份双多边文件，签署了100余份各领域合作协议，成果之丰、内容之实、影响之大前所未有。中国—中亚机制是中国同中亚国家相向而行的结果，因应地区形势变化，顺应时代发展潮流，呼应各国人民心声，具有强大内生动力和广阔发展前景。峰会对中国—中亚机制进行了立柱架梁和全面布局。各方商定正式建立中国—中亚元首会晤机制，每两年举办一次，轮流在中国和中亚国家举办。元首外交将继续发挥战略引领作用，加强对中国同中亚国家关系发展的顶层设计和统筹规划。

首届中国—中亚峰会，是一场历史与未来交融的盛会。峰会举办地西安是古丝绸之路的东方起点，如今再次见证中国同中亚国家携手共创美好未来的新起点。峰会展现凝聚力、创造力、行动力，为中国同中亚合作搭建了新平台，开辟了新前景，在中国—中亚关系史上树立起一座新的历史丰碑。展望未来，在各国共同努力下，中国同中亚国家关系的航船一定能够乘风破浪、勇毅前行，为六国发展振兴增添新助力，为地区和平稳定注入强大正能量，为推动构建人类命运共同体作出新贡献。

（2023年05月21日）

坚持守望相助、共同发展、普遍安全、世代友好

中国和中亚国家以守望相助为出发点，在涉及主权、安全、发展利益等核心问题上坚定给予彼此明确、有力支持；以共同发展为落脚点，携手打造深度互补、高度互赢的合作模式；以普遍安全为着力点，共同应对传统与非传统领域的新挑战；以世代友好为根本点，积极建立多元互动的人文交流大格局

习近平主席在首届中国—中亚峰会上发表主旨讲话指出，建设中国—中亚命运共同体，要做到"四个坚持"，即坚持守望相助、坚持共同发展、坚持普遍安全、坚持世代友好。"四个坚持"不仅为构建更加紧密的中国—中亚命运共同体提供了根本遵循和行动指南，也为推动构建人类命运共同体注入了信心和力量。

构建更加紧密的中国—中亚命运共同体，是首届中国—中亚峰会最重要的政治成果，为深化中国—中亚关系提供了新动力。《中国—中亚峰会西安宣言》宣布携手构建更加紧密的中国—中亚命运共同体；继哈萨克斯坦、乌兹别克斯坦、土库曼斯坦三国后，中国同吉尔吉斯斯坦、塔吉克斯坦两国也宣布在双边层面构建命运共同体，实现命运共同体在中亚的全覆盖。这是命运共同体理念首次在地区多边和双边层面全落地，为中国—中亚关系提质升级、合作换挡提速提供了战略引领，进一步彰显了六国在更高水平、更高标准、更高质量上开展合作的意志和决心。中亚国家元首在发言中表示："我们支持尊敬的习近平主席提出的命运共同体的伟大理念，包括同周边国家建立命运共同体倡议，这将为我们的友谊和合作发挥重要作用。"

以守望相助为出发点，在涉及三权、安全、发展利益等核心问题上坚定给予彼此明确、有力支持。无论国际风云如何变幻，无论未来中国发展到什么程度，中方都将继续坚定支持中亚国家走符合本国国情的发展道路，坚定支持各国维护本国主权、独立和领土完整，坚定支持各国追求民族振兴和团结自强，坚定支持各国在国际舞台上发挥更大作用。中亚国家充分肯定中国式现代化道路对世界发展的重要意义，重申坚定恪守一个中国原则。各方反对以任何形式和任何借口干涉他国内政。本届峰会的成功举行再次证明，相互支持是中国同中亚国家关系的鲜明底色和政治保障，双方致力于携手建设一个守望相助、团结互信的共同体。

以共同发展为落脚点，携手打造深度互补、高度互赢的合作模式。中国同中亚五国都处于国家建设的关键阶段，是民族振兴的同路人。中国诚挚欢迎中亚国家搭乘中国发展快车，继续在共建"一带一路"合作方面走在前列，推进落实全球发展倡议，持续提升经贸、能源、交通等领域合作水平，培育金融、绿色低碳、减贫、医疗卫生、数字创新等新增长点。各方高度评价共建"一带一路"倡议对引领国际合作的重要意义，将以共建"一带一路"倡议提出十周年为新起点，加强"一带一路"倡议同中亚五国倡议和发展战略对接，深化各领域务实合作，携手建设一个合作共赢、相互成就的共同体。

以普遍安全为着力点，共同应对传统与非传统领域的新挑战。中国同中亚国家在安全领域有着广泛的共同诉求和利益汇合点。习近平主席在主旨讲话中就深化中国—中亚合作提出的"八点建议"中就包括"维护地区和平"，"共同应对安全威胁"等内容写入《中国—中亚峰会西安宣言》。中方将同中亚国家共同践行全球安全倡议，坚决反对外部势力破坏中亚国家合法政权、策动新一轮"颜色革命"，始终保持对"三股势力"零容忍，合力打击毒品走私、跨国有组织犯罪，加强生物安全、网络安全和应急救灾合作，继续帮助阿富汗人民维护安全稳定、实现和平重建，破解地区安全困境，携手建设一个远离冲突、永沐和平的共同体。

以世代友好为根本点，积极建立多元互动的人文交流大格局。中国同中亚国家都拥有灿烂的文明，各具特色、异彩纷呈，在两千多年的友好交往中相互学习、相互碰撞、相互交融，书写了人类文明史上的绚丽篇章。习近平主席宣布中方同中亚国家加强文明对话的一系列举措，正是落实全球文明倡议，践行平等、互鉴、对话、包容的文明观的生动实践，有助于筑牢中国同中亚国家人民世代友好的基石，携手建设一个相知相亲、同心同德的共同体。

力生于团结，事成于和睦。中国和中亚国家将以构建更加紧密的中国—中亚命运共同体为指引，汇聚起合作共赢的伟力，坚定信心战胜前进道路上的艰难险阻，共同开创更加美好的未来。

（2023年05月22日）

睦邻友好、合作共赢之路必定越走越宽广

中国—中亚合作从中国再出发，古老的丝绸之路从西安再启程。相信在六国元首的共同引领下，在各方共同努力下，中国—中亚合作一定能够开出美丽花朵、结出丰硕果实，长成参天大树

习近平主席在首届中国—中亚峰会上发表主旨讲话，就怎样发展中国同中亚国家合作提出"八点建议"，包括加强机制建设、拓展经贸关系、深化互联互通、扩大能源合作、推进绿色创新、提升发展能力、加强文明对话、维护地区和平等。"八点建议"既立足当下，又着眼长远，为规划好、建设好、发展好中国—中亚合作，共同推动中国—中亚关系行稳致远指明了方向。

中国—中亚机制是中国同中亚国家相向而行的结果，因应地区形势变化，顺应时代发展潮流，呼应各国人民心声，具有强大内生动力和广阔发展前景。六国将继续发挥元首外交的战略引领作用，坚持务实高效、实惠管用、开放包容的原则，与各方一道，继往开来、乘势而上，将各国元首达成的重要共识转化为实际行动，将共同描绘的蓝图转化为路线图、实景图，不断做大做强中国—中亚机制。中方倡议成立产业与投资、农业、交通、应急管理、教育、政党等领域会晤和对话机制，将为各国开展全方位互利合作搭建广泛平台。

中亚地区是共建"一带一路"的首倡之地，是高质量共建"一带一路"示范区。习近平主席在峰会上提出一系列有关拓展经贸关系、深化互联互通、扩大能源合作、推进绿色创新等的重要合作倡议，将进一步加强双方高质量共建"一带

一路"合作。在新起点上，中国和中亚国家加快发展战略对接，推动贸易自由化便利化，扩大产业与投资合作，推进中国—中亚交通走廊建设，支持建立中国—中亚能源发展伙伴关系，鼓励高新技术合作，保障地区粮食安全，将共同打造深度互补、高度共赢的合作新格局。

习近平主席就发展中国同中亚国家合作提出的"八点建议"，得到中亚各国元首的高度赞同和热烈响应。中亚五国元首表示，中亚国家同中国拥有千年友好和深厚情谊，始终是相互支持、相互信赖的好邻居、好朋友、好伙伴，是中国西出阳关最真挚的故人。当前，中国已经成为保障全球安全稳定和促进科技经济发展的关键力量，同中国合作是各国实现可持续发展不可或缺的重要因素，进一步深化中亚五国同中国的关系符合各国人民共同愿望，符合各国根本和长远利益。

作为和平正义力量的代表，中国和中亚国家相互理解，携手前行，必将为纷繁复杂、变乱交织的世界注入更多正能量和稳定因素。中亚国家高度评价中国式现代化道路对人类发展进步的重要意义，普遍支持并愿积极践行全球发展倡议、全球安全倡议、全球文明倡议。中国同中亚国家一致同意恪守联合国宪章宗旨和原则，坚定捍卫多边主义，抵制单边主义、霸权主义和强权政治，促进国际关系民主化，推动国际秩序和全球治理体系朝着更加公正合理的方向发展。这些立场和主张将为充满不确定性的世界注入更多确定性，为维护世界和平与安全、促进人类文明进步作出"中国—中亚贡献"。

中国—中亚机制属于六国，也面向世界，促进的是1360多万平方公里广袤热土的发展与繁荣，追求的是近15亿人的光明未来与美好生活，体现的是立足自身、胸怀天下的责任与担当。中国—中亚合作不针对任何第三方，也不受制于第三方，不搞封闭排他的"小圈子"，更反对集团政治和冷战对抗。中国和中亚国家将始终站在历史正确一边，站在文明进步一边，与国际社会一道，共同应对全球性挑战，共促和平发展。

在西安，习近平主席和中亚五国元首共同种下6棵石榴树，既见证中国同中亚千年友好交往，也象征中国同中亚紧密团结合作，更寄托对中国—中亚关系美好未来的期待。中国—中亚合作从中国再出发，古老的丝绸之路从西安再启程。相信在六国元首的共同引领下，在各方共同努力下，中国—中亚合作一定能够开出美丽花朵、结出丰硕果实，长成参天大树，为各国人民带来实实在在的福祉，为维护地区和平稳定凝聚强大合力。

（2023年05月23日）

在人类共同发展宏大格局中推进上合组织发展

大道不孤，众行致远。站在新的历史起点上，只要上海合作组织各方始终朝着求团结、增互信、谋发展、促合作的正确方向迈进，就一定能够推动上海合作组织不断发展壮大

7月4日，习近平主席在北京以视频方式出席上海合作组织成员国元首理事会第二十三次会议并发表重要讲话。这是今年中国面向亚欧地区采取的一项重要多边外交行动。习近平主席的讲话为上海合作组织团结发展凝聚共识，为推动构建上海合作组织命运共同体注入重要动力。

今年是习近平主席提出人类命运共同体理念十周年。十年来，面对世界之变、时代之变、历史之变，上海合作组织走在时代前列，秉持人类命运共同体理念，弘扬"上海精神"，构建上海合作组织命运共同体。"秉承守望相助、同舟共济优良传统""践行共同、综合、合作、可持续的安全观""秉持创新、协调、绿色、开放、共享的发展理念""传承睦邻友好精神，坚持文明平等互鉴、对话包容""维护国际公平正义，反对霸权霸道霸凌行径"。习近平主席在讲话中总结上海合作组织实践经验和发展成果，为继续推动构建上海合作组织命运共同体指明方向。上海合作组织各方重申"共同推动构建相互尊重、公平正义、合作共赢的新型国际关系和人类命运共同体具有重要现实意义"，再次表明人类命运共同体理念具有强大感召力和生命力。

习近平主席高度重视上海合作组织，始终强调坚定秉持和弘扬"上海精神"，在人类共同发展宏大格局中推进上海合作组织发展。2013年以来，习近平主席出席历次上海合作组织峰会，亲自擘画上海合作组织发展蓝图，引领上海合作组织发展行稳致远。从"我们必须加强合作，联合自强"到"牢固树立同舟共济、荣辱与共的命运共同体、利益共同体意识，凝心聚力，精诚协作"，再到"坚持'上海精神'，打造本地区命运共同体"等，习近平主席始终强调坚持团结协作，并为深化上海合作组织团结协作提出了一系列合作倡议，获得各方积极响应和支持。

当今世界变乱交织，百年变局加速演进，人类社会面临前所未有的挑战。团结还是分裂？和平还是冲突？合作还是对抗？再次成为时代之问。习近平主席的回答铿锵有力——"各国人民对美好生活的向往就是我们的追求，和平、发展、合作、共赢的时代潮流不可阻挡"。牢记初心使命，坚持团结协作，为维护世界和平与发展注入更多确定性和正能量，这是上海合作组织必须肩负的时代赋予的重任。"把牢正确方向，增进团结互信""维护地区和平，保障共同安全""聚焦务实合作，加快经济复苏""加强交流互鉴，促进民心相通""践行多边主义，完善全球治理"。习近平主席提出重要建议和新的合作倡议，展现中国推动上海合作组织各领域合作不断走深走实的大国担当。

作为世界上幅员最广、人口最多的综合性区域合作组织，上海合作组织坚持相互尊重，倡导大小国家一律平等，坚定维护和践行真正的多边主义，走出了一条结伴而不结盟、合作而不对抗的国与国交往新路，成为维护国际公平正义的中坚力量。此次峰会正式接收伊朗为上海合作组织成员国，并签署白俄罗斯加入上海合作组织义务的备忘录。越来越多国家申请加入上海合作组织，彰显出"上合大家庭"的生机活力，表明各方对上海合作组织为深化睦邻友好、维护成员国共同利益、促进地区和世界持久和平与稳定、推动可持续发展作出的重要贡献的认可。

大道不孤，众行致远。站在新的历史起点上，只要上海合作组织各方始终朝着求团结、增互信、谋发展、促合作的正确方向迈进，就一定能够推动上海合作组织不断发展壮大。一个不断发展壮大的上海合作组织，必将为推动全球治理朝着更加公正合理的方向发展、推动构建人类命运共同体作出更大贡献。

（2023年07月06日）

努力实现各国人民对美好生活的向往

实现地区长治久安是地区国家的共同责任，促进经济增长是地区国家的共同任务，多样文明和谐是地区国家人民的美好愿景，公平、公正是地区国家的一致追求

在上海合作组织成员国元首理事会第二十三次会议上，习近平主席充分肯定过去10年来上海合作组织积极践行人类命运共同体理念的成功实践，着眼上海合作组织未来发展提出重要建议和合作倡议，为在更大范围、更宽领域、更深层次上推进上海合作组织各领域合作擘画路线图、指明新前景，对构建上海合作组织命运共同体、维护亚欧大陆以及世界的和平与繁荣具有十分重要的意义。

成立20多年来，上海合作组织坚定弘扬"上海精神"，牢牢把握时代潮流，始终朝着求团结、增互信、谋发展、促合作的正确方向迈进。上海合作组织各方秉承守望相助、同舟共济优良传统，在涉及彼此核心利益和重大关切问题上相互支持，反对外部势力干涉破坏，协力营造睦邻友好、团结互信的合作氛围。在习近平主席和与会各国领导人共同努力下，本次峰会达成系列共识，取得重要成果。这充分表明，只要上海合作组织各方胸怀大局，担起责任使命，排除各种干扰，就能够维护好、实现好各成员国安全和发展利益。

实现地区长治久安是地区国家的共同责任，促进经济增长是地区国家的共同任务，多样文明和谐是地区国家人民的美好愿景。提升本组织安全合作水平，持续开展联合行动，严厉打击"东突"等"三股势力"、毒品走私、网络和跨国有

组织犯罪；建议扩大本组织国家本币结算份额，拓展主权数字货币合作，推动建立本组织开发银行；继续深化教育、科技、文化、卫生、体育、媒体等领域合作，支持上海合作组织睦邻友好合作委员会等民间机构工作，举办更多人文交流活动……习近平主席在本次峰会上就同各方一道落实全球安全倡议、全球发展倡议、全球文明倡议提出一系列务实合作倡议。俄罗斯莫斯科国际关系学院教授阿列克谢·阿列克萨欣表示，在中国的引领下，上海合作组织成员国在安全、经贸和人文等各领域的互利合作及交流互鉴不断取得丰硕成果，上海合作组织稳步发展的社会民意基础持续巩固，发展前景和空间越来越广阔。

今年是习近平主席提出"一带一路"倡议10周年。10年来，"一带一路"倡议在本地区落地生根，为各国实现可持续发展发挥了积极作用，受到地区人民广泛欢迎。上海合作组织成员国多次在上海合作组织峰会宣言中强调支持"一带一路"倡议。中方今年将举办第三届"一带一路"国际合作高峰论坛。习近平主席表示，欢迎各方参加论坛活动，共同把这条造福世界的幸福之路铺得更宽更远，并提出要加强高质量共建"一带一路"同各国发展战略和地区合作倡议对接，深入推进贸易和投资自由化便利化，加快口岸基础设施和区域国际物流大通道建设，保障区域产业链供应链稳定畅通。哈萨克斯坦、吉尔吉斯斯坦、巴基斯坦、俄罗斯、塔吉克斯坦、乌兹别克斯坦等国重申支持中国提出的"一带一路"倡议，肯定各方为共同实施"一带一路"倡议，包括为促进"一带一路"建设与欧亚经济联盟建设对接所做工作。

公平、公正是地区国家的一致追求。习近平主席强调，要弘扬全人类共同价值，坚定维护以联合国为核心的国际体系和以国际法为基础的国际秩序，反对霸权主义和强权政治，推动全球治理朝着更加公正合理的方向发展，在不断促进权利公平、机会公平、规则公平的共同努力中推进人类社会现代化。此次峰会上，各成员国重申通过各国间平等互利合作，构建更具代表性、更加公正民主的多极世界秩序。这些充分展现上海合作组织各方坚定维护真正的多边主义，共同做世界和平的建设者、全球发展的贡献者、国际秩序的维护者的愿望和决心。

　　心合意同，谋无不成。上海合作组织各方将继续精诚合作、砥砺前行，推动构建上海合作组织命运共同体，努力实现各国人民对美好生活的向往，共同为维护世界和平与发展注入强劲动力。

（2023年07月07日）

巩固团结合作　促进和平发展

　　习近平主席将于7月4日在北京以视频方式出席上海合作组织成员国元首理事会第二十三次会议并发表重要讲话。习近平主席将同与会各国领导人就上海合作组织发展作出规划，并就推动构建更加紧密的上海合作组织命运共同体阐述中国主张、提出合作倡议，为新形势下上海合作组织牢牢把握时代潮流、不断加强团结合作提供重要指引，为推动国际秩序朝着更加公正合理方向发展、促进世界和平发展作出新的贡献。

　　上海合作组织是世界上幅员最广、人口最多的综合性区域合作组织，也是国际和地区事务中重要建设性力量。成立20多年来，上海合作组织各方始终遵循上海合作组织宪章和成员国长期睦邻友好合作条约确立的宗旨原则，坚持和弘扬互信、互利、平等、协商、尊重多样文明、谋求共同发展的"上海精神"，不断深化政治互信、加强团结协作，坚决反对外部干涉、霸权主义和强权政治，推动地区合作持续提质升级，成为彼此发展振兴、安全稳定的牢固支撑。国际形势越是变乱交织，上海合作组织各方越要坚定弘扬"上海精神"，增强凝聚力，巩固团结合作，把本国前途命运牢牢掌握在自己手中。

　　安全是发展的前提，和平稳定是人心所向。上海合作组织成员国坚持政治互信，不断拓展安全合作。签署国际上首个政府间反极端主义公约，组织"和平使命"联合反恐演习，积极倡导政治解决阿富汗问题等国际和地区热点问题……上海合作组织不仅为维护欧亚地区和平稳定发挥积极作用，也是推动世界和平发展的重要力量。在去年举行的上海合作组织撒马尔罕峰会上，习近平主席深刻阐述全球安全倡议的重要意义，倡导各国秉持共同、综合、合作、可持续的安全观，推动构建均衡、有效、可持续的安全架构，为维护地区长治久安、拓展上海合作组织安全合作明确了思路。上海合作组织各方践行全球安全倡议，有利于持续深化安全合作、应对安全挑战。

让地区各国人民过上好日子，是上海合作组织各方矢志以求的共同目标。上海合作组织各方普遍赞赏习近平主席提出的全球发展倡议，认为这一倡议对应对国际能源安全、粮食安全等当前全球发展困境具有重要意义，将助力实现更加强劲、绿色、健康的全球发展。今年是共建"一带一路"倡议提出10周年。随着共建"一带一路"倡议与各国发展战略及欧亚经济联盟等区域合作倡议深度对接，地区高质量互联互通格局初现轮廓，中吉乌公路、中国—中亚天然气管道、中泰塔吉克斯坦农业纺织产业园等一大批合作项目落地生根、开花结果，不断拓展共同发展的空间，为各国人民带来实实在在的好处。中国将继续携手地区国家高质量共建"一带一路"，打造更多合作增长点。

上海合作组织发展最牢固的基础在于文明互鉴，最深厚的力量在于民心相通。上海合作组织各方充分发挥地缘相邻、人文相亲，友好交往历史源远流长的优势，不断深化文明交流互鉴，推动民心相知相亲。正是得益于此，上海合作组织超越意识形态、社会制度、发展道路差异，树立了新型国家关系典范。习近平主席提出的全球文明倡议与"上海精神"高度契合，践行全球文明倡议将为上海合作组织各方加强治国理政经验交流、深化文明交流互鉴注入新动力。向上海合作组织国家提供1000名扶贫培训名额，建成10所鲁班工坊；在"丝路一家亲"行动框架内开展卫生健康、扶贫救助、文化教育等领域30个合作项目；举办友好城市论坛……中国在上海合作组织框架内持续推动人文交流，助力夯实上海合作组织发展的民意基础。

作为上海合作组织创始成员国，中国始终将上海合作组织作为外交优先方向。在世界百年未有之大变局加速演进、世界进入新的动荡变革期的背景下，中方将与上海合作组织各方一道，坚定弘扬"上海精神"，以集体之力、团结之力、合作之力，构建更加紧密的上海合作组织命运共同体，共同创造亚欧大陆的美好未来。

（2023年07月01日）

不断深化新兴市场国家和发展中国家团结合作

习近平主席将于8月21日至24日出席在南非约翰内斯堡举行的金砖国家领导人第十五次会晤并对南非进行国事访问。在南非期间，习近平主席还将同南非总统拉马福萨共同主持中非领导人对话会。习近平主席此访将为深化金砖伙伴关系、完善金砖国家合作机制提出中国方案、贡献中国智慧，为中南关系、中非关系发展擘画蓝图，让合作的蛋糕越做越大，让进步的力量越聚越强。

金砖国家合作机制自成立以来，始终坚守团结自强初心，秉持开放包容、合作共赢精神，持续深化各领域务实合作，成为推动全球治理变革的重要力量，国际影响力不断提升。中国高度重视金砖国家合作机制。2013年以来，习近平主席在出席或主持金砖国家领导人会晤期间就加强金砖合作提出一系列重要主张与倡议，为推动金砖合作走深走实，构建起更紧密、更务实的伙伴关系指明方向、提供遵循。2017年，习近平主席在厦门主持金砖国家领导人第九次会晤，开启了金砖合作第二个"金色十年"，并开创性地提出"金砖+"合作模式，首次邀请一些新兴市场国家和发展中国家代表出席对话会；2022年，中国再次接任金砖国家主席国，主办了170多场各领域活动，推动金砖合作在多方面取得重要进展，"金砖+"对话活动首次提升至外长层级，并扩展到科技创新、人文交流、可持续发展等多个领域，在金砖合作进程中留下了鲜明的中国印记。金砖国家领导人第十五次会晤将延续去年金砖"中国年"良好合作势头，共同擘画金砖美好未来。

经过十几年的发展，金砖合作的意义早已超出五国范畴，成为推动广大新兴市场国家和发展中国家共同发展繁荣的重要平台。在去年6月举行的全球发展高层对话会上，习近平主席提出共创普惠平衡、协调包容、合作共赢、共同繁荣的发展格局，宣布中方落实全球发展倡议的一系列重要举措，引领包括金砖国家在内的国际社会以宏阔的视野、长远的眼光共谋全球发展，以务实的行动、有力的措施推动共同发展。在联合国、二十国集团等多边机制中，金砖国家践行真正的多边主义，推动全球治理体系朝着更加公正合理的方向发展。南非金砖国家事务协调人苏克拉尔日前表示，超过40个国家希望加入金砖国家合作机制，其中有20多个国家已正式提出了加入申请。这充分表明，金砖国家合作机制得到国际社会广泛认同和支持，展现出越来越旺盛的生命力、越来越强大的吸引力。

今年是中国与南非建交25周年。25年来，中南关系实现了从伙伴关系、战略伙伴关系到全面战略伙伴关系的重大跨越。习近平主席时隔5年再次对南非进行国事访问，将同拉马福萨总统就双边关系以及共同关心的国际和地区问题交换意见，共商两国关系发展蓝图，为构建高水平中南命运共同体注入强劲动力。中南两国元首还将共同主持中非领导人对话会，中方将同非方围绕"助力非洲一体化，共筑高水平中非命运共同体"这一主题，就如何携手推进各自现代化事业，共同营造和平、公正、开放的发展环境深入交流。中非双方将坚定弘扬中非友好合作精神，全面落实中非务实合作"九项工程"，携手高质量共建"一带一路"，推动中非关系行稳致远、中非合作提质升级。

世界百年未有之大变局加速演进，国际格局深刻调整。广大新兴市场国家和发展中国家战略自主意识日益增强，在国际舞台上发挥着越来越重要的作用。中国将同有关国家一道，不断深化新兴市场国家和发展中国家团结合作，以负责任行动推动构建人类命运共同体，共同开创人类美好未来。

（2023年08月19日）

坚守联合自强初心　推进高质量伙伴关系

"青山遮不住，毕竟东流去。"无论有多少阻力，金砖国家这支积极、稳定、向善的力量都将蓬勃发展

"我们要把握大势，引领方向，坚守联合自强的初心，加强各领域合作，推进高质量伙伴关系，推动全球治理变革朝着更加公正合理的方向发展，为世界注入更多确定性、稳定性、正能量。"当地时间8月23日上午，习近平主席出席金砖国家领导人第十五次会晤并发表重要讲话，深刻分析国际形势，深刻阐明金砖合作的重要意义，提出一系列深化金砖合作的重要主张和倡议，为处于承前启后、继往开来的关键阶段的金砖合作指引发展方向。

当前，世界进入新的动荡变革期，正在经历大调整、大分化、大重组，不确定、不稳定、难预料因素增多。是走和平发展、开放发展、合作发展、共赢发展之路，还是任由霸权主义和强权政治导致世界走向分裂与对抗的地步、滑向"新冷战"的深渊，这是各国人民共同关心的问题。"金砖国家是塑造国际格局的重要力量。我们自主选择发展道路，共同捍卫发展权利，共同走向现代化，代表着人类社会前进方向，必将深刻影响世界发展进程。"习近平主席的话掷地有声，给人以信心和希望。

每个国家都有发展的权利，各国人民都有追求幸福生活的自由。当前，世界经济复苏势头不稳，发展中国家面临的挑战更为严峻。金砖国家作为新兴市场国家和发展中国家的代表，更应勠力同心，做发展振兴道路上的同行者。着眼深化金砖国家经贸、财金合作，习近平主席宣布中国将设立"中国—金砖国家新时代科创孵化园"、探索建立"金砖国家全球遥感卫星数据与应用合作平台"、同各方共建"金砖国家可持续产业交流合作机制"，充分展现中国支持金砖国家共同发展的坚定态度和积极作为。中方同各方一道加快推进全球发展倡议合作，有利于强化全球发展动能，增进各国人民福祉。

安全是发展的前提，人类是不可分割的安全共同体。金砖国家始终坚持以对话解争端、以协商化分歧，携手应对各类安全挑战，反对零和博弈和冷战思维。习近平主席强调，金砖国家要坚持和平发展的大方向，巩固金砖国家战略伙伴关系，并就在涉及彼此核心利益问题上相互支持、积极斡旋热点问题、进一步拓展人工智能合作等提出建议，为金砖国家拓展政治安全合作提供重要战略指引。中方同各方一道推动全球安全倡议落地生根，携手打造安全共同体，有利于实现普遍安全。

文明多姿多彩、发展道路多元多样，这是世界应有的样子。习近平主席指出，金砖国家要弘扬海纳百川的精神，倡导不同文明和平共处、和合共生，尊重各国自主选择的现代化道路。金砖国家不断加强治国理政经验交流，不断加强文化、教育等领域丰富多彩的合作，有利于夯实金砖合作的民意基础。中方同各方一道落实全球文明倡议，促进世界文明多样性，弘扬全人类共同价值，加强人文交流合作，对促进不同文明百家争鸣、百花齐放，打破交流壁垒，赓续人类文明的薪火具有深远意义。

加强全球治理是国际社会共享发展机遇、应对全球性挑战的正确选择。习近平主席强调，国际规则要依据联合国宪章宗旨和原则，由大家共同书写、共同维护，不能谁的胳膊粗、嗓门大，谁就说了算。更不能拉帮结伙，把自己的"家法帮规"包装成国际规则。金砖国家共同践行真正的多边主义，共同维护以联合国为核心的国际体系，共同支持并加强以世贸组织为核心的多边贸易体制，共同反对搞"小圈子"、"小集团"，必将有力推动全球治理朝着更加公正合理的方向发展。在此次会晤中，习近平主席同其他金砖国家领导人一致同意，邀请沙特、埃及、阿联酋、阿根廷、伊朗、埃塞俄比亚成为金砖大家庭成员。这不仅将给金砖合作机制注入新活力，也将进一步壮大世界和平和发展的力量。

"青山遮不住，毕竟东流去。"无论有多少阻力，金砖国家这支积极、稳定、向善的力量都将蓬勃发展。金砖国家秉持人类命运共同体理念和开放包容、合作共赢的金砖精神，加强战略伙伴关系，深化各领域合作，在应对共同挑战、开创美好未来中展现责任担当，将为维护世界和平、促进共同发展作出更加积极的贡献。

（2023年08月25日）

历史性扩员，金砖合作迎来新起点

扩员后的金砖大家庭成员更多、覆盖地域更广、合作空间更大，将进一步提升"全球南方"国家在全球治理中的代表性和发言权，进一步壮大世界和平和发展的力量

在南非约翰内斯堡，各方共同见证了金砖合作进程中的又一历史性时刻。当地时间8月24日上午，金砖国家领导人第十五次会晤特别记者会宣布，邀请沙特、埃及、阿联酋、阿根廷、伊朗、埃塞俄比亚正式成为金砖大家庭成员。从明年1月1日起，这6个国家将成为金砖国家正式成员。这次历史性扩员，体现了金砖国家同发展中国家团结合作的决心，成为金砖合作的新起点。

从5个国家到11个国家，金砖国家数量的增多，必将进一步提升金砖合作机制的全球影响力。此次扩员后，金砖大家庭亚洲成员增加3个、非洲成员增加2个、拉丁美洲成员增加1个，在全球的代表性进一步增强。此次扩员后，金砖国家人口占世界比重从42%升至47%，经济总量从26%升至29%，货物贸易总额从18%上升至21%。扩员之后，金砖的成色更足、分量更重。

这次历史性扩员符合国际社会期待，符合新兴市场国家和发展中国家共同利益。当前，世界之变、时代之变、历史之变正以前所未有的方式展开，人类社会走到了关键当口。在单边主义和保护主义抬头，冷战和零和博弈思维上升，霸权主义和强权政治威胁世界和平稳定的背景下，国际社会更需要坚持开放合作、维护和平稳定、促进发展繁荣、增进交流互鉴的积极力量。新兴市场国家和发展中国家大多是从殖民主义的历史泥淖中走出来的，有更为强烈的维护和平发展、争取公平正义的愿望。新兴市场国家和发展中国家过去20年对世界经济增长的贡献率高达80%，过去40年国内生产总值的全球占比从24%增至40%以上，有更为强大的维护和平发展、争取公平正义的能力。金砖扩员顺应新兴市场国家和发展中国家群体性崛起的大势，将进一步壮大世界和平和发展的力量。

这次历史性扩员充分彰显金砖国家的吸引力和感召力，将给金砖合作机制注入新活力。17年来，金砖这艘大船乘风破浪、勇毅前行，走出了一条相互砥砺、合作共赢的人间正道。秉持开放包容、合作共赢的金砖精神，金砖国家不断拓展各领域合作，为世界和平发展作出重要贡献，得到国际社会广泛认同和支持。此次会晤前，超过40个国家希望加入金砖合作机制，其中20多个国家正式提出加入申请，充分展现了新兴市场国家和发展中国家团结自强的热情和愿望。此次扩员后，金砖大家庭成员更多、覆盖地域更广、合作空间更大，为处于承前启后、继往开来的关键阶段的金砖合作注入了强大正能量。

这次历史性扩员将进一步汇聚金砖力量，提升"全球南方"国家在全球治理中的代表性和发言权。金砖国家为了促进和平与发展、追求公平与正义走到一起，为了倡导互利共赢、维护共同利益走到一起，将继续深化团结合作，在全球治理中发挥更大作用。"沙特期待发展这种合作，创造新的发展和经济机遇，并将我们的关系提升到期望的水平""埃及期待与金砖成员协调合作，实现经济合作的目标，就我们面临的挑战发出'全球南方'的声音""阿联酋赞同金砖国家领导人对人类未来发展的共同愿景……期待与各方继续深化合作，以实现全世界的共同繁荣""加入金砖合作机制将为阿根廷提供绝佳发展机遇，让阿根廷打开新局面""伊朗加入金砖合作机制是历史性的一步""加入金砖合作机制对埃塞俄比亚来说是一个伟大的时刻"……金砖新成员发出的是团结合作的声音，是建设更加美好的世界的声音。此次扩员后，金砖国家将更有力地推动全球治理朝着更加公正合理的方向发展。

　　金砖合作大有可为，金砖国家未来可期。扩员后的金砖大家庭，将继续深化金砖战略伙伴关系，继续拓展"金砖+"合作模式，不断谱写新兴市场国家和发展中国家团结合作谋发展的新篇章，努力打造和平发展的大格局，为推动构建人类命运共同体贡献力量。

（2023年08月26日）

坚定信心、众志成城，携手构建发展共同体

发展承载着人民对美好生活的向往，是发展中国家的第一要务，也是人类社会永恒主题。日前，习近平主席在南非约翰内斯堡出席金砖国家同非洲国家及其他新兴市场和发展中国家领导人对话会，与金砖国家领导人和60多位非洲国家及其他新兴市场和发展中国家领导人或代表、国际和地区组织负责人等共商全球发展大计。

"国际社会要以天下之利为利，以人民之心为心，推动发展问题重回国际议程的核心。"习近平主席在对话会上发表重要讲话，阐述中国推动全球发展的主张，介绍中国为落实全球发展倡议、重振全球发展事业推出的举措和成效，进一步提振了新兴市场国家和发展中国家实现可持续发展的信心。

今年是联合国2030年可持续发展议程的中期评估年。近年来，受新冠疫情、地缘政治冲突、世界经济困难等影响，全球发展事业面临巨大挑战。目前，多数可持续发展目标落实缓慢、令人担忧。发展中国家面临的挑战更为严峻，实现可持续发展目标任重道远。"要提高发展中国家在全球治理中的代表性和发言权，支持发展中国家实现更好发展。要坚持真正的多边主义，构建全球发展伙伴关系，为共同发展营造安全稳定的国际环境。"习近平主席强调注重发展的公平性，努力营造安全稳定的发展环境，回应了广大新兴市场国家和发展中国家的共同关切，顺应各国人民谋发展、促合作的共同期待。

"中国始终同发展中国家同呼吸、共命运，过去是、现在是、将来也永远是发展中国家的一员！"习近平主席铿锵有力的话语，传递出中国始终同广大发展中国家站在一起、促进共同发展的坚定决心。着眼全球发展大局大势、人类社会共

同利益，习近平主席2021年9月在第七十六届联合国大会一般性辩论上提出全球发展倡议，呼吁共同推动全球发展迈向平衡协调包容新阶段。全球发展倡议已得到100多个国家和国际组织支持，近70个国家加入中国发起成立的"全球发展倡议之友小组"。全球发展倡议是人类命运共同体理念在全球发展领域的重要实践，充分彰显中国对全球发展事业的引领作用。

全球发展倡议提出近两年来，中国坚持发展优先，加大了资源投入；坚持行动导向，深化了务实合作；坚持创新驱动，增强了发展动能；坚持共克时艰，提升了发展韧性。举办全球发展高层对话会，宣布中方落实全球发展倡议的重要举措，发布包含32项举措的成果清单；成立总额40亿美元的全球发展和南南合作基金；从亚洲到非洲，从太平洋岛国到加勒比海岸，200多个合作项目开花结果，减贫、教育、卫生等领域合作机制不断拓展；聚焦绿色发展、新型工业化、数字经济等重点领域，推进新工业革命伙伴关系建设，助力高质量发展；启动中国—联合国粮农组织南南合作信托基金，落实促进粮食生产专项行动；发起全球清洁能源合作伙伴关系，助力实现能源安全……中国以行践言，充分展现大国担当。

在此次对话会上，习近平主席宣布中国金融机构即将推出100亿美元专项资金，专门用于落实全球发展倡议，让广大新兴市场国家和发展中国家再次看到中国始终是全球发展的贡献者。中国同非洲国家开展更多合作，包括提供卫星测绘成套数据产品，实施"智慧海关"合作伙伴计划，协同联合国教科文组织开展"全球发展倡议助力非洲未来"行动，有助于非洲增强自主发展能力，实现可持续发展。塞内加尔总统萨勒表示，非中合作充满活力，契合非方发展需要，而且落实高效，有力支持了非洲国家的经济社会发展。

唯有发展，才能实现人民对美好生活的向往；唯有合作，才能不让任何一个国家在世界现代化进程中掉队。中国将继续同广大新兴市场国家和发展中国家一道，推动全球发展倡议走深走实，携手构建发展共同体，为全球发展事业贡献正能量。

（2023年08月27日）

携手推进合作共赢、和合共生、文明共兴的历史伟业

非洲一体化走得实，中国和非洲各自现代化事业发展得好，就是为世界经济发展提供新动能，就是为国际公平正义贡献正能量，就是为平等、开放、合作的全球伙伴关系树立新标杆

中国是世界上最大的发展中国家，非洲是发展中国家最集中的大陆，中非从来都是命运共同体。当今世界变乱交织，百年变局加速演进。在实现发展振兴的道路上，中国和非洲比以往任何时候都更需要加强团结合作。

日前，习近平主席和南非总统拉马福萨在约翰内斯堡共同主持中非领导人对话会，同其他与会非洲领导人一道，擘画中非团结合作新蓝图。会议通过并发表《中非领导人对话会联合声明》，体现了中非在加强和改革全球治理、促进非洲社会经济发展、维护和平与安全、推进中非合作论坛机制建设等方面的广泛共识，为新时代中非关系发展绘就了路线图，使中非友谊之花绽放出新光彩。

"中国和非洲正在通过共同探索现代化的生动实践回答历史之问，携手推进合作共赢、和合共生、文明共兴的历史伟业。"习近平主席在中非领导人对话会上发表主旨讲话，强调中非双方要共同推动公正合理的国际秩序、共同维护和平安全的全球环境、共同建设开放包容的世界经济，为实现各自发展愿景创造良好外部条件。习近平主席深刻阐明中非携手推进现代化事业的重要意义，就下阶段加强中非务实合作、助力非洲一体化和现代化事业提出具体举措，为推动中非关系不断迈上新台阶，共筑高水平中非命运共同体注入新动力。

迈向现代化的道路丰富多样。什么样的发展道路最适合非洲，非洲人民最有发言权。推进一体化是非洲国家和人民自主选择的现代化道路。中国一直予以坚定支持并愿做非洲现代化道路的同行者。多年来，中国帮助非洲建设了大量互联互通基础设施，同非盟及各次区域组织开展了广泛合作，一大批实实在在的合作项目在非洲落地生根，中非友好的声音回荡在中非广袤大地和山水之间。"中国在非洲最需要的时候雪中送炭，中国是能够看见非洲大陆需求的伙伴。"拉马福萨总统在中非领导人对话会上表示，"我们从非中合作中获益良多，这一关系相互成就、互利共赢。"

在中非领导人对话会上，习近平主席宣布中方发起"支持非洲工业化倡议"，实施"中国助力非洲农业现代化计划"和"中非人才培养合作计划"，包括每年为非洲培训500名职业院校校长和骨干师资，培养1万名"中文＋职业技能"复合型人才，邀请2万名非洲国家政府官员和技术人才参加研修研讨活动等。三大举措聚焦非洲实现现代化迫切需要的工业化、农业现代化和人才培养等领域，是中国以实际行动支持非洲发展的生动体现。非方高度赞赏并欢迎习近平主席提出的三大举措，认为这些举措再次表明中国是急非洲之所急的真正朋友和伙伴。非方领导人表示，中国对非洲国家的投资与合作对帮助非洲发展发挥了重要作用，中国是非洲实现现代化不可缺少的重要合作伙伴。

面对百年变局，中非关系行得稳、中非合作搞得好，全球发展就有更多新动能，世界就有更多稳定性。这是28亿中非人民肩负的国际责任和历史使命。着眼中非合作的内在潜力和外部挑战，习近平主席强调，中方将立足共建"一带一路"和中非合作论坛等平台，结合非盟《2063年议程》，加强同非洲发展战略对接。习近平主席再次明确表示支持非盟加入二十国集团，充分体现中国支持非洲提升国际地位和话语权，在多边平台切实践行中非友好合作精神。非方赞赏中国为支持深化多边主义提出全球发展倡议、全球安全倡议、全球文明倡议，坚信中国和非洲的发展将为世界和平和发展带来更多机遇。

　　非洲一体化走得实，中国和非洲各自现代化事业发展得好，就是为世界经济发展提供新动能，就是为国际公平正义贡献正能量，就是为平等、开放、合作的全球伙伴关系树立新标杆。中国将与非洲国家进一步弘扬中非友好合作精神，深化各领域团结协作，推动构建高水平中非命运共同体，为促进人类现代化和发展繁荣作出新的贡献。

（2023年08月28日）

中国始终同发展中国家同呼吸、共命运

在实现民族复兴的道路上和推动世界和平发展的进程中，中国的朋友遍天下。携手各方构建人类命运共同体的中国，"朋友圈"只会越来越大

习近平主席日前应邀赴南非约翰内斯堡出席金砖国家领导人第十五次会晤，并对南非进行国事访问。此访立足南非和金砖，放眼非洲和世界，传承中非传统友好，汇聚南南合作新共识，增添和平发展正能量。在人类社会发展的关键当口，这次具有战略意义的访问举世瞩目。

"是坚持合作与融合，还是走向分裂与对抗？是携手维护和平稳定，还是滑向'新冷战'的深渊？是在开放包容中走向繁荣，还是在霸道霸凌中陷入萧条？是在交流与互鉴中增进互信，还是让傲慢与偏见蒙蔽良知？历史的钟摆朝向何方，取决于我们的抉择。"透过习近平主席在2023年金砖国家工商论坛闭幕式上发表的致辞，更能理解当前深化新兴市场国家和发展中国家团结合作的重要意义。新兴市场国家和发展中国家坚持团结自强，塑造国际格局的积极力量就将不断增强，世界和平发展的前景就将更加光明。

中国始终致力于深化同广大发展中国家团结合作。习近平主席指出："作为发展中国家、'全球南方'的一员，我们始终同其他发展中国家同呼吸、共命运，坚定维护发展中国家共同利益，推动增加新兴市场国家和发展中国家在全球事务中的代表性和发言权。"访问南非，两国元首一致同意携手构建高水平中南命运共同体；出席金砖国家领导人第十五次会晤，推动金砖合作机制实现历史性扩员；出席"金砖+"领导人对话会，携手各方构建发展共同体；出席中非领导人对话会，提出中国助力非洲一体化和现代化事业发展的新举措……习近平主席此访进一步巩固了中国同广大发展中国家团结合作的大局。

习近平主席此访再次表明，中国同广大发展中国家的友好合作关系基础深厚、牢不可破。一段时间以来，个别国家试图通过强行剥夺中国的发展中国家地位，将中国排除在"全球南方"之外，破坏中国同其他发展中国家的关系。听一听此访期间其他发展中国家领导人发自内心的对中国的认可和支持，个别西方国家当有自知之明。"中国是全天候的朋友，更是在我们遇到困难时可以依靠的朋友""非洲人民向往中国，非洲各国都希望和中国朋友合作""感谢中国，让我们共同繁荣，我们的友谊一定会像河流一样生生不息""中国始终尊重我们，我们也坚定支持中国"……事实证明，在实现民族复兴的道路上和推动世界和平发展的进程中，中国的朋友遍天下。

习近平主席此访再次表明，只有坚持在历史前进的逻辑中前进、在时代发展的潮流中发展，才能走得稳、走得远。当今世界是一荣俱荣、一损俱损的命运共同体。各国人民企盼的，不是"新冷战"，不是"小圈子"，而是一个持久和平、普遍安全的世界，一个共同繁荣、开放包容、清洁美丽的世界。这是历史前进的逻辑、时代发展的潮流。与个别国家不甘心失去其霸权地位，对新兴市场国家和发展中国家肆意围堵打压不同，中国坚定携手各方落实全球发展倡议，促进共同发展繁荣；与个别国家不断扩大军事同盟，拓展自身势力范围，挤压别国安全空间不同，中国坚定推动全球安全倡议落地生根，坚持对话而不对抗、结伴而不结盟、共赢而非零和，携手打造安全共同体；与个别国家蓄意鼓噪所谓"民主和威权""自由和专制"的二元对立不同，中国坚定践行全球文明倡议，促进世界文明多样性，弘扬全人类共同价值，加强人文交流合作。携手各方构建人类命运共同体的中国，"朋友圈"只会越来越大。

"面对风高浪急甚至惊涛骇浪的考验，各国要秉持正确的世界观、历史观、大局观，把构建人类命运共同体的理念转化为行动、愿景转化为现实。"作为发展中国家、"全球南方"的一员，中国将继续秉持人类命运共同体理念，同其他发展中国家同呼吸、共命运，坚定维护发展中国家共同利益，不断壮大世界和平和发展的力量，推动人类发展的巨轮驶向更加光明的未来。

（2023年08月29日）

共建和平、安宁、繁荣、美丽、友好的家园

中国过去是、现在是、将来也永远是东盟的好邻居、好朋友、好伙伴。站在新的历史起点，中国将继续与东盟国家在携手发展、互利共赢的道路上同舟共济、精诚合作

9月19日，为期4天的第二一届中国—东盟博览会和中国—东盟商务与投资峰会在广西南宁闭幕。今年是习近平主席提出共建"一带一路"倡议和建设更为紧密的中国—东盟命运共同体10周年，也是东博会和投资峰会创办20周年。本届东博会和投资峰会的成功举办体现了中国和东盟共谋发展、合作共赢的坚定决心，为构建更为紧密的中国—东盟命运共同体注入了新动力。

东博会和投资峰会见证了中国和东盟关系的不断发展。20年前，中国作为对话伙伴国家率先加入《东南亚友好合作条约》，与东盟建立起面向和平与繁荣的战略伙伴关系。10年前，习近平主席在印度尼西亚国会发表重要演讲，提出愿同东盟国家共建21世纪海上丝绸之路，携手共建更为紧密的中国—东盟命运共同体，得到东盟各国积极响应。2年前，在中国—东盟建立对话关系30周年纪念峰会上，习近平主席提出共建和平、安宁、繁荣、美丽、友好"五大家园"，为中国—东盟合作擘画崭新蓝图、指明前进方向。中国和东盟坚持团结自强、合作共赢，共同守护了地区和平与安宁，共同创造了经济腾飞的奇迹。

东博会和投资峰会见证了中国和东盟经贸合作稳步升级。本届东博会和投资峰会签约项目数量和总投资额均创历届之最，亮眼的成绩单折射出各方对中国经

济发展、市场繁荣的坚定信心，也真切反映出中国与东盟经贸合作的深度和热度。中国与东盟双边贸易额从2004年的1000多亿美元增长至2022年的9753.4亿美元，中国连续14年保持东盟最大贸易伙伴地位，双方已连续3年互为最大贸易伙伴，累计双向投资总额超过了3800亿美元。当前，中国和东盟正积极推进自贸区3.0版谈判，将全面提升中国—东盟经贸制度型开放水平。中国—东盟关系已经成为亚太区域合作中最成功的和最具活力的典范，成为推动构建人类命运共同体的生动例证。

本届东博会和投资峰会以"和合共生建家园，命运与共向未来——推动'一带一路'高质量发展和打造经济增长中心"为主题，展现了开放合作的鲜明态度。东盟国家是高质量共建"一带一路"的优先方向和重点地区。共建"一带一路"同东盟互联互通总体规划加快对接，大量促发展、惠民生的项目落地生根，为双方人民带去实实在在的好处。"老挝将继续与东盟和中国保持密切合作，为落实共建'一带一路'倡议作出积极贡献""马来西亚愿同中方全力合作，推进高质量共建'一带一路'""泰国的发展政策和中国提出的'一带一路'倡议相契合"……东盟国家纷纷表示愿继续同中方高质量共建"一带一路"，充分表明"一带一路"已成为中国和东盟国家的互利共赢之路，双方高质量共建"一带一路"必将越走越深、越走越实。

世界进入新的动荡变革期，不稳定性不确定性明显增加。中国和东盟国家将进一步深化感情的交融，进一步夯实信任的根基，进一步拉紧利益的纽带，进一步扩展开放的胸襟，共同做地区和平的建设者、合作共赢的倡导者、全人类共同价值的捍卫者，朝着构建更为紧密的中国—东盟命运共同体方向不断努力。中国奉行亲诚惠容的周边外交理念，一向坚持与邻为善、以邻为伴。未来，中方将在践行亲诚惠容方面下更大功夫，携手地区国家营造有利于发展繁荣、和平安宁的良好环境，把发展进步的命运牢牢掌握在自己手中。

"相聚到永久，风雨并肩走，共患难，我们手牵手，永远是朋友……"响彻会场的东博会主题曲唱出了中国和东盟国家和合共生、命运与共的要义。中国过去是、现在是、将来也永远是东盟的好邻居、好朋友、好伙伴。站在新的历史起点，中国将继续与东盟国家在携手发展、互利共赢的道路上同舟共济、精诚合作，共建和平、安宁、繁荣、美丽、友好的家园。

（2023年09月21日）

一条睦邻友好、合作共赢的光明大道

中方将携手各方打造高质量共建"一带一路"示范区、全球发展倡议先行区、全球安全倡议实验区、全球文明倡议首善区，共同维护地区和平稳定发展大局，共同推进亚洲现代化进程

"中国将继续践行亲诚惠容理念，同地区国家携手构建和平安宁、繁荣美丽、友好共生的亚洲家园，共同谱写推动构建亚洲命运共同体和人类命运共同体的新篇章！"不久前，习近平主席向纪念亲诚惠容周边外交理念提出10周年国际研讨会发表书面致辞，总结中国积极践行亲诚惠容理念的丰硕成果，阐明亲诚惠容理念的新内涵、新发展，擘画中国同周边国家共同发展的新愿景，为新形势下全面发展中国同周边国家关系提供了科学指引。

周边是中国安身立命之所，发展繁荣之基。中国始终将周边置于外交全局首要位置，始终致力于促进地区和平稳定与发展繁荣。2013年10月，新中国成立以来首次周边外交工作座谈会召开。面对亚洲深刻复杂变局和各国期待，习近平主席把握世界大势和地区发展规律，在坚持与邻为善、以邻为伴和睦邻、安邻、富邻方针基础上，与时俱进提出了亲诚惠容的周边外交理念。亲诚惠容理念既继承了中华民族亲仁善邻的传统，又与时俱进，为周边外交方针注入新的丰富内涵。

10年来，中国积极践行亲诚惠容理念，全面发展同周边国家的友好合作关系，双方政治互信不断增强，利益融合持续深化，走出了一条睦邻友好、合作共赢的光明大道。习近平主席亲自擘画中国同周边国家交往蓝图，出访足迹遍及周边各国，有力引领拓展睦邻友好格局。中国同周边国家在常来常往中相知相亲，在守望互助中共建家园；中国践约守诺、平等待人，同周边国家广泛建立了战略合作伙伴关系，同东盟国家、中亚、澜湄五国的命运共同体建设扎实推进；地区国家纷纷加入共建"一带一路"，中国—东盟自贸区3.0版建设加快推进，中国—中亚天然气管道、中巴经济走廊、中马"两国双园"等一大批项目形成示范效应；中国以宽广胸襟促进区域合作，践行真正的多边主义，构建开放而非排他的朋友圈……在亲诚惠容理念指引下，中国与周边国家携手前行，在国际风云激荡中守护来之不易的和平安宁，在重重危机挑战中建设全球最有活力的发展高地。

当前，世界百年未有之大变局加速演进，亚洲面临前所未有的机遇和挑战。新的时代背景下，必须赋予亲诚惠容理念新的内涵，弘扬以和平、合作、包容、融合为核心的亚洲价值观，为地区团结、开放和进步提供新的助力。亚洲国家应坚持和平共处五项原则，警惕和反对形形色色的冷战思维、集团对抗、外部干涉，始终把亚洲长治久安的前途掌握在自己手中。"亚洲发展奇迹"的历程表明，成功的密码是合作共赢，而不是零和博弈。亚洲的未来在于坚持互惠互利、开放合作，搞你输我赢、"脱钩断链"没有出路。地区国家不论大小、强弱、贫富，都是平等一员；各国的事由各国人民做主，地区的事大家商量着办。只有坚持推动命运共同体意识落地生根，将自身发展融入地区发展大势中，才能把各国赖以生存的家园维护好、建设好、发展好。

中国正在以中国式现代化全面推进中华民族伟大复兴，将持续推动高质量发展、坚持高水平对外开放，加快构建新发展格局。中国的现代化必将为世界各国特别是亚洲邻国带来持久红利，提供更多机遇，注入不竭动力。中方将携手各方打造高质量共建"一带一路"示范区、全球发展倡议先行区、全球安全倡议实验区、全球文明倡议首善区，共同维护地区和平稳定发展大局，共同推进亚洲现代化进程。

讲信修睦、亲仁善邻是中华文明一贯的处世之道。中国过去是、现在是、将来也永远是地区国家的好邻居、好朋友、好伙伴，将始终做维护和平稳定、促进发展繁荣的中流砥柱。中国将与地区国家一道，坚持践行亲诚惠容理念，彰显亚洲世纪的蓬勃力量，焕发亚洲文明的时代活力，走向更加繁荣美好的未来。

（2023年10月30日）

携手构建亚太命运共同体

亚太的和平、稳定、繁荣属于全体亚太人民，亚太的未来要靠亚太人民携手创造。中国高举构建亚太命运共同体旗帜，坚定引领亚太合作方向

今年是亚太经合组织首次领导人会议召开30周年。习近平主席应邀出席亚太经合组织第三十次领导人非正式会议，充分体现中方对亚太经济合作的高度重视。中方将继续为深化亚太合作、推动构建亚太命运共同体贡献智慧和力量。

亚太地区占世界人口1/3，占世界经济总量逾六成、贸易总量近一半，是全球经济最具活力的增长带。亚太经合组织是亚太地区重要经济合作平台，在促进区域贸易和投资自由化便利化方面不断取得进展，在推动全球和地区经济增长方面发挥了积极作用。当前，亚太地区局势总体稳定，区域合作不断取得进展，和平发展、合作共赢是主流。同时，世界进入新的动荡变革期，地缘政治紧张与经济格局演变叠加，冲击亚太地区发展环境和合作架构。各方期待亚太继续走和平发展之路、开放包容之路、和衷共济之路，因应时代挑战，推进区域经济一体化，开拓发展新局面，引领世界经济增长。

中国高举构建亚太命运共同体旗帜，坚定引领亚太合作方向。2013年以来，习近平主席出席或主持历次亚太经合组织领导人非正式会议并发表重要讲话，以中国主张促进亚太合作，以中国贡献推动亚太发展，以中国智慧凝聚亚太共识，推动各方共同构建开放包容、创新增长、互联互通、合作共赢的亚太命运共同体。今年，习近平主席将在亚太经合组织第三十次领导人非正式会议上发表重要讲话，全面阐述中国对深化亚太合作、促进地区和世界经济增长的重要主张。中方将坚定不移携手各方，共促亚太繁荣发展，共创亚太美好未来。

中国是亚太地区最重要的经济体之一，经济增长潜能巨大，为促进地区经济增长作出重要贡献。亚洲开发银行发布的《2023年亚洲经济一体化报告》显示，中国对亚太地区的经济增长贡献率达64.2%，并且贡献了亚太地区37.6%的货物贸易增长和44.6%的服务贸易增长。中方坚定推动深化互信、包容、合作、共赢的亚太伙伴关系，建设和平稳定、共同富裕、清洁美丽、守望相助的亚太，为亚太和全球发展繁荣带来新机遇、增添新动力。

中国的发展受益于亚太，也用自身发展回馈亚太、造福亚太。中国坚持实施更大范围、更宽领域、更深层次对外开放，坚持走中国式现代化道路，建设更高水平开放型经济新体制，将继续同世界特别是亚太分享中国发展的机遇。"中国式现代化的探索和成果为地区国家发展提供借鉴，期待习近平主席在此次会议上就促进经贸合作和互联互通、维护地区和平稳定提出更多重要主张""期待中国为亚太各国在经济、文化、绿色发展等领域的合作带来新机遇"……国际社会普遍认为，一个繁荣富强的中国，不仅符合中国人民的根本利益，也将给亚太和世界带来更多福祉。

亚太的和平、稳定、繁荣属于全体亚太人民，亚太的未来要靠亚太人民携手创造。各方应坚守初心，以战略和长远眼光看待亚太合作，维护亚太经合组织在区域合作中的主渠道地位，维护亚太合作正确方向，携手构建亚太命运共同体。

（2023年11月15日）

推动亚太合作再出发

当地时间11月16日，习近平主席向在旧金山举行的亚太经合组织工商领导人峰会发表书面演讲，回顾亚太合作的非凡历程，总结亚太发展的历史经验，回答"亚太合作下一个30年将走向何方"这一新的时代之问，表达中国推进经济高质量发展、以中国新发展为世界带来新动力和新机遇的坚定信心，为携手应对时代挑战、谱写亚太合作新篇章指明方向、注入动力。

亚太经合组织的成立和发展顺应和平和发展的时代潮流。30年前，面对冷战结束后"人类向何处去"的世界之问、历史之问、时代之问，亚太地区领导人在美国西雅图召开首次亚太经合组织领导人非正式会议。与会各方一致同意超越集团对抗、零和博弈的旧思维，深化区域经济合作和一体化，致力于共建一个活力、和谐、繁荣的亚太大家庭。这一重大决定推动亚太发展和经济全球化进入快车道，助力亚太成为世界经济增长中心、全球发展稳定之锚和合作高地。当前，世界进入新的动荡变革期，世界经济增长动能不足，不稳定、不确定、难预料因素增多。亚太合作走向何方，既需要汲取历史智慧，也需要秉持初心、把握机遇、乘势而上。

习近平主席深刻洞察地区发展大势和时代进步潮流，总结亚太合作的非凡历程带来的深刻启示，强调"开放包容是亚太合作的主旋律""共同发展是亚太合作的总目标""求同存异是亚太合作的好做法"。亚太发展靠的是开放包容、取长补短、互通有无，而不是对立对抗、以邻为壑、"小院高墙"。发展是亚太地区永恒的主题。正是因为始终聚焦发展，不断深化经济技术合作，增强发展中成员自主发展能力，亚太地区过去30年人均收入翻了两番还要多，十亿人口成功脱贫，为人类进步和全球可持续发展作出重要贡献。亚太地区经济体历史文化和发展阶段不同，在亚太地区推进合作不能要求整齐划一，只能走求同存异的路子。只有坚持求同存异，才能不断将成员多样性转化为合作动力，优势互补，携手共进。

当前，亚太地区既迎来发展新机遇，也面临新的风险与挑战。习近平主席指出："我们要秉持亚太经合组织初心，牢记历史赋予我们的使命，推动亚太合作再出发。"和平是发展的重要前提。亚太不能也不应该沦为地缘博弈的角斗场，更不能搞"新冷战"和阵营对抗。这是亚太各方的共同心声。亚太繁荣发展的历程表明，唯有合作才能发展，不合作是最大的风险，搞"脱钩断链"对谁都没好处。亚太合作再出发，必须坚持开放的区域主义，打造合作共赢的开放型亚太经济。面对新一轮科技革命和产业变革浪潮，亚太各方应推进数字化、智能化、绿色化转型发展，共同强化科技创新和成果转化，推进数字经济和实体经济深度融合。各方要携手完善全球科技治理，强化科技创新对绿色化数字化转型和可持续发展的支撑，营造开放、公平、公正、非歧视的科技发展环境。

中国是亚太大家庭的一员，中国经济同亚太经济相互依存、深度融合。中国具有社会主义市场经济的体制优势、超大规模市场的需求优势、产业体系配套完整的供给优势、大量高素质劳动者和企业家的人才优势，经济发展具备强劲的内生动力、韧性、潜力。中国有信心、更有能力实现长期稳定发展，并不断以中国新发展为世界带来新动力、新机遇。中国深入贯彻新发展理念，坚定不移推进高水平对外开放，坚定不移打造市场化、法治化、国际化营商环境，坚定不移推进高质量发展。中国正以中国式现代化推进中华民族伟大复兴，14亿多中国人民将过上更加美好的生活。对世界来说，这意味着更加广阔的市场和前所未有的合作机遇，也将为世界现代化注入强大动力。

亚太经合组织制定了布特拉加亚愿景，明确提出2040年建成亚太共同体。各方应秉持亚太经合组织初心，牢记历史赋予的使命，坚持开放包容、共同发展、求同存异，朝着构建亚太命运共同体不断迈进。

（2023年11月18日）

共同打造亚太下一个"黄金三十年"

过去几十年，亚太各方携手创造了举世瞩目的"亚太奇迹"。站在新的历史起点，各方应共同努力，推动亚太合作取得更多丰硕成果

世界百年变局加速演进，世界经济面临多种风险挑战。作为全球增长引擎，亚太肩负更大的时代责任。要把一个什么样的亚太带到本世纪中叶？如何打造亚太发展的下一个"黄金三十年"？在这一进程中如何更好发挥亚太经合组织作用？这是在历史发展的关键当口，亚太地区领导人要深入思考的问题。

"我们应该秉持亚太合作初心，负责任地回应时代呼唤，携手应对全球性挑战，全面落实布特拉加亚愿景，建设开放、活力、强韧、和平的亚太共同体，实现亚太人民和子孙后代的共同繁荣。"当地时间11月17日上午，习近平主席在美国旧金山出席亚太经合组织第三十次领导人非正式会议并发表重要讲话，提出"坚持创新驱动""坚持开放导向""坚持绿色发展""坚持普惠共享"四点建议，为亚太发展指明方向。

创新是发展的强大动力。只有积极推进创新，在新一轮科技革命和产业变革浪潮中抢抓机遇，亚太这个全球增长引擎才能更加强劲。亚太各方要顺应科技发展趋势，以更加积极姿态推动科技交流合作，携手打造开放、公平、公正、非歧视的科技发展环境。要加速数字化转型，缩小数字鸿沟，加快落实《亚太经合组织互联网和数字经济路线图》，支持大数据、云计算、人工智能、量子计算等新技术应用，不断塑造亚太发展新动能新优势。中国不仅自身在科技创新和数字经济发展方面走在世界前列，还积极倡导在亚太乃至世界范围内推进数字化转型，更好为亚太发展赋能，为地区长远发展打下更加坚实的基础。

开放包容是人类繁荣进步的基本条件。亚太各方要维护自由开放的贸易投资，支持并加强以世界贸易组织为核心的多边贸易体制，维护全球产业链供应链稳定畅通，反对将经贸问题政治化、武器化、泛安全化。要坚定不移推进区域经济一体化，加快推进亚太自由贸易区进程，全面落实《亚太经合组织互联互通蓝图》，共享区域开放发展机遇。中国成功举办第三届"一带一路"国际合作高峰论坛，坚持高水平实施《区域全面经济伙伴关系协定》，主动对接《全面与进步跨太平洋伙伴关系协定》和《数字经济伙伴关系协定》高标准经贸规则，积极推动加入两个协定进程，正是为了促进全球互联互通、构建开放型世界经济，同各方共绘开放发展新图景。

绿色是亚太地区可持续发展的必然要求。当前，气候变化、自然灾害等挑战日益严峻。亚太各方要坚持人与自然和谐共生，加快推动发展方式绿色低碳转型，协同推进降碳、减污、扩绿、增长，落实好《生物循环绿色经济曼谷目标》，厚植亚太增长的绿色底色。中国坚持走生态优先、绿色发展之路，积极稳妥推进碳达峰碳中和，加快发展方式绿色转型。中国提出亚太经合组织绿色农业、可持续城市、能源低碳转型、海洋污染防治等合作倡议，推动搭建亚太经合组织可持续能源中心等合作平台，参与实施墨西哥尤卡坦半岛齐拉姆红树林保护区等绿色发展项目，持续为共建清洁美丽的亚太贡献中国智慧、中国方案。

大家一起发展才是真发展。只有坚持普惠共享，才能让发展成果更多更公平惠及各国人民。亚太各方要全面落实联合国2030年可持续发展议程，推动发展问题重回国际议程中心位置，深化发展战略对接，共同解决全球发展赤字。习近平主席提出全球发展倡议，为推动国际社会合力解决发展赤字作出了积极贡献。在此次会议上，习近平主席欢迎各方积极参与全球发展倡议，深化减贫、粮食安全、工业化、发展筹资等领域合作，构建全球发展共同体，让各国人民共享现代化建设成果，展现立己达人、胸怀天下的责任担当和使命情怀。

万物得其本者生，百事得其道者成。过去几十年，亚太各方携手创造了举世瞩目的"亚太奇迹"。站在新的历史起点，各方应共同努力，推动亚太合作取得更多丰硕成果，共同打造亚太下一个"黄金三十年"。

（2023年11月19日）

后　记

理解当代中国与世界深度互动的逻辑密码

"和音"是人民日报重要国际评论品牌，自2019年11月开栏至今，始终聚焦中国内政外交，以宣传解读习近平新时代中国特色社会主义思想为中心任务，阐释中国理念、中国实践、中国智慧、中国方案，彰显新时代中国日益提升的国际影响力、创新引领力、道义感召力。国际社会从"和音"评论中更加理解当代中国与世界深度互动的逻辑密码。

2023年是全面贯彻党的二十六精神的开局之年，是国际关系发生重大深远演变的一年，也是中国外交的开拓之年、收获之年。世界百年未有之大变局加速演进，中国始终将自身发展置于人类发展的坐标系中，以人类前途为怀、以人民福祉为念，坚定维护世界和平、促进共同发展，为变乱交织的世界带来可贵的确定性和稳定性。本书收录2023年"和音"评论121篇，展现中国携手各方为持久和平凝聚更大合力、为普遍安全创造有利环境、为共同繁荣注入更强信心、为开放包容提供重要动力、为建设清洁美丽世界作出更大贡献的笃定信念与扎实行动。

以公道正义之声，言中国维护和平、促进安全之主张。放眼全球，世界进入新的动荡变革期。一年来，俄乌冲突延宕不止，巴以冲突再度爆发，气候变化、网络安全、人工智能安全等一系列非传统安全问题更趋突出。中国始终为维护世界和平奔走，为实现共同安全尽心。从发布《全球安全倡议概念文件》《关于政治解决乌克兰危机的中国立场》，到推动沙特和伊朗达成"北京协议"、同意恢复外交关系，再到在巴以问题上为平息战火、拯救生命尽责行动；从以务实行动推进全球气候治理，到提出《全球人工智能治理倡议》、发出引领全球人工智能治理的中国强音……"和音"评论紧扣习近平主席提出的全球安全倡议的核心要义，阐释中国提出的共同、综合、合作、可持续的安全观，展现中国坚定作世界的和平力量、稳定力量，携手各方共同迈向持久和平、普遍安全的美好明天的决心。

以自信自立之声，言中国立己达人、担当有为之品格。2023年是中国式现代化扎实推进的一年。"为全球提供了一种全新的现代化模式""将彻底改写现代化的世界版图""为人类共同发展开辟更加广阔的前景"……"和音"评论系统解读中国式现代化的世界意义，勾勒出中国以中国式现代化推动人类整体进步的宏伟图景，为国际社会更好读懂中国式现代化提供了一扇窗口。2023年中国经济持续回升向好，高质量发展扎实推进，"和音"评论聚焦中国经济创新动力、发展活力，剖析"中国好，世界会更好"的深层逻辑，展现国际社会对中国经济发展前景的坚定信心。2023年，全球发展事业面临严峻挑战，弥补发展赤字成为摆在世界各国面前的艰巨任务。中国始终强调发展是发展中国家的第一要务，始终主张国际社会将发展作为优先任务，始终引领全球发展合作、凝聚共同发展合力，成为推动构建全球发展共同体的坚定力量。

以开放包容之声，言中国团结协作、携手并进之胸怀。面对国际社会"人类会不会走向分裂、世界会不会发生新的冷战"的担忧，中国以开放包容的胸怀，致力于构建新型国际关系，巩固扩大全球伙伴关系网络，促进不同文明交流互鉴，昭示中国携手各方推动世界走向和平、安全、繁荣、进步的光明前景的信念。促进大国协调与良性互动，推动构建和平共处、总体稳定、均衡发展的大国关系格局；弘扬亲诚惠容理念，同周边国家携手并进；坚定维护发展中国家共同利益，与全球南方国家共谋振兴；郑重提出全球文明倡议，为国际社会应对全球性挑战凝聚文化文明力量……"和音"评论紧跟中国特色大国外交步伐，展现中国为世界提供更多稳定性、为发展提供更多推动力的坚定意志与坚实行动。

　　以合作共赢之声，言中国谋人类进步、世界大同之决心。国际形势的演变一再表明，命运与共、休戚相关是当今世界的最大现实，同舟共济、合作共赢是应对挑战的必由之路。2023年是习近平主席提出构建人类命运共同体理念、共建"一带一路"倡议10周年。春华秋实，十载有成。"和音"评论深入阐述构建人类命运共同体从中国倡议扩大为国际共识，从美好愿景转化为丰富实践，从理念主张发展为科学体系，成为引领时代前进的光辉旗帜。"和音"评论围绕共建"一带一路"这一构建人类命运共同体的重大实践，讲述中国与共建国家"硬联通""软联通""心联通"的生动故事，解读中国支持高质量共建"一带一路"的八项行动，呈现共建"一带一路"对各国携手迈向现代化的推动作用。展望未来，和平、发展、合作、共赢的历史潮流不可阻挡，人民对美好生活的向往不可阻挡，各国实现共同繁荣的愿望不可阻挡。作为推动各国共同发展的发动机、实现世界现代化的加速器，共建"一带一路"将继续推动构建人类命运共同体持续走深走实。

　　潮起宜踏浪，风正可扬帆。当前，中国人民正在中国共产党带领下以中国式现代化全面推进中华民族伟大复兴。中国的前途命运和人类的前途命运紧密相连。"和音"评论将继续紧扣中国内政外交、紧跟时代大势，帮助国际社会更好读懂中国共产党、读懂中国式现代化，更好读懂中国特色大国外交的特色、风格与气派，更深入体会中国在坚定维护世界和平与发展中谋求自身发展、又以自身发展更好维护世界和平与发展的担当与作为。

本书编辑组

2024年4月于北京